JN062849

条解民事執行規則（第四版）

下〔第99条～第193条・附則〕

ま　え　が　き

この資料は，最高裁判所民事裁判資料第257号として，最高裁判所事務総局から刊行されたものです。

実務に携わる各位の好個の資料と思われるので，当局のお許しを得て頒布することといたしました。

令和２年４月

一般財団法人　法　　曹　　会

は し が き

この解説は，昭和54年11月８日制定交付された民事執行規則（昭和54年最高裁判所規則第５号）について，実務の参考に供するため，とりあえず立案資料を整理し，逐条的に解説を試みたもので，謄写に加えて印刷刊行するものである。

いずれ関連の規則，通達等が整備されるのを待って，内容を補正し，改めて版を起こす予定である。

昭和55年１月

最高裁判所事務総局民事局

民事執行規則が制定公布されてから18年が経過した。その間，民事執行規則は，株券等の保管及び振替に関する法律，民事保全法及び民事保全規則，民事訴訟法及び民事訴訟規則等の法令の制定又は改正に伴い，合計９回の改正を経た。また，民事執行法及び民事執行規則に関する裁判例の集積等も見られるところである。

そこで，執務の参考に供するため，本書では，昭和55年１月に刊行した初版に，これらの改正部分を中心として，加筆訂正を行うとともに，従来の縦書きを横書きに改めた。

平成10年３月

最高裁判所事務総局民事局

改訂版刊行以降，民事執行制度は大きな転換期を迎え，民事執行手続を一層，適正かつ迅速なものとすることにより円滑な権利の実現を図るとの観点から，既存の制度が見直され，新たな制度が創設された。

主だったところでは，平成10年に競売手続の円滑化等を図るための関係法律の整備に関する法律，平成15年に担保物権及び民事執行制度の改善のための民法等の一部を改正する法律，平成16年に民事関係手続の改善のための民事訴訟法等の一部を改正する法律等が制定されており，これらの民事執行制度の改正を含む諸制度の改正に伴い，民事執行規則も改訂版刊行後，12回にわたり改正されてきたところである。

そこで，主要な改正に応じて刊行してきた増補版，再増補版及び再々増補版と改訂版を合冊し，これまでのすべての関連法令及び規則の改正を反映させるとともに，新しい裁判例及び新たに公刊された文献等を踏まえて内容を再検討し，第三版として本書を刊行するものである。

なお，本書の刊行に当たっては，東京地方裁判所及び大阪地方裁判所から御協力をいただき，執行実務の取扱いや運用に関する事項等について貴重なご意見をいただいた。

平成19年３月

最高裁判所事務総局民事局

第三版の刊行以降，民事執行規則は，電子記録債権法の施行（平成20年）や社債，株式等の振替に関する法律の施行（平成21年）等に合わせて数度の改正がされてきたが，令和元年に公布された民事執行法及び国際的な子の奪取の民事上の側面に関する条約の実施に関する法律の一部を改正する法律は，新たな民事執行制度を多数創設するものであったことから，これに伴う今般の民事執行規則改正もとりわけ大きな改正となり，執行裁判所及び執行官の実務に大きな影響を及ぼすものである。

そこで，執務の参考に供するため，本書では，第三版に，これらの改正部分を中心とした加筆訂正を行い，第四版として刊行するものである。

なお，本書の刊行に当たっては，東京地方裁判所及び大阪地方裁判所から御協力をいただき，執行実務の取扱いや運用に関する事項等について貴重なご意見をいただいた。この場をお借りして感謝申し上げる。

令和２年３月

最高裁判所事務総局民事局

凡　　例

〔文　献〕

浦野・条解　浦野雄幸　条解民事執行法（昭和60年）

田中・解説　田中康久　新民事執行法の解説（増補改訂版）（昭和55年）

注解　注解強制執行法（昭和49年・51年・53年）

注解民執法　注解民事執行法（昭和59年・60年）

注釈民執法　注釈民事執行法（昭和58年～平成７年）

注解民執法(上)　【注解】民事執行法上巻（平成３年）

佐藤＝三村・預託株券等解説　佐藤歳二＝三村量一　預託株券等執行・新電話加入権執行手続の解説（昭和62年）

深沢・実務(上)(中)(下)　深沢利一（園部厚補訂）　民事執行の実務(上)(中)(下)（補訂版）（平成19年）

座談会　法曹会編　座談会・民事執行の実務（昭和56年）

債権諸問題　東京地裁債権執行等手続研究会編著　債権執行の諸問題（平成５年）

理論と実務(上)(下)　東京地裁民事執行実務研究会編著　改訂不動産執行の理論と実務(上)(下)（平成11年）

不動産執行実務(上)(下)　相澤眞木＝塚原聡編著　民事執行の実務（第４版）・不動産執行編(上)(下)（平成30年）

債権執行実務(上)(下)　相澤眞木＝塚原聡編著　民事執行の実務（第４版）・債権執行編(上)(下)（平成30年）

債権不動産　執行事件実務研究会編　債権・不動産執行の実務（東京・大阪両地方裁判所における執行事件処理の実際）（昭和53年）

配当研究　伊藤善博＝松井清明＝古島正彦　不動産執行における配当に関する研究（裁判所書記官実務研究報告書）（昭和60年）

執行文研究(上)(下)　大山涼一郎＝城所淳司＝福永浩之　執行文に関する書記官事務の研究(上)(下)（裁判所書記官実務研究報告書）（平成４年）

物明研究　久保田三樹＝高次秀幸＝町田政弘　不動産執行事件等における物件明細書の作成に関する研究（裁判所書記官実務研究報告書）（平成６年）

執行文講義案　執行文講義案（改訂再訂版）（裁判所書記官研修所研修教材第21号）（平成26年）

不動産手引(上) 民事書記官事務の手引(上)（執行手続－不動産編－）（民事裁判資料第176号）（訟廷執務資料第57号）（昭和63年）

不動産手引(下) 民事書記官事務の手引(下)（執行手続－不動産編－）（民事裁判資料第179号）（訟廷執務資料第58号）（平成元年）

債権手引　民事書記官事務の手引（執行手続－債権編－）（民事裁判資料第185号）（訟廷執務資料第59号）（平成２年）

協議要録　民事執行事件に関する協議要録（民事裁判資料第158号）（昭和60年）

改正関係執務資料　民事執行法改正関係執務資料（民事裁判資料第211号）（平成８年）

執行官提要　執行官提要（第５版）（民事裁判資料第248号）（平成20年）

旧執行官提要　執行官提要（民事裁判資料第95号）（昭和43年）

執行官協議要録　執行官事務に関する協議要録（第４版）（民事裁判資料第249号）（平成23年）

執行事務要録　執行事務協議会要録（民事裁判資料第99号）（昭和45年）

執行官法概説　西村宏一＝貞家克己編　執行官法概説（昭和44年）

谷口外・解説　谷口園恵＝筒井健夫編著　改正　担保・執行法の解説（平成16年）

一問一答　法務省民事局参事官室編　一問一答　新民事訴訟法（平成８年）

一問一答平成16年改正　小野瀬厚＝原司編著　一問一答　平成16年改正　民事訴訟法　非訟手続法　民事執行法（平成17年）

一問一答電債法　始関正光＝高橋康文編著　一問一答　電子記録債権法

Ｑ＆Ａ　法務省民事局参事官室編　平成10年改正Ｑ＆Ａ新競売・根抵当制度（平成11年）

条解民訴規　条解民事訴訟規則（民事裁判資料第213号）（平成９年）

条解民保規　条解民事保全規則（改訂版）（民事裁判資料第226号）（平成11年）

書式全書Ⅱ　粕谷和雄編＝芳田圭一編著　注解書式全書・民事執行　Ⅱ（平成６年）

中野・執行法　中野貞一郎＝下村正明　民事執行法（平成28年）

菊井・総論　菊井維大　強制執行法（総論）（法律学全集）（昭和51年）

〔雑　　誌〕

ジュリ　ジュリスト

判　時　判例時報

判　タ　判例タイムズ

判　評　判例評論

金　法　金融法務事情

〔法　　令〕

○　法令名のないものは，民事執行規則を示す。

○　そのほかの略記は，次のとおり

法	民事執行法
整備法	民事訴訟法の施行に伴う関係法律の整備等に関する法律（平成８年法律第110号）
平成10年改正規則	民事執行規則等の一部を改正する規則（平成10年最高裁判所規則第５号）
平成14年改正規則	民事執行規則の一部を改正する規則（平成14年最高裁判所規則第６号）
平成15年改正法	担保物権及び民事執行制度の改善のための民法等の一部を改正する法律（平成15年法律第134号）

平成15年改正規則	民事執行規則等の一部を改正する規則（平成15年最高裁判所規則第22号）
平成16年改正法	民事関係手続の改善のための民事訴訟法等の一部を改正する法律（平成16年法律第152号）
平成16年改正規則	民事訴訟規則等の一部を改正する規則（平成17年最高裁判所規則第１号）
平成20年電債改正規則	民事執行規則及び民事保全規則の一部を改正する規則（平成20年最高裁判所規則第15号）
平成20年社振改正規則	民事執行規則及び民事保全規則の一部を改正する規則（平成20年最高裁判所規則第20号）
平成27年改正規則	民事執行規則等の一部を改正する規則（平成27年最高裁判所規則第４号）
令和元年改正法	民事執行法及び国際的な子の奪取の民事上の側面に関する条約の実施に関する法律の一部を改正する法律（令和元年法律第２号）
令和元年改正規則	民事執行規則等の一部を改正する規則（令和元年最高裁判所規則第５号）
ハーグ条約実施法	国際的な子の奪取の民事上の側面に関する条約の実施に関する法律（平成25年法律第48号）
ハーグ条約実施規則	国際的な子の奪取の民事上の側面に関する条約の実施に関する法律による子の返還に関する事件の手続等に関する規則（平成25年最高裁判所規則第５号）
民訴法	民事訴訟法（平成８年法律第109号）
旧民訴法	民事訴訟法附則２条による改正前の民事訴訟法（明治23年法律第29号）
旧民訴法旧〇〇条	民事執行法附則３条により削除された旧民訴法の条文

民訴規	民事訴訟規則（平成８年最高裁判所規則第５号）
民費法	民事訴訟費用等に関する法律
民費規	民事訴訟費用等に関する規則
民保法	民事保全法
民保規	民事保全規則
民再法	民事再生法
民再規	民事再生規則
会更法	会社更生法
会更規	会社更生規則
刑訴法	刑事訴訟法
刑訴規	刑事訴訟規則
社振法	社債，株式等の振替に関する法律
社振法施行令	社債，株式等の振替に関する法律施行令
電債法	電子記録債権法
電債法施行令	電子記録債権法施行令
不登法	不動産登記法
不登規	不動産登記規則
不登令	不動産登記令
旧不登法	不動産登記法（明治32年法律第24号）
立木法	立木ニ関スル法律
国徴法	国税徴収法
船主責任法	船舶の所有者等の責任の制限に関する法律
車両法	道路運送車両法
滞調法	滞納処分と強制執行等との手続の調整に関する法律
滞調規	滞納処分と強制執行等との手続の調整に関する規則
手数料規	執行官の手数料及び費用に関する規則

事業法	電気通信事業法
事業規	電気通信事業法施行規則
旧公衆法	電気通信事業法附則３条により廃止された公衆電気通信法
質権法	電話加入権質に関する臨時特例法
質権法施行規則	電話加入権質に関する臨時特例法施行規則
質権法施行令	電話加入権質に関する臨時特例法施行令
決済合理化法	株式等の取引に係る決済の合理化を図るための社債等の振替に関する法律等の一部を改正する法律
小型船舶登録法	小型船舶の登録等に関する法律
資産流動化法	資産の流動化に関する法律
信書便法	民間事業者による信書の送達に関する法律
組織犯罪法	組織的な犯罪の処罰及び犯罪収益の規制等に関する法律
特定競売法	特定競売手続における現況調査及び評価等の特例に関する臨時措置法
特定競売規	特定競売手続における現況調査及び評価等の特例に関する臨時措置規則

目　　　次

頁

条解民事執行規則（第四版）上

第６款　動産に対する強制執行

（申立書の記載事項）

第99条　動産執行の申立書には，第21条各号に掲げる事項のほか，差し押さえるべき動産が所在する場所を記載しなければならない。

〔解　説〕

1　本条の趣旨

本条は，動産執行の申立書の記載事項について定めたものである。

すなわち，強制執行の申立ての方式については，21条にその通則が定められているので，動産執行の申立書には，21条各号に掲げる事項（５号は適用の余地がない。）を記載しなければならないが，そのほかに，差し押さえるべき動産の所在する場所（以下「目的物の所在場所」という。）を記載しなければならないとする特則を規定したものである。

執行官は，債権者から動産執行の申立てがあれば，まず目的物の差押えをすることになる（法122条１項)。その場合に，差押えの場所において，どの動産を差し押さえるべきかは執行官の裁量によることになる（次条参照）が，債務者の動産がどこにあるかが明らかにされなければ，つまり執行すべき目的物が特定されなければ，執行官は，執行に着手することができない。そこで，不動産のようにその表示によって執行の目的物を特定することが困難である動産にあっては，目的物の所在場所を明らかにすることによって差押えの対象となり得る動産を特定するほかはないので，その所在場所を申立書の必要的記載事項としたものである。[(1)]

2　目的物の所在場所

目的物の所在場所とは，社会通念上他と区別される１個の場所であることを要し，通常，差し押さえるべき動産の所在する土地の地番，建物の家屋番号等により表すことになるが，要は執行官がその表示から執行の場所を認識できる程度の記載を要し，かつ，それで足りる。したがって，例えば，数地番にまたがる山林の伐採木が執行の目的物である場合には，申立書には，当該数地番を記載すべきである。もっとも，申立書には一部の地番しか記載していなかったとしても，それらの伐採木が社会通念上他と区別される１個のまとまった場所に所在するものである限り，当該執行については，記載のない地番の土地上にある伐採木についても差押えをするべきものとして取り扱うことになろう。

執行官は，申立書に記載された目的物の所在場所で差押えを実施すれば足り，債務者が他の場所において動産を占有又は所有しているか否かを調査する必要はないし，仮にそれが分かったとしても，申立てがない以上，差押えに出向くことは許されない[(2)]。このことは，法が差押えの場所について更に動産執行の申立てがあった場合においては，事件を併合すべきこととして，併合事件について，場所単位主義をとっていること（法125条２項）と関連性をもつ。すなわち，差押えの場所とは，目的物の所在場所を指すものであるからである。

目的物の所在場所は，その執行事件を取り扱うべき執行官を決めることになり（執行官法４条），申立書に複数の目的物の所在場所を記載することも，それらの場所が，申立てを受ける執行官の職務執行区域内である限り妨げられない。

注⑴　執行官関係事件モデル記録（民事裁判資料第167号）19頁の強制執行申立書を参照

⑵　その現場に居合わせた債権者が，差し押さえるべき動産が所在する場所を新住所その他の場所に補正するときは，新住所等において差押えを実施することは差し支えない（執行官提要174頁）。

（差し押さえるべき動産の選択）

第100条　執行官は，差し押さえるべき動産の選択に当たつては，債権者の利益を害しない限り，債務者の利益を考慮しなければならない。

〔解　説〕

1　本条の趣旨

本条は，執行官が差し押さえるべき動産を選択するについての裁量権の行使の指針を定めたものである。

執行官は，動産執行を担当する機関として，どの動産を差し押さえるべきかについては，自らの裁量に基づいて決定すべきであり，本条は，条理上当然のことを規定しているものであるが，これは，執行官が差押えを実施するに当たっての基本原則であり，かつ，客観的な選択の指針を規定しておくことは，利害関係の対立する執行の場所において，いたずらな紛争を避けることにも役立つことなので，規定を設けることとしたものである。

2　差押物の選択

執行官が差し押さえるべき動産を選択する基準としては，原則として，金銭又は換価の容易な物から差し押さえるべきであり，法は，換価性のない動産は差押えを許さないこととしているので，換価性の低い動産は，できる限り差押えをしない取扱いとするのが相当であろう（法130条参照)。

なお，差し押さえるべき動産の選択権が執行官にあるとはいえ，その選択について債権者の意見が相当であるときは，執行官は，その意見を尊重するのが適当であるが，もとよりこれに拘束されるものではない[(1)]。

注(1)　執行官提要182頁

（職務執行区域外における差押え）

第101条　執行官は，同時に差し押さえようとする数個の動産の所在する場所が所属の地方裁判所の管轄区域の内外にまたがつているときは，管轄区域外にある動産についても，差押えをすることができる。

〔解　説〕

1　本条の趣旨

本条は，執行官の職務執行区域に関する執行官法４条の規定の特則を設けたものである。

執行官は，原則として職務執行区域外で職務を行うことができないので，差押えを行う場所がたまたま職務執行区域の内外にわたっているときは，職務執行区域外に所在する動産の差押えができないことになる。この不便を避けるために，本条は，一定の要件の下に執行官が職務執行区域外で差押えを行うことができることを定めたものである。

2　同時に差し押さえようとする数個の動産の所在する場所

「同時に差し押さえようとする」とは，同一の債務者に対して同一の機会に差押えを実施することを要し，職務執行区域内の動産を差し押さえると同時に職務執行区域外の動産を差し押さえる場合に限定すべきであると解される。本来の職務執行区域内の動産を差し押さえないで，職務執行区域外の動産のみを差し押さえることは，本条の予定していないところであろう。

「所在する場所」とは，99条の「所在する場所」と同義で，社会通念上他と区別される１個の場所であることを要し，通常は，差し押さえるべき動産が所在する土地の地番，建物の家屋番号等により表示される。どの範囲を１個の場所というかは必ずしも登記記録上の不動産等の個数によらず社会通念によって判断すべきである。例えば，債務者の住居の敷地内にあって一体として利用されている数棟の建物等は，１個の場所を構成し，逆に，１棟のアパート等の各部屋は，それぞれ別個の場所を構成するものというべきであると解される[(1)]。本条が適用される場所の例としては，職務執行区域の内外にまたがって建てられている建物内の動産を差し押さえる場合や１区画の山林上に散在する伐採木を差し押さえる場合等が考えられる。

注(1)　執行官提要83頁

（差押調書の記載事項）

第102条　動産の差押えをしたときに作成すべき差押調書には，第13条第１項各号に掲げる事項のほか，債務者から自己の所有に属しない旨の申出があつた差押物については，その旨を記載しなければならない。

2　差押調書に係る第13条第１項第２号の民事執行の目的物の記載については，種類，材質その他の差押物を特定するに足りる事項のほか，差押物の数量及び

評価額（土地から分離する前の天然果実にあつては，その果実の収穫時期，予想収穫量及び収穫時の評価額）を明らかにしなければならない。

〔解　説〕

1　本条の趣旨

執行官が民事執行の実施をしたときの調書の作成については，13条に通則規定があるが，本条は，差押調書の記載事項について特則を定めたものである。

本条１項は，一般的な記載事項のほかに差押調書に特に加えるべき記載事項を，本条２項は，「民事執行の目的物」の具体的な記載内容をそれぞれ定めたもので，その内容を作成の目的に照らして整理したものである。

2　差押調書の記載事項

⑴　動産執行は，執行官が自ら執行機関となる民事執行であり，動産の差押えは，動産執行を開始する（法122条１項）主要な手続であるから，執行官は，13条１項各号所定の事項を記載した調書を作成しなければならない（同条１項）。

13条１項各号所定の事項のうち，「実施した民事執行の内容」（同条１項４号）として，執行官が差押物を占有した旨を記載することとなる。他方，差押えに適する物がなく執行不能となった場合には，その旨を執行の目的不達成の事由（同条１項７号）として記載することとなる。

⑵　執行官は，動産差押えにおいて，債務者から自己の所有に属しない旨の申出があった差押物については，その旨を記載しなければならない（本条１項）。執行官は，動産の所有権が債務者に帰属するかどうかを調査することなく，債務者の占有する動産であればこれを差し押さえてよいこととされている（法123条１項参照）が，債務者以外の者が所有者であるときは，所有者は第三者異議の訴え（法38条）を提起することができる。差押えをしたときに，債務者から自己の所有に属しない旨の申出があったかどうかは，第三者異議の訴えにおいては重要な間接事実となるので，その申出があったときはその

旨を記載すべきこととしたのである。第三者から債務者の所有に属しない旨の申出があっても，債務者からの申出ほど重要ではないし，差押物の任意提供者である第三者（法124条参照）が申出をすることは想定されないから，その旨の記載は必要ではない[(1)]。もっとも，配偶者等債務者の占有補助者の申出は，債務者の申出に準じて扱うのが相当である。

⑶　13条１項２号の差押えの目的物の記載として，種類，材質その他の差押物を特定するに足りる事項のほか，差押物の数量及び評価額（土地から分離する前の天然果実にあっては，その果実の収穫時期，予想収穫量及び収穫時の評価額）を明らかにしなければならない（本条２項）。

動産は，不動産と異なり，特定することが困難であることから，差押物を特定するための事項として，種類，材質を例示するとともに，数量及び評価額を明らかにすべきこととしたものである。執行官は，超過差押えを防止するため（法128条１項参照），差押えに際し，差押物を評価すべきと解される[(2)]ところ，評価額の記載は，執行官の評価を担保するという機能も有している。

⑷　差押調書は，執行官が作成すべき調書であるから，執行官規則17条所定の各事項を記載し，執行官が記名押印すべきことは当然である。

⑸　執行債権額の記載は，記録上明らかであればそれで足りるので差押調書の必要的記載事項とする必要はない。また，差押通知，競売の日時等の記載は，それ自体差押えの行為ではないから，差押調書の必要的記載事項とはされていない（通知については３条１項，民訴規４条２項参照）。

差押物の保管に関する記載は，差押物の保管に関する調書として別に規定されている（105条１項）。差押え時に直ちに差押物を債務者等に保管させるときは，差押調書と保管調書を兼ねた１通の調書を作成すれば足りる。

注⑴　近藤崇晴・注釈民執法⑸235頁

⑵　111条の解説の１参照

（差押えの通知等）

第103条　執行官は，差押えをしたときは，債務者に対し，その旨を通知しなければならない。

2　執行官は，未完成の手形等（法第136条に規定する手形等をいう。以下同じ。）を差し押さえたときは，債務者に対し，期限を定めて，当該手形等に記載すべき事項を補充するよう催告しなければならない。

3　債務者が前項の事項を補充したときは，執行官は，その旨及び補充の内容を記録上明らかにしなければならない。

〔解　説〕

1　本条の趣旨

本条は，差押えをしたときの通知及び白地手形等を差し押さえたときの措置について規定している。

2　差押えの通知（１項）

債務者以外の者の占有する動産の差押えはもちろん，債務者の占有する動産の差押えについても，債務者の立会いは要件ではない（法123条，法124条参照）。そこで，差押えを受けた債務者に，その旨を了知させるため，本条１項は，債務者に差押えの通知をすることとしたものである。債務者が差押えに立ち会っている通常の場合は，その現場で口頭で通知すれば足りる。その他通知の方法等については，３条が民訴規４条を準用している。これについては，３条の解説を参照されたい。差押えをした旨を通知するときには，差し押さえられた動産を特定しなければならないことは，当然であろう。なお，この通知がなくても，差押えの効力には影響しないと解される[(1)]。

3　白地手形等の補充（２項，３項）

本条２項は，白地手形等を差し押さえたときの措置について規定している。

白地手形，白地小切手も手形，小切手であるので，動産執行の目的物となり（法122条１項），これを差し押さえた執行官は，引受け又は支払のための提示をする義務を負う（法136条）。しかし，未完成のままで提示をしても，引受けや支払を得ることは期待できない[(2)]。また，手形等の売却についても，未完成のままよりは，完成されたものの方が，通常は容易になし得ると考えられる。したがって，何らかの方法で，白地を補充する必要がある。この点につき法は何も規定をしていないが，手形等の提示（法136条）及び裏書（法138条）については執行官の権限として規定されていることとの対比上，白地補充権を執行官が有するものと解することは，困難である。そこで，本条２項は，本来の白地補充権者である債務者に対し，期限を定めて，白地の補充をするよう催告することとしている。

本条２項の規定により催告[(3)]を受けた債務者は，白地を補充することが期待されるが，補充をする義務はない。したがって，補充をしないことも考えられる。債務者により補充がされないときは，執行官は，白地のままで売却をするほかはない。その場合には，買受人が白地補充権をも取得することとなる。ただし，差押債権者が債権者代位権（民法423条）に基づいて白地補充権を代位行使することができるとする考え方もあり得よう。なお，債務者の白地補充権は本条２項の催告期間を徒過しても失われるわけではないので，売却までの間に白地補充権を行使することは可能である。

本条２項の催告にもかかわらず，結局白地が補充されないまま，引受け又は支払のための提示の期間が到来してしまったときは，執行官は，白地のままで提示をしても引受け又は支払が得られる見込みがある場合[(4)]を除いて，提示の義務を免れると解される。その結果，提示期間を経過してしまうことが生じ得るが，その場合には，売却の見込みもなくなるし（法130条），他に差押物がないような場合には無剰余にもなるので（法129条２項），差押えを取り消すこととなろう。

なお，白地手形等については，以上のとおり，相当面倒な手続や問題があるので，他に差し押さえ得る適当な動産がある場合には，できる限り白地手形等は差し押さえない取扱いをすることが適当である。

本条３項は，債務者が白地の補充をしたときは，執行官は，その旨及び補充の内容を記録上明らかにすべきこととしている。差押物が白地手形等であることは，差押調書に記載される(5)が，補充後の手形を見ても，後に補充がされたものか否かは，判断できないし，手形自体は，売却されれば買受人に，支払があれば支払人に交付されてしまうので，補充の内容を記録上明らかにすることとされたものである。

注⑴　近藤崇晴・注釈民執法⑸238頁

⑵　白地が手形要件のいずれについて存するかにもよるが，法律上は，未完成手形等は，それ自体として完成手形と同一の権利行使を可能にするものではあり得ない。ただ，例えば，振出日欄のみが白地の手形等については，銀行等は支払に応ずる取扱いのようである。また，満期の記載がない手形は，一覧払の手形として扱えば足りることがある（手形法２条２項，同法76条２項）。

⑶　催告については，３条，民訴規４条１項から４項まで参照

⑷　注⑵を参照

⑸　手形等を特定する（102条２項）には，当然，手形要件等を記載することになる。

（差押物の保管の方法等）

第104条　執行官は，法第124条において準用する法第123条第３項前段の場合のほか，相当と認めるときは，差押債権者又は第三者に差押物を保管させることができる。

２　執行官は，差押物を債務者，差押債権者又は第三者に保管させるときは，差押物件封印票による封印若しくは差押物件標目票のちよう付又はこれらの方法によることが困難な場合にあつては，その他の方法によりその物が差押物である旨，差押えの年月日並びに執行官の職及び氏名を表示しておかなければならない。

３　執行官は，差押物を債務者，差押債権者又は第三者に保管させるときは，これらの者に対し，差押物の処分，差押えの表示の損壊その他の行為に対する法

律上の制裁を告げなければならない。

4　執行官は，差押物を保管させた者にその使用を許可したときは，その旨を第２項の規定による表示に明らかにしなければならない。

5　執行官は，特に必要があると認めるときは，所属の地方裁判所の管轄区域外で差押物を保管させることができる。

〔解　説〕

1　本条の趣旨

本条は，調書に関する部分（次条に規定されている。）を除き，差押物の保管に関する規定を整理して定めている。

2　差押債権者又は第三者による差押物の保管（１項）

本条１項は，差押物を保管させることができる場合を定めたものである。法は，執行官の裁量によりそれまでの占有者に差押物を保管させることができるとしている（法123条３項前段，法124条）が，さらに本条１項において，法で規定している以外の場合にも，執行官の裁量によりそれまでの占有者でない差押債権者又は第三者(1)に差押物を保管させることができることとしている。

3　差押えの表示方法（２項）

本条２項は法123条３項，法124条及び本条１項により執行官以外の者に保管させる場合のすべてに差押えの表示をすべきこととしている。法の規定により保管させるときに本条２項の差押えの表示が差押えの効力発生の要件となる（法123条３項後段，法124条）が，本条１項の規定による保管の場合は，本条２項の差押えの表示の有無は，差押えの効力には影響しない。しかしながら，保管中の事故を防止するため，適当な方法で差押物である旨の表示をしておくことが相当であることから，本条２項は，執行官以外の者に保管をさせる差押物については，すべて差押えの表示をすることを規定したのである。具体的な表示の方法は，封印票による封印又は標目票の貼付が困難なときは，その他の方法（例えば，差押物であることを明らかにした立札）により表示すべきことが明記された。

4　法律上の制裁の告知（３項）

本条３項は，差押物を債務者，差押債権者又は第三者に保管させるときは，これらの者に対し，差押物の処分，差押えの表示の損壊その他の行為に対する法律上の制裁を告げるべき旨規定する。保管者による違法な処分行為等を防止する趣旨であり，告知をしなくても差押えの効力に影響はなく，保管が違法となるわけでもない。また，告知を受けなかったとしても，犯罪が不成立になるわけでもない[(2)]。なお，本条３項は，法の保管と規則の保管とを問わず適用される。

5　使用許可の表示（４項）

法は，差押物を従前の占有者に保管させるときには，執行官の裁量により使用を許可することができることを明らかにしている（法123条４項，法124条）。そこで，執行官が使用の許可をした場合に，そのことを差押物について明らかにする必要があるので，本条４項は，差押えの表示（差押物件封印票，差押物件標目票など）中に使用を許可したことを明らかにすべきことを定めたものである。

なお，本条１項の規定による保管の場合には，保管者に差押物を使用させることは認められていない。

6　職務執行区域外における差押物の保管（５項）

本条５項は，執行官法４条の特則である。差押物の保管には，特殊な設備を要する場合（例えば，大量の冷凍食品を保管させる場合）など職務執行区域内で適当な保管者を見いだすのが困難である場合があることが考慮された結果，同条の特則が設けられたものである。

本条５項の規定により職務執行区域外で差押物を保管させるときには，特段の規定はないが，その保管の場所において，差押物の点検をしたり（108条１項），差押物を売却期日前に一般の見分に供したり（117条１項，２項），買受人に対し動産を引き渡したり（126条１項）することができる。

注⑴　債権者又は提出を拒まない第三者の占有していた動産を差し押さえたときに，これを債務者に保管させることは適当でないと考えられるので，本条１項では，債務者に保管させることは認められていない。

⑵　近藤崇晴・注釈民執法⑸249頁

（差押物の保管に関する調書等）

第105条　執行官は，債務者，差押債権者又は第三者に差押物を保管させたときは，保管者の氏名又は名称及び住所，保管させた年月日，場所及び差押物，差押えの表示の方法並びに保管に関する定めを記載した調書を作成し，保管者に署名押印させなければならない。

2　執行官は，保管者から差押物の返還を受けたときは，その旨を記録上明らかにしなければならない。

3　前項に規定する場合において，差押物に不足又は損傷があるときは，執行官は，保管者でない差押債権者及び債務者に対しその旨を通知するとともに，不足する差押物又は差押物の損傷の程度及びこれらの差押物について執行官が採つた措置を記載した調書を作成しなければならない。

〔解　説〕

1　本条の趣旨

本条は，差押物を債務者等に保管させた場合における調書作成義務（本条１項），保管者から差押物の返還を受けた場合における措置（本条２項）及び返還を受けた差押物に不足又は損傷がある場合における調書作成等の義務（本条３項）について規定したものである。

2　差押物の保管に関する調書（１項）

本条１項は，差押物の保管に関する調書の作成について定めたものである。差押物の保管を執行官以外の者に委ねることは重要な行為であり，その行為を明らかにすることが相当であるので，差押物を債務者等に保管させたとき（法

123条３項前段，法124条及び104条１項）は例外なく調書を作成することとされた。[(1)] 保管は執行官の裁量によるものとされている（前掲の法及び規則の各条項参照）から，保管事由は記載する必要はない。保管に関する定めとは，代表的なものとしては保管に関する約款を記載することになろうが，ほかに，保管させるときに指示した事項や一定の報告を求めたこと等を記載することが考えられる。

差押え時に差押物を債務者等に保管させたときは，差押調書と本条１項の保管に関する調書とを兼ねた１通の調書を作成することができる（102条の解説の２(5)を参照）ので，本条１項の調書は，それ以外の場合に独立の調書として作成することになる。

3　差押物の返還（２項）

任意に差押物の交付を受けるだけで，差押物に不足も損傷もない場合にまで，調書を作成する必要はないと考えられるので，本条２項は，差押物の返還を受けたことを記録上明らかにすることで足りるものとしている。

4　差押物に不足又は損傷があった場合の措置（３項）

本条３項は，返還された差押物に不足又は損傷がある場合の措置に関する定めである。

差押物が返還されたときに，保管させたときの状態のままであれば本条２項の定めによることになるが，異常があれば，執行手続に重要な影響を及ぼすから，そのような場合は，差押物の現況を明らかにするため不足する差押物又は差押物の損傷の程度を記載した調書を作成すべきものとしたのである。

さらに，このような場合には，執行官は適宜の措置を採ることが要求されよう。執行官が採り得る措置としては，例えば，差押物に不足又は損傷を生じた原因の究明，不足している差押物の探索，これを発見した場合の取戻し（なお，109条参照），不足又は損傷を生じた原因が犯罪を構成する場合の告発などが考えられる。本条３項は，これらの措置を採るべきことを義務付けているわけではなく，執行官は，具体的事案に応じて適宜の措置を採れば足り，ただ，措置を採ったときは，これを調書に記載すべきものとしているのである。なお，前記のほか，例えば，差押物が保管者の責めに帰すべき事由によって損傷した場合で修復が容易であるときは，執行官は，保管者に対してその修復を命ずることもできる。

また，執行官は，差押物が返還された際は，その状況を確かめる（いわゆる点検をする）わけであるが，差押物の損傷等は，所有者である債務者の利益を損なうことはもちろん，差押物の価値を損ない差押債権者の利益をも害することになるので，それに対処させるために，保管者でない差押債権者及び債務者に対し，差押物に不足又は損傷があることを通知すべきものとしている（なお，108条２項参照）。

注⑴　執行官が民事執行を実施したときに調書を作成すべきことは，13条に規定があるが，同条は，執行官が民事執行の本体的部分を実施したときに関する規定であり，差押物を債務者等に保管させる等の付随的処分については，適用されない。

（事件併合の通知）

第106条　執行官は，事件を併合したときは，差押債権者，仮差押債権者及び債務者に対し，その旨を通知しなければならない。

〔解　説〕

法は，差押物又は仮差押物に対して更に差押えをすることを禁止し（法125条１項），既に差押え又は仮差押えの執行がされている場所について同一の債務者に対し更に動産執行の申立てがあった場合は，事件を併合すべきものとして（同条２項），後行の動産執行事件又は先行の仮差押執行事件の申立ては，配当要求の効力を生じるなどの効果があるものと定めている（同条３項前段及び４項前段）。

本条は，事件の併合がされた場合に配当要求の効力が生じることなどにより，自己の申し立てた執行事件に影響を受ける先行事件の差押債権者又は仮差押債権者，後行事件の差押債権者及び債務者に対して，併合したことを通知すべきものとしている[1]。債権者に通知する趣旨は，通知を受けた者が，債権の確保について適宜の措置が採れるようにするためである。したがって，他人の申し立てた執行事件を利用しているにすぎない配当要求債権者に対しては，通知を不要としている。まして動産執行の配当要求債権者は，優先配当を受ける者に限られたので（法133条），その点からも通知する実益は乏しい。

注⑴　先行動産執行事件と後行仮差押執行事件とを併合したとき（民保法49条４項，法125条２項前段）の仮差押債権者についても同様である（民保法49条４項，法125条３項前段）（条解民保規212頁参照）。

（事件併合のための移送）

第107条　法第125条第２項前段の規定により２個の動産執行事件を併合すべき場合において，先に差押えをした執行官と後に動産執行の申立てを受けた執行官とがその所属する地方裁判所を異にするときは，後に動産執行の申立てを受けた執行官は，差押調書又は差し押さえるべき動産がないことを記載した調書を作成した後，先に差押えをした執行官に事件を移送しなければならない。

２　法第125条第２項後段の規定により仮差押執行事件と動産執行事件とを併合すべき場合において，仮差押えの執行をした執行官と動産執行の申立てを受けた執行官とがその所属する地方裁判所を異にするときは，動産執行の申立てを受けた執行官は，仮差押えの執行をした執行官に対し，事件を移送すべき旨を求めなければならない。

３　前項の規定により事件の移送を求められた執行官は，遅滞なく，移送を求めた執行官に当該事件を移送しなければならない。

〔解　説〕

１　本条の趣旨

本条は，異なる地方裁判所に所属する執行官が受理した２個の動産執行事件又は仮差押執行事件と動産執行事件とを法125条２項の規定により併合する場合の手続について定めたものである。

2　2個の動産執行事件を併合すべき場合（1項）

差押えの場所が職務執行区域の内外にわたっているとき（101条参照）に他の地方裁判所に所属する執行官による差押えがされているときは，法施行前の手続では，後行事件の執行官は，先に差押えをした執行官に差押調書の送付を求めて物の照査をし，作成した差押調書又は照査調書を前の差押えをした執行官に送付すべきものとされ，その方法として，当該事件記録を送付する取扱いであった。これによって事件は移送されることとなり，差押物を執行官の保管に移したときは，これも先行事件の執行官に引き渡さなければならないものと解されていた(1)。本条1項は，旧法が執行官の事実行為の観点から「照査」と呼んでいた（旧民訴法旧586条2項，同法旧587条）のを，法が「事件の併合」とした（法125条2項前段）表現による違いを除いては，法施行前における前記の解釈が明文化されたものにすぎず，旧法下の取扱いと異ならない。

3　仮差押執行事件と動産執行事件とを併合すべき場合（2項及び3項）

法は，仮差押えの執行がされている物についても，二重差押えは認めず，事件併合の手続によるものとした（法125条1項及び2項後段）。そして，仮差押執行事件と動産執行事件とが併合されたときは，動産執行事件の方で手続が進行するので，先行事件により仮差押えの執行がされた動産は，併合の時に，後行の動産執行事件において差し押さえられたものとみなされ，仮差押執行事件の申立ては，配当要求の効力を生ずるものとされている（同条4項前段）。法の規定を受けて，本条2項は，仮差押執行事件と動産執行事件とを併合すべき場合において，両事件の執行官が，職務執行区域を異にしているときは，進行していく動産執行事件を取り扱う執行官は，事件を併合するために，仮差押えの執行をした執行官に対し，事件の移送を求めなければならないものとした。そして，後行の動産執行事件を進めるためには，先行の仮差押執行事件の内容を知る必要があるので，本条3項は，移送を求めたられた執行官は遅滞なく仮差押執行事件を移送すべきことを注意的に規定したものである。

注(1)　旧執行官提要119頁

（差押物の点検）

第108条　執行官は，債務者，差押債権者又は第三者に差押物を保管させた場合において，差押債権者又は債務者の申出があるときその他必要があると認めるときは，差押物の保管の状況を点検することができる。

2　執行官は，差押物の点検をしたときは，差押物の不足又は損傷の有無及び程度並びに不足又は損傷に係る差押物について執行官が採つた措置を記載した点検調書を作成し，かつ，差押物に不足又は損傷があるときは，保管者でない差押債権者及び債務者に対し，その旨を通知しなければならない。

〔解　説〕

1　本条の趣旨

本条は，差押物の点検及び点検をしたときの措置について規定している。

2　差押物の点検（１項）

差押物の保管状況を把握するのは執行官の職務行為であるから，執行官は，保管状況が不適当であることが判明したとき，保管期間が著しく長期にわたるとき，その他必要と認めるときは，差押物の保管に密接な利害関係を有する差押債権者等の申出がなくとも，点検を行うべきである。そこで，本条１項は，差押債権者又は債務者の申出を点検の端緒とするほか，執行官の職権による点検を認めることとし，点検が執行官の職務権限である[(1)]ことを明らかにする旨規定している。その結果，差押債権者等の申出があれば点検することができるが，逆に点検をしないこともできることとなった。また，他人の手続を利用するにすぎない配当要求権者には，その必要性が乏しいと思われるので，点検の申出は認めないこととされた[(2)]。

3　点検調書等（２項）

本条２項は，点検調書や点検の通知，点検に関し執行官の採るべき措置等について規定したものである。点検調書は，点検をした際には，差押物に全く異状がなくても作成しなければならない点で，105条３項の調書と異なる。差押物に不足又は損傷があるときには，同項と全く同じこととなるので，同条の解説の４を参照されたい。ただ，執行官が採り得る措置としては，同条の解説の４で述べたもののほか，引き続き従前の保管者に保管させることが不適当であると認められるときには，執行官自らの保管に移したり，別の保管者に保管させたりすることが考えられる。

注⑴　点検における執行官の職務権限については，仮差押物についてであるが，次の裁判例が参考となろう。

点検の制度は，執行官が仮差押物の現状及び保管状況を把握し，仮差押物の保管状況が不適切な場合は，保管者を指導する等の是正措置を講じたり，債権者等に対して通知する等により，現状変更の防止をする趣旨であるが，執行官には，それ以上に，仮差押物が紛失した場合の探索行為や，仮差押物の現状回復の職責も権限もない（名古屋地判平４．６．24判時1456－118）。

⑵　したがって，配当要求債権者の申出があれば，それだけで点検をすることはできないが，その申出を契機として，点検の必要があると認められれば，それを理由に点検することは，もちろん可能である。

（職務執行区域外における差押物の取戻し）

第109条　差押物が差押えをした執行官の所属する地方裁判所の管轄区域外に所在することとなつた場合において，これを取り戻すため必要があるときは，執行官は，所属の地方裁判所の管轄区域外で職務を行うことができる。

〔解　説〕

動産の差押えは，執行官がその動産を占有して行う（法123条１項，法124条）が，差押え後に差押物が執行官の占有下から離れることがある。それには種々の態様が考えられるが，法は，差押物が第三者の占有下に移ったときは，執行裁判所が差押債権者の申立てにより引渡命令を発することとしている（法127条１項）。この引渡命令は，債務名義的な効力を有し（同条３項，法22条３号参照），差押物の所在する場所を管轄する地方裁判所所属の執行官にその執行の申立てをして差押物の取戻しをすることができることとなる（法169条，110条参照）。しかし，引渡命令は申立てに係り，申立権者は差押債権者に限定されている上，申立期間は第三者が占有していることを知った日から１週間以内に，その執行ができる期間は申立人に告知された日から２週間以内に限られているので，引渡命令の制度が新設されたといっても，差押物の取戻しの手段として完全というわけではない。他方，執行官は，差し押さえた動産を引き続き占有・保管する職責を有しているのであるから，差押物が第三者の手に渡った場合には，その物を取り戻すため第三者に返還を説得する等の適切な措置を講ずるのが妥当であると解される[(1)]。

また，これ以外にも，執行官が，差押物を取り戻す必要がある場合がある。すなわち，執行官が占有中の差押物を債務者が持ち出した場合，執行官が保管者に保管させた差押物を自ら保管する必要があると認めたとき（法123条５項，法124条参照）などがそれである。このような場合には，法127条の適用はなく，執行官は，これらの者から差押物を強制的に取り上げることができる場合と任意の返還を求めるほかない場合とがある[(2)]が，いずれの場合も，適宜の措置を採るべきこととなろう。

本条は，このように，執行官が差押物を取り戻す必要がある場合で，差押物が執行官の職務執行区域外に所在するときには，執行官法４条の例外規定として，職務執行区域外においても職務を行うことができることを定めたものである。なお，本条は，執行官が差押物の取戻しのため適宜の措置を採るに当たって，必要があるときに，職務執行区域外にまで出て行くことを可能にする規定であり，どのような遠隔地でも，執行官が差押物の取戻しに行かなければならないことを規定しているものではない。

注⑴　執行官提要64頁，192頁，小倉顕・注解民執法⑷133頁参照

⑵　債務者から強制的に取り上げられることは，差押え時に取上げができることから当然であろう。債務者以外の保管者から取上げができるかどうかについては，法124条が

法123条５項を準用しているので，法124条による保管については，強制的取上げが可能であるとの解釈も成り立ち得る。104条１項による保管は，任意の契約に基づく保管であって，その返還も任意の返還の請求によるほかない。

（差押物の引渡命令を執行した場合の措置等）

第110条　法第127条第１項の規定による引渡命令の執行をした執行官は，当該差押物の差押えをした執行官が他の地方裁判所に所属するときは，その執行官に対し，引渡命令の執行をした旨を通知しなければならない。

２　前項の規定による通知を受けた執行官は，差押物を引き取らなければならない。ただし，差押物の引取りのために不相応な費用を要すると認めるときは，引渡命令の執行をした執行官に動産執行事件を移送することができる。

〔解　説〕

１　本条の趣旨

差押物を第三者が占有することとなったときは，法は，簡易な手続によって発せられた執行裁判所の引渡命令により，差押物の取戻しができるものとした（法127条１項）[(1)]。本条は，この法の規定を受けて，引渡命令を執行した執行官と差押えをした執行官とが職務執行区域を異にする場合の手続について規定したものである。職務執行区域を異にする場合が生じるのは，引渡命令は債務名義類似のものであるから，差押物が差押えをした執行官の職務執行区域外において第三者により占有されているときは，差押債権者は，その差押物の所在する地を職務執行区域とする執行官に引渡命令の執行を申し立てなければならないからである。

２　差押えをした執行官に対する通知（１項）

本条１項は，差押えをした執行官の職務執行区域外でされた引渡命令の執行により，第三者から差押物を取り上げた場合におけるその執行をした執行官の差押えをした執行官に対する通知義務を規定したものである。

３　差押物の引取り又は移送（２項）

本条２項は，本条１項の規定により通知を受けた執行官（差押えをした執行官）は，原則として差押物を引き取るべきこととし，引取りに不相応な費用を要すると認める場合は，引渡命令の執行をした執行官に対して，動産執行事件を移送することができることを規定したものである。この規定により，執行官は，差押物を引き取るために，職務執行区域外で職務を行うことができるものと解される。また，「不相応な費用」とは，例えば，引き取るために多額の運搬費用を要する場合が考えられよう。移送をするか否かは執行官の判断に委ねられているが，実務の取扱いとしては，事前に差押債権者の意見を聴くことが望ましい。

注⑴　差押債権者は，差押物を第三者が占有していることを知った日から１週間以内に（法127条２項），執行裁判所（法３条）に対し，引渡命令の申立てをすることができ，これにより，執行裁判所は，その第三者に対し，差押物を執行官に引き渡すべき旨を命ずる引渡命令を発する（法127条１項）。引渡命令に対しては執行抗告をすることができる（同条３項）ので，引渡命令は債務名義類似のものとなり（法22条３号参照），第三者に対する送達を待たずに（法127条４項，法55条９項），差押債権者に対する告知の日から２週間以内に限り（法127条４項，法55条８項），差押債権者の執行申立てにより（法２条参照），執行官が第三者から差押物を取り上げる方法により引渡命令の執行が行われる（法169条１項参照）こととなる。債務名義類似のものというのは，その執行方法が法に規定されていない（法169条は，債権者に引き渡す内容の執行であり，法127条の引渡命令の執行とは明らかに異なる。）点において，引渡命令の執行は強制執行そのものとは言い難いからである。

（差押物の評価）

第111条　執行官は，高価な動産を差し押さえたときは，評価人を選任し，その動産の評価をさせなければならない。

２　執行官は，必要があると認めるときは，評価人を選任し，差押物の評価をさせることができる。

3　評価人は，差押物の評価をしたときは，評価書を所定の日までに執行官に提出しなければならない。

〔解　説〕

1　本条の趣旨

本条は，差押物の評価について規定している。差押物の評価は第一次的には差押えをする時に執行官が行うべきことは，法には明記されていないが，超過差押えが禁止されている（法128条１項）ことから，当然の解釈というべきであり，評価額は，差押調書の記載事項とされている（102条２項）。本条は，この執行官による評価のほかに，一定の場合には，評価人を選任して評価をさせることを規定している。本条では，不動産の強制競売に倣って（法58条参照），「評価人」と呼称されているが，執行官が評価人に適すると判断した者を選任すれば足り，評価人につき特別の資格等の制限はされていない。

2　高価な動産の評価（１項）

本条１項は，高価な動産を差し押さえたときは，必ず評価人に評価させなければならないことを規定している。法ではなく規則に規定されたのは，不動産の場合と異なり，売却基準価額を定める必要がないことと，動産執行の簡易な手続からして，規則で規定するのが相当であると考えられたからである。

高価な動産とは，宝石，貴金属，書画骨とう，精密機械その他社会通念上特に高価と考えられている物をいうこと，このうち，貴金属又はその加工品は，地金としての価額未満で売却することができない（124条）から，物としての価額のほか，地金としての価額をも評価させる必要がある。また，評価人に必ず評価させるとしても，差押え時には一応執行官が評価した上，その後評価人に評価させるべきである。(1)

3　その他の物の評価（２項）

本条２項は，高価な動産以外の差押物についても執行官の裁量で評価人に評価させることができる旨を規定している。

本条２項の評価が必要な場合として，差押物が特殊な品目の物又は一般に取引されることが少ない物であるために評価が困難である場合，高価な動産に該当するか否かが疑わしい場合，価額についての関係人の意見が著しく異なる場合等がある。(2)

4　評価書の提出（３項）

本条３項は，評価人の評価書提出義務を規定している。「所定の日」とは，「執行官の定めた日」との趣旨である。

評価書の方式については，不動産の強制競売の評価書（30条）と異なり，何も規定されていないので，適宜の方式で差し支えない。

注(1)　執行官提要181頁

(2)　執行官提要181頁

（未分離果実の売却）

第112条　土地から分離する前に差し押さえた天然果実は，収穫時期が到来した後でなければ，売却してはならない。

〔解　説〕

1　本条の趣旨

本条は，未分離果実の売却の時期について規定している。

2　天然果実の売却の制限

未分離果実の売却を収穫時期の到来後に制限しているのは，果実が不当に廉価で売却されることを防止するのが目的である。本条では「収穫時期が到来した後」とされているのは，法が収穫時期を果実が動産執行の独立の目的物となるメルクマールとしている（法122条１項）ことと関連する。果実の収穫は日常用語としての成熟よりずっと以前に行わなければならない場合も多い（例えば，メロン）ことを考慮すれば，売却時期の制限は，収穫時期の到来した時を基準とするのが合理的であると考えられる。収穫時期は，取引通念によって定まる。(1)

なお，執行官は，差押物を自ら占有し（法123条１項），売却し（法134条），買受人に引き渡す（126条１項）権限及び義務を有しているから，当然その前提として差押物が果実である場合には収穫をする権限をも有していると解されるので，果実収穫権については，特に規定を設けていない。

注(1)　執行官提要212頁

（一括売却）

第113条　執行官は，売却すべき数個の動産の種類，数量等を考慮してこれらの動産を一括して同一の買受人に買い受けさせることが相当であると認めるときは，これらの動産を一括して売却することができる。

〔解　説〕

1　本条の趣旨

本条は，執行官の裁量により一括売却ができることを明らかにしたものである。

2　一括売却の要件等

一括売却をすべきかどうかは，売却すべき動産の種類，数量等を検討した上，個別売却よりも，適切，かつ，高価に売れるかどうかを考慮して健全な裁量を働かせて決めることになろう。不動産の一括売却では「相互の利用上」一括することが相当と認められる必要がある（法61条）が，本条では，利用上のけん連性は要件ではなく，一括して売却することが相当であれば足りる。種類，数量も，考慮すべき事項の例示にすぎない。一般的には，旅館や料理店の什器一式のようにひとまとめで利用される物や，大量，同種の商品のようにまとめて処分するのが相当である物などは，一括売却の対象とされるに適するものであろう[(1)]。

不動産の場合は，一括売却の定めは公告事項とされているが（36条１項５号），動産の場合は，不動産と比べて価額も低廉であるので，事前に買受希望者に了知させておく必要性は低いし，売却場に臨んでから執行官が一括売却の相当性を適宜に判断する方が，相当である場合もあると思われるので，あらかじめ公告することは要しないものとされている（115条参照）。もっとも，執行官は，売却を実施するときに，あらかじめ一括売却をする旨の告知をすべきである。

注(1)　執行官提要211頁

（競り売り期日の指定等）

第114条　執行官は，競り売りの方法により動産を売却するときは，競り売り期日を開く日時及び場所を定めなければならない。この場合において，競り売り期日は，やむを得ない事由がある場合を除き，差押えの日から１週間以上１月以内の日としなければならない。

２　執行官は，執行裁判所の許可を受けたときは，所属の地方裁判所の管轄区域外の場所で競り売り期日を開くことができる。

〔解　説〕

1　本条の趣旨

法は，売却の方法として入札及び競り売りを規定するほかは，他の売却方法その他売却手続一般について最高裁判所規則で定めることとしており（法134条，法21条参照），この規則においては，動産の売却の方法として，その性質上，競り売りを原則的なものとして本条から119条までにおいて規定している。(1)

本条は，競り売り期日の日時及び場所の指定に関する手続を規定しているものである。

2　競り売り期日の指定（１項）

本条１項は，法が売却手続の主体を執行官としている（法134条）ことを受けて，競り売り期日の日時及び場所の指定(2)は，執行官のみの権限に属し，執行裁判所はこれに関与することができないものとしている。(3)

競り売り期日を開く場所については，本条１項は，特別の制限をしていないので，執行官は，裁判所内の売却場その他の適宜の場所を定めることができる。もっとも，執行官の職務執行区域の制限があることは，後記３に述べるとおりである。

競り売り期日を差押えの日から１週間以上の日としなければならないとする趣旨は，なるべく多くの買受申出の希望者を募るためには，競り売り期日までに一定の期間を置くことが有効であること，債務者の弁済や執行手続に対する各種の異議の申立ての機会を保障することなどにあり，差押えの日から１月以内の日としなければならないとする趣旨は，手続の迅速処理にある。また，「やむを得ない事由がある場合」とは，１週間以内の日とするべき場合の例としては，差押物の貯蔵に多額の費用を要したり，短期間に価額が著しく減少するおそれがある場合などが考えられ，１月以上の日とするべき場合の例としては，評価人の評価（111条）に長期間を要する場合，差押物が特殊な動産であるために，買受申出の希望者を十分に募るためにはかなりの期間を要する場合などが考えられる。[(4)]

なお，本条１項は，最初の競り売り期日を変更した場合の変更後の期日についても類推適用され，変更後の期日は，やむを得ない事由がある場合を除き，前の競り売り期日から１月以内の日とすべきであろう。[(5)] また，新たな競り売り期日を指定するときも，本条１項を類推適用して，やむを得ない事由がある場合を除き，前の競り売り期日から１月以内の日とすることが相当であろう。

3　職務執行区域外における競り売り（２項）

本条２項は，執行官法４条による職務執行区域の制限に対する例外規定である。前記２に述べたとおり，執行官は，売却手続の主体であるから，競り売り期日を職務執行区域外の場所で開くかどうかは，飽くまでも執行官が第１次的には判断すべきものとされている。しかしながら，職務執行区域外で売却することは，差押債権者等の利害関係に影響する可能性が大きいから，執行裁判所の許可にかからしめることとされたのである。

注(1)　不動産の強制競売については，入札を原則的売却方法としている。その理由については34条の解説の１を参照されたい。これに対して，動産では通常の場合には多数の物件を同時に売却することが多いこと，売却基準価額の制度が設けられていないこと，

旧法下の運用の実情等を考慮して，入札より競り売りがより一般的売却方法になると考えられたものである。

⑵　売却方法を競り売りと定めることは，執行官が動産執行，売却，売却の実施のいずれの主体でもあることから，法64条１項のような規定がなくとも，執行官の権限であることは，自明である。

⑶　競り売り期日の変更も，執行官の専権に属することで当事者等の同意を要しない。

⑷　執行官提要212頁

⑸　執行官提要214頁

（競り売りの公告等）

第115条　執行官は，競り売り期日を定めたときは，次に掲げる事項を公告し，各債権者及び債務者に対し，第３号に掲げる事項を通知しなければならない。

一　事件の表示

二　売却すべき動産の表示

三　競り売り期日を開く日時及び場所

四　第132条において準用する第33条の規定により買受けの申出をすることができる者の資格を制限したときは，その制限の内容

五　売却すべき動産を競り売り期日前に一般の見分に供するときは，その日時及び場所

六　代金支払の日を定めたときは，買受けの申出の保証の額及び提供の方法並びに代金支払の日

七　売却すべき動産が貴金属又はその加工品であるときは，その貴金属の地金としての価額

〔解　説〕

1　本条の趣旨

本条は，競り売りの公告[1]及び通知について規定している。

2　公告事項

動産売却の手続における公告事項は，事件の表示（本条１号），売却すべき動産の表示（本条２号），競り売りの日時及び場所（本条３号）に加えて，売却条件について，本条４号から７号まで[(2)]に細別されている。

なお，不動産の場合（36条１項，50条４項参照）と異なって，掲示の時と競り売り期日の間に一定の期間を置くことが定められなかったのは，動産の性質から差押えの直後に売却する必要がある場合もあり（前条１項後段参照），画一的に一定の期間を置くこととするより，その種類等により，執行官の裁量によって適宜の期間を置く方が相当であると考えられるからである。

3　期日の通知

期日の通知の定めは，「各債権者」に通知することとして，配当要求をした先取特権者又は質権者（法133条）を含ませることとしている[(3)]（37条２号参照）。

注⑴　公告の方法等については，４条に規定がある。

⑵　本条４号の記載事項については132条，本条５号の記載事項については117条１項，本条６号の記載事項については118条２項，３項及び９項，本条７号の記載事項については124条，並びにこれらの条項についての解説を参照されたい。

⑶　執行官提要215頁，柳田幸三・注解民執法⑷264頁

（競り売り期日の手続）

第116条　競り売り期日においては，執行官は，買受けの申出の額のうち，最高のものを３回呼び上げた後，その申出をした者の氏名又は名称，買受けの申出の額及びその者に買受けを許す旨を告げなければならない。ただし，買受けの申出の額が不相当と認められるときは，この限りでない。

2　第118条第２項の規定により代金支払の日を定めて数個の動産を売却する場合において，あるものの代金で各債権者の債権及び執行費用の全部を弁済することができる見込みがあるときは，執行官は，他の動産の競り売りを留保しなければならない。

3　第38条第３項から第５項まで，第43条中身分に関する証明に係る部分並びに

第50条第１項及び第２項の規定は動産の競り売りについて，第43条中援助の求めに係る部分の規定は執行官がその所属する地方裁判所内において競り売りを実施する場合について準用する。

〔解　説〕

1　本条の趣旨

本条は，次条１項及び118条とともに競り売り期日の実施について規定しているものである。このうち，本条は，執行官の行うべき手続について，３項において不動産の強制競売の規定を準用しつつ，これで賄い切れない事項について１項及び２項において規定しているものである。

2　買受けの許可（１項）

本条１項本文は，買受けの許可の手続について規定している。不動産の競り売りの規定（50条３項）とほぼ同旨であるが，不動産では，最高価買受申出人と定めるところを，動産では執行官が売却の主体であるので，その場で買受けを許可する点が異なる。

本条１項ただし書の規定は，売却手続の主体としての執行官の職務権限として，社会通念上不相当に低額な買受申出額による売却を許さないことを明らかにしたものである。

3　超過売却となる場合の措置（２項）

本条２項は，代金支払の日を定めて数個の動産を売却する場合（118条２項）に超過売却になるときには，超過分の動産の競り売りを留保すべきことを規定している。不動産については法73条１項に類似の規定がある。代金支払の日を定めた場合に限定しているのは，期日において，直ちに代金が支払われる場合（118条１項）には，支払われた代金の合計額が各債権者の債権及び執行費用の合計額を超えた時点で他の動産については，法128条２項の規定により差押えが取り消されることになる[(1)]からである。

執行官は，買受けを許可した動産の代金の合計額が各債権者の債権及び執行費用の全部を超えた時点で，他の動産の競り売りを留保しなければならない。不動産については，売却の実施は行った上で，売却許可決定だけを留保する（法73条１項）のに対し，本条２項では，売却の実施自体を留保することとしている点が異なる。競り売りが留保された動産は，代金支払の日に代金が全部支払われたときは，やはり法128条２項により差押えが取り消されることになるが，代金が支払われないときは，更に売却すべきこととなる。

4　不動産の売却の規定の準用（３項）

本条３項は，不動産の売却手続に関する規定のうち，動産の競り売りについて準用されるものを定めたものである。すなわち，買受申出人に関する38条３項の法人の代表者の資格を証する文書の提出，同条４項の代理権を証する文書の提出，同条５項の共同買受申出人の買受けの申出の許可，売却の場所の秩序維持等に関する43条中の身分に関する証明を求める権限，50条１項の競り売りの方法及び同条２項の買受申出の額に拘束されることについての各規定が，動産の競り売りについて準用されるものであり，また，執行官がその所属する地方裁判所の構内で，競り売りを実施するときは，売却場の秩序を維持するために，43条の規定の準用により執行裁判所（法３条）の援助を求めることができるものとされている。

最後の点が，所属する地方裁判所内における競り売りに限定されているのは，不動産の強制競売においては，裁判所書記官が執行官に命じて売却を実施させるが，執行裁判所が手続の主体であることから，本来的に適正円滑な売却の実施につき一定の責任を負っているのに対し，動産執行においては，売却の主体は執行官であり，執行裁判所は，休日夜間執行の許可（法８条１項），職務執行区域外における競り売りの許可（114条２項）など一定の場合に関与するにすぎないことに基づき，動産執行の場合には，裁判所構内で行う売却に限って執行裁判所が援助するものとし，裁判所外で行う売却については，執行官自身の警察上の援助請求（法６条１項）等に委ねることとされたものである。

本条3項により準用されている各条項については，それぞれの解説を参照されたい。

注(1) 法128条2項は，直接的には「差押債権者の債権」及び執行費用の弁済に必要な限度を超える差押えの取消しを規定しているが，差押債権者の債権に劣後する債権者はないので，差押債権者の債権が全額弁済されるには，各債権者の債権の全部が弁済されるに足りる売得金がなければならず，かつ，それで足りることとなるので，本文記載のような結論になる。

（競り売りの方法により売却すべき動産の見分）

第117条　執行官は，競り売り期日又はその期日前に，売却すべき動産を一般の見分に供しなければならない。

2　売却すべき動産を競り売り期日前に一般の見分に供する場合において，その動産が債務者の占有する建物内にあるときは，執行官は，見分に立ち会わなければならない。前段に規定する場合以外の場合において，当該動産の保管者から立会いの申出があつたときも，同様とする。

3　執行官は，売却すべき動産を競り売り期日前に一般の見分に供したとき，及び前項の規定により見分に立ち会つたときは，その旨を記録上明らかにしなければならない。

〔解　説〕

1　本条の趣旨

本条は，競り売りの方法により（入札についても準用されている。120条3項）売却すべき動産の見分について規定している。

2　売却すべき動産の見分（1項）

買受希望者に買受けの申出をするか否かを決めさせるためには，当該動産を買受希望者に見分させる必要があるが，必ずしも売却を実施する際に動産を見分させなくても，買受希望者が動産を見分する機会を事前に設ければ，その目的を達することができるし，売却実施の際に動産を見分に供することが困難である場合もある。

そこで，本条１項は，競り売り期日又はその期日前のいずれかの機会に，売却すべき動産を一般の見分に供しなければならないこととして，必ずしも売却実施の際にその場に売却すべき動産が存在しなくても足りることとしている。

これにより，動産を差押えの現場や保管させた倉庫内に置いたまま，例えば，裁判所内の売却場で売却を実施することも可能となった。事前の見分に適する動産としては，山林内で保管している伐採木，工場内に据え付けられた大型機械等が考えられる。逆に，散逸しやすい動産や他の動産と識別しにくい動産等は，売却後に紛争を生じやすいので，事前見分の方法を採ることは，通常は適当でない[(1)]。

執行官は，売却すべき動産を事前に一般の見分に供しようとするときは，見分に供する日時及び場所を定めた上，これをあらかじめ公告しなければならない（115条５号）。

事前に一般の見分に供するには，保管者の承諾を得ることが必要であり，執行官は，保管者に協力を要請するとともに，保管者の利益保護に十分配慮すべきである。

保管者が事前見分を拒絶したときは，事前に見分に供することができないので，執行官としては，差押物を取り戻し，保管場所を変更することによって対処すべきである[(2)]（法123条５項参照）。

３　事前見分の立会い（２項）

本条２項は，一定の場合に，執行官に事前見分についての立会義務を課している。すなわち，債務者の占有する建物内において動産を一般の見分に供するときは，見分する者と債務者との間に紛争が生じる危険が大きいので，執行官は必ず立ち会うべきであり，また，当該動産の保管者が立会いを求めるときも同様である。

その他の場合には，立会いの義務はないが，見分の場所において紛争の生じる可能性，動産の指示・特定の必要性などを考慮して，執行官の裁量により見分に立ち会うことは差し支えない。

4　事前見分等の記録（３項）

執行官は，売却すべき動産を事前見分に供したとき，及び本条２項の規定により事前見分に立ち会ったときは，その旨を記録上明らかにしなければならない（本条３項)。執行官の裁量により事前見分に立ち会ったとき（前記３の末尾を参照）も，その旨を記録上明らかにするのが相当である。

注⑴　執行官提要216頁

⑵　執行官提要65頁

（競り売りにおける代金の支払等）

第118条　競り売り期日において買受けが許されたときは，買受人は，次項の規定により定められた代金支払の日に代金を支払う場合を除き，直ちに代金を支払わなければならない。

2　執行官は，差押物の売却価額が高額になると見込まれるときは，競り売り期日から１週間以内の日を代金支払の日と定めることができる。

3　前項の規定により代金支払の日が定められた場合においては，買受けの申出をしようとする者は，執行官に対し，差押物の評価額の10分の２に相当する額の保証を提供しなければならない。

4　前項の規定により買受人が買受けの申出の保証として提供した金銭は，代金に充てる。

5　執行官は，代金支払の日を定めて競り売りを実施したときは，代金支払の日，買受人の保証の提供の方法及び代金の支払の有無を記録上明らかにしなければならない。

6　買受人は，代金支払の日に代金を支払わなかつたときは，買受けの申出の保証のうち次項の規定により売得金とされた額に相当する部分の返還を請求することができない。

7　買受人が代金支払の日に代金を支払わなかつたため更に動産を売却した場合において，後の売却価額が前の売却価額に満たないときは，前の買受人が提供した買受けの申出の保証は，その差額を限度として売得金とする。

8　買受けの申出の保証が次項において準用する第40条第１項第４号の文書を提出する方法により提供されている場合において，買受人が代金を支払わなかつたときは，執行官は，銀行等に対し，執行官の定める額の金銭を支払うべき旨を催告しなければならない。

9　第40条の規定は，第３項の買受けの申出の保証について準用する。

〔解　説〕

1　本条の趣旨

本条は，代金の支払及び買受けの申出の保証に関する規定である。

2　代金の支払時期（１項）

本条１項は，代金支払につき，原則として競り売り期日に直ちに支払わなければならないが，本条２項の規定により別に代金支払の日が定められたときはその例外となることを明らかにしている。

3　代金支払の日の指定（２項）

本条２項は，売却価額が高額になると見込まれる場合には，執行官は，代金支払の日を定めることができることとしている。代金が高額であるときは，買受人に対しその支払のために相当の準備期間を与える必要がある場合もあり得るし，また，買受希望者の全員が多額の金銭を売却の場所に持参することを避けることができる点で危険を防止する上からも適当であると考えられるからである。

執行官は，あらかじめ，差押物の評価額を基にして，競り売り期日から１週間以内[(1)]の範囲で代金支払の日を定めた上，これを競り売りの公告中に掲げなければならない（115条６号)。

4　買受けの申出の保証の提供（３項，９項）

本条３項は，代金支払の日が定められた場合には，買受けの申出をしようとする者は，買受けの申出の保証を提供すべきものとしている。保証の額は，動産執行においては売却基準価額がないので，不動産執行の場合の売却基準価額に代えて，評価額を基準とし，その10分の２の定額とすることとしている。したがって，不動産の強制競売の場合（39条２項）と異なり，再度の売却を実施する場合にも，これを増額することはできない。

保証の提供方法については，本条９項において40条を準用することにより，同条１項に規定する方法，すなわち，金銭，銀行その他の金融機関の自己あて小切手，送金小切手又は銀行等との間に支払保証委託契約を締結したことを証する文書を提出する方法によるべきこととしている。また，執行官は，相当と認めるときは，金銭を提出する方法により買受けの申出の保証を提供することができない旨を定めることができる（40条２項の準用）。これらの点については，同条の解説を参照されたい。

執行官は，代金支払の日を定めたときは，買受けの申出の保証の額及び提供の方法を競り売りの公告中に掲げなければならない（115条６号）。

5　買受けの申出の保証の代金充当（４項）

本条４項は，買受けの申出の保証の提供が金銭[(2)]でされたときは，不動産の買受けの申出の保証の場合と同じく（法78条２項），代金に充当するものとしている。したがって，買受人は，代金支払の日には，残額である売却価額と買受けの申出の保証の額との差額を支払えば足りる。なお，金銭以外のものを提出した場合には，代金に充当されないので，買受人は，代金支払の日に代金全額を支払わなければならず，その支払があれば，提供された保証は返還されることとなる。

6　代金支払の日を定めたときの措置（５項）

本条５項は，代金支払の日を定めて競り売りを実施したときは一定の事項を記録上明らかにすべきものとしている。

7　代金不払による保証返還請求権の喪失（6項）

本条6項は，買受人が代金支払の日に代金を支払わなかったときは，買受けの申出の保証のうち本条7項の規定により売得金（配当財団）とされた額に相当する部分の返還を請求することができないこととしている。

買受けの申出の保証は，代金に充当される場合（本条4項）を除けば，買受けの申出をした目的の達成又は不達成が確定すれば，買受申出人に返還すべきことが原則であるが，買受人が代金を支払わないときは，執行官の行った買受けを許す処分（116条1項本文）は効力を失う[(3)]（法80条1項前段参照）ので，規定を置かなければ，この場合にも保証を返還すべきこととなる。しかし，保証は，その性質上買受人の買受けを担保するものであるにもかかわらず，買受人の都合により代金を支払わなかった場合に無条件で返還されるというのでは，保証としての機能を全く果たしていないこととなってしまう。そこで本条6項は，一定の場合に，保証の全部又は一部を返還しないこととしたものである。法は，不動産の売却について，代金不納付の場合に保証全額を没取することとしている（法80条1項後段）が，本条6項は，保証のうち，本条7項の規定により売得金に組み込まれるものだけについて没取し，残りがあれば，買受人に返還するものとしたのである。

買受人は，没取される部分以外の保証の返還を請求することができるが，没取される部分は再度の売却を実施した結果，新たな買受人及び買受価額が決まるまでは，不確定であるので，結局全額について再度の売却の実施が終了するまで返還を請求することができないこととなる。

8　差額の売得金への組入（7項）

本条7項は，買受人が代金支払の日に代金を支払わなかったため再度の売却を実施したとき[(4)]に，前の買受人の提供した買受けの申出の保証を一定の場合に売得金（配当財団，法139条1項参照）に組み込むことを規定している。すなわち，後の売却価額が前の売却価額を下回るとき（例えば，前の売却価額が1000

万円で後の売却価額が900万円）は，前の買受人の提供した保証（例えば，160万円）のうち，両価額の差額（100万円）を限度として売得金に組み込まれ，残額（60万円）は前の買受人に返還される（本条６項)。前の買受人が提供した保証の額が前記の両価額の差額より少ないとき（例えば，前記の例で後の売却価額が800万円であったときは，差額が200万円）は，保証の全額（160万円）が売得金とされ，なお不足する分（40万円）は，前の買受人の負担するところとはならない。後の売却価額が前の売却価額以上になれば，前の買受人の提供した保証は，全額返還される[(5)]（本条６項)。

9　買受けの申出の保証の換価（８項）

本条８項は，買受けの申出の保証が，40条１項４号の文書（銀行等との間に支払保証委託契約を締結したことの証明文書）を提出する方法で提供されている場合に代金不払があったときの換価方法について規定している。

代金支払の日に代金が不払になると，本条７項により保証の全部又は一部が売得金とされ，配当等に充てられるので，金銭以外のものは換価する必要があるが，40条１項２号又は３号の小切手は，提供後すぐに換価され金銭として保管されるのに対し，同項４号の文書の提出により提供された保証は，売得金に充てるべき額について換価をしなければならない。そこで，この換価について規定したのが，本条８項である。

換価の方法は，執行官が銀行等に支払を催告して，催告に係る額の金銭を支払わせる方法である。「執行官の定める額」とは，本条７項により売得金とされる額のことであり，支払の催告は，この額が決定した後にすべきこととなる。

注⑴　不動産の代金納付期限は，売却許可決定の確定から１月以内の日とされている（56条１項）のに対し，本条２項では，ずっと短期間とされているのは，通常の場合には，不動産の価額ほど高額にはならないと思われるからである。

⑵　本条４項でいう金銭には，法78条２項の金銭と同じく，40条１項２号及び３号の小切手を含むものと解すべきである。この点につき40条の解説の注⑿及び57条の解説の

注(1)を参照

(3) 執行官の買受けの許可は，所定の支払時期に代金が支払われないことを解除条件とする処分であると解されるので，執行裁判所の「裁判」の失効は明文で規定すべきであるとして設けられた法80条1項前段のような規定がなくても，代金不払により，当然失効すると解すべきである。

(4) 代金支払の日を設けない通常の競り売りの場合には，代金が買受けの許可の直後に支払われなければ，直ちにその場で競り売りを再度実施するか，新たに競り売り期日を指定し，その期日に競り売りを実施することとなる（執行官提要222頁）。

なお，手続が取消し又は停止にならない限り，1度試みた売却の実施が不成功に終わったときに，再度売却を実施すべきことは，規定がなくても当然であるので，不動産の強制競売についてと同様に，再競売をすべき旨の規定は置かれていない。

(5) 後の買受人が，また代金を支払わなくても，この結論に影響はない。

（競り売り調書）

第119条　競り売りを実施したときに作成すべき競り売り調書に係る第13条第1項第4号の実施した民事執行の内容の記載については，次に掲げる事項を明らかにしなければならない。

一　買受人の氏名又は名称及び住所，買受けの申出の額並びに代金の支払の有無

二　適法な買受けの申出がなかつたときは，その旨

2　執行官は，第13条第2項に規定する者のほか，買受人又はその代表者若しくは代理人に競り売り調書に署名押印させなければならない。この場合においては，同項後段の規定を準用する。

〔解　説〕

1　本条の趣旨

執行官は，競り売りを実施したときは，13条の規定により調書を作成しなければならないが，本条は，競り売り調書について13条により賄えない点につきその特則を定めたものである。

2　競り売り調書の記載事項（1項）

本条1項は，通則規定において調書の記載事項とされている「実施した民事執行の内容」（13条1項4号）について，特に明らかにすべき事項を規定したものである。これらの事項も，13条1項4号の事項に該当すると解されるが，何も規定を置かないと疑義を生ずるおそれがあるので，注意的に規定されたものである。競り売り調書に記載すべきその他の事項は，全て同条1項により賄える。

3　買受人の署名押印（2項）

本条2項は，買受人等の競り売り調書への署名押印について規定している。買受人は「民事執行に立ち会つた者」（13条1項3号及び2項）には当たらないが，署名押印させることが適当であると解されるため設けられた規定である。本条2項に関しては，不動産の入札調書に関する44条の解説の4を参照されたい。

（入札）

第120条　動産を売却するための入札は，入札期日に入札をさせた後開札を行う方法による。

2　開札が終わつたときは，執行官は，最高の価額で買受けの申出をした入札人の氏名又は名称，入札価額及びその者に買受けを許す旨を告げなければならない。

3　第38条（第7項を除く。），第41条第1項及び第2項，第42条第1項及び第2項，第43条中身分に関する証明に係る部分，第114条，第115条，第116条第1項ただし書及び第2項並びに前3条の規定は動産の入札について，第43条中援助の求めに係る部分の規定は執行官がその所属する地方裁判所内において入札を実施する場合について準用する。

〔解　説〕

1　本条の趣旨

法は，差押物の売却の方法について，執行官を売却手続の主体とし，入札も執行官のみによって行うことができることを予定している（法134条)。本条は，この法の規定を受けて，執行官の行う入札について定めたものである。

114条の解説の1で述べたとおり，この規則では，動産の売却については，競り売りを原則的売却方法としてまず規定し，入札については，本条1か条のみを置き，不動産の入札の規定及び動産の競り売りの規定を準用することをもって基本的には賄うこととしている。

動産執行における入札は，差押物の評価額が高額である場合や，競り売りの方法では一般人の参加が困難であるような事情がある場合などに行われることとなろう。

2　期日入札（1項)

不動産の入札については，期日入札と期間入札の2種類の方法が定められている（34条）が，本条1項は，動産の性質上，期間入札の方法はおおげさであると考えられることから，期日入札の方法のみを規定している。

3　買受けの許可（2項)

本条2項は，執行官が売却の主体であるところから，不動産の期日入札の場合とは異なり（41条3項参照)，競り売りの実施にならって（116条1項参照)，入札期日に執行官が買受けの許可をすることとし，その手続について規定したものである。その他の点は不動産の期日入札と同様であるので，41条の解説の4を参照されたい。

4　不動産における期日入札等の規定の準用（3項)

本条3項は，動産の入札について，不動産における期日入札及び動産における競り売りに関する規定のうち，その性質上，相当と思われるものを準用することとしたものである。すなわち，入札の方法(38条。ただし，第7項を除く[(1)]。)，入札の締切り時及び開札の立会い（41条1項，2項)，最高の価額で買受けの申出をした入札人が複数であるときの買受人の決定（42条１項，２項），入札期日を開く場所の秩序維持のために身分に関する証明を求める権限（43条），入札期日の指定及び職務執行区域外における入札の実施（114条），入札の公告及び通知（115条），買受けの申出の額が不相当と認められるときの買受けの不許及び代金支払の日を定めた場合において超過売却になる見込みがあるときの入札の留保（116条１項ただし書及び２項），売却すべき動産の見分（117条），代金の支払及び買受けの申出の保証（118条），入札調書（119条）については，準用で賄われている。また，入札期日を開く場所が入札を行う執行官の所属する地方裁判所内である場合には，執行官は，秩序維持のため執行裁判所（法３条）に対して援助を求めることができるものとしている（43条の準用）。最後の点については，116条の解説の４を，その他の点については準用されている各条項の解説を参照されたい。

注(1)　動産の売却では，暴力団員の買受け防止の規定を適用する必要がないことから（法２章２節３款には不動産競売における暴力団員の買受け防止の規定を準用する規定は設けられていない。），本条３項では38条７項を準用していない。

（競り売り又は入札以外の方法による売却）

第121条　執行官は，動産の種類，数量等を考慮して相当と認めるときは，執行裁判所の許可を受けて，競り売り又は入札以外の方法により差押物の売却を実施することができる。

２　執行官は，前項の許可を受けようとするときは，あらかじめ，差押債権者の意見を聴かなければならない。

３　第１項の許可の申出においては，売却の実施の方法を明らかにしなければならない。

４　執行官は，第１項の許可を受けたときは，各債権者及び債務者に対し，その旨を通知しなければならない。

５　第119条の規定は，第１項の規定により差押物の売却を実施したときに作成

すべき調書について準用する。

〔解　説〕

1　本条の趣旨

法は，差押物の売却手続の主体を執行官に限り，売却の方法については，入札又は競り売りのほか，最高裁判所規則で定めることとしている（法134条）。そこで，この規則では，入札又は競り売り以外の売却の方法として，共通見出しの下に，本条において，執行官自身による特別の方法による売却（以下「特別売却」という。）を，次条において，執行官以外の者にその実施をさせる方法による売却（以下「委託売却」という。）をそれぞれ規定している。

2　特別売却の要件等（１項）

本条１項は，差押物の売却について，競り売り又は入札以外の方法によることが相当であるかどうかの判断を，第一次的には，執行官が行うこととしているが（なお，51条１項，96条１項参照），これは，売却手続の主体であり，かつ，動産売却の専門家である執行官が，その相当性を判断するのに，最も適していると考えられるからである。ただ，公の競争による競り売り又は入札を行わずに売却してしまうので，その客観的公正を担保するために，執行裁判所の許可を要することとされたのである。

本条１項は，また，不動産の場合の規定（51条）と異なり，事前に競り売り又は入札をしないで，直ちに特別売却をすることができることとしているが，それは，動産が不動産と比べて，利害関係を有する者が少なく，一般に価値も低い上に，特別売却の要否についての判断も容易だからである（なお，96条１項参照）。

特別売却によるのが相当である動産としては，銃砲刀剣類，劇薬等の法令により一定の資格を備え，又は許可等を受けた者でなければ買受けを許されないもの，極めて特殊な動産で買受人となる見込みのある者が限定されているものなどが考えられよう。[(1)]

3　差押債権者からの意見聴取（２項）

本条２項は，手続の慎重を期するために規定されたもので，51条２項と同趣旨である。公売によらず売却することにより権利を害されるおそれが最も大きい差押債権者に，競り売り又は入札によらないことや特別売却の具体的方法等について，意見を述べる機会を与えることとしたものである。意見を述べる機会を与えれば足り，差押債権者が意見を述べなくてもよいし，述べた意見に執行官が拘束されることもない。もっとも，差押債権者の意見に反して特別売却をしようとするときは，執行裁判所に許可の申出をする際に，その事情を報告する取扱いが適当であろう。

4　売却実施の方法の明示（３項）

本条３項は，特別売却の許可の申出においては，執行官が，売却の実施の具体的方法を明らかにしなければならないこととしている。執行裁判所は執行官の定めた売却の実施の方法を審査することができるにとどまり，また，具体的方法を示さずにした申出は不適法であるので，売却実施の方法を執行官に一任することは許されない。

売却の方法は多岐にわたるが，買受けの可能性がある者と執行官が個別に売買交渉をした上売却する方法，適当な価額で差押債権者に譲渡する方法等が代表例であり，その他陳列販売など今後の実務の運用に待つべき点が多い。

なお，特別売却においては，競り売り又は入札という公売に特有の手続（例えば，公告）を行う必要はない。

5　債権者等への通知（４項）

特別売却を行うときは，公売の方法によらないので，これについて関係人に執行異議申立て（法11条１項後段）の機会を与えることが相当である。

そこで，執行官は，本条１項の許可を受けたときは，その旨を各債権者及び債務者に通知しなければならないものとされている（本条４項）。

6　調書の作成（５項）

特別売却を実施したときは，調書を作成する必要がある（13条）。本条５項は，競り売りも特別売却も同じく執行官による売却の実施であるところから，調書の記載事項等について，競り売り調書に関する規定（119条）を準用することとしている。

注(1)　執行官提要210頁，柳田幸三・注解民執法(4)297頁，園尾隆司・注釈民執法(5)542頁

第122条　執行官は，動産の種類，数量等を考慮して相当と認めるときは，執行裁判所の許可を受けて，執行官以外の者に差押物の売却を実施させることができる。

２　前項の許可の申出においては，売却を実施する者及び売却の実施の方法を明らかにしなければならない。

３　執行官は，売却を実施した者から売得金の交付を受けたときは，売却を実施した者の表示並びに売得金の額及び交付を受けた年月日を記録上明らかにしなければならない。

４　前条第２項及び第４項の規定は，第１項の許可について準用する。

〔解　説〕

１　本条の趣旨

本条は，前条と共に，法134条の委任に基づいて，規則で，競り売り又は入札以外の売却の方法を定めたもので，執行官は，執行官以外の者に売却を実施させる方法（委託売却）により，差押物の売却をすることができることとしたものである。

２　委託売却の要件（１項）

本条１項は，委託売却の要件を定めたもので，執行官が第三者に売却を実施させるものとするほかは，前条１項の規定と同様である。

委託売却に適する物としては，特定の専門業者に売却させた方が，高額で迅速に売却されることが期待されるものが考えられる。例えば，大量の生鮮食料品を集荷市場で売却してもらう場合，牛馬を家畜市場で売却してもらう場合，

骨とう品を古美術商に売却してもらう場合等である[1]。

3　売却実施の方法等の明示（２項）

本条２項は，前条３項の規定と趣旨は同じであり，委託売却にあっては，第三者に売却を実施させるので，その実施者を明らかにすることをも要求したものである。したがって，実施者を定めずに許可することはできない。

4　売得金の交付の記録（３項）

執行官から，売却の実施を委託された者は，売却を実施する権限だけを与えられているものであり，売却の主体は執行官であるから，売却後は，速やかに，売得金を執行官に交付しなければならない。もともと，執行官としては，第三者に売却の委託をする場合には，受託者に支払う手数料その他について明確な約定をすべきものであるから，執行官に売得金を交付する期限についても，明確な約定をしておくべきである。この売得金は，現実に売却した代金から，受託者が売却に要した費用及び所定の手数料を差し引いたものである[2]。

執行官が受託者から売得金を受領しても，自ら民事執行を実施したのではないから，調書の作成を要しない（13条参照）が，その売得金は，配当等に充てられる（法139条）点では，執行官が売却を実施して得た売得金と同性質であるから，その受領に関し，所定の事項を記録上明らかにしなければならない（本条３項）。

なお，配当要求の終期である執行官が売得金の交付を受けた時（法140条）とは，委託売却においては，受託者から執行官が売得金を受領した時のことをいうこととなる。

5　差押債権者からの意見聴取及び債権者等への通知（４項）

本条４項は，本条１項の規定する執行裁判所の許可が前条１項の許可と同様の性質をもつところから，あらかじめ差押債権者の意見を聴かなければならないものとしている前条２項の規定及び許可を受けたときに関係人に通知をすべきものとしている前条４項の規定を本条１項の許可について準用するものとしている。

注(1)　執行官提要210頁，柳田幸三・注解民執法(4)300頁，園尾隆司・注釈民執法(5)542頁

(2)　執行官提要231頁

（相場のある有価証券の売却価額等）

第123条　取引所の相場のある有価証券は，その日の相場以上の価額で売却しなければならない。

2　前2条中執行裁判所の許可に係る部分は，前項の有価証券については，適用しない。

〔解　説〕

1　本条の趣旨

本条は，取引所の相場のある有価証券の売却について，その売却価額等の特則について規定している。

2　相場のある有価証券の売却価額の制限

相場のある有価証券は，売却日の相場以上の価額で売却されるべきであるが，売却の方法は，競り売り又は入札以外の方法（前2条）によらなければならないものではなく，競り売り又は入札により売却することも，売却価額の制限さえ守られるならば差し支えない。

そこで，本条1項は，その日の相場以上の価額で売却すべき旨を規定するにとどめているのである。

しかし，取引所の相場のある有価証券を競り売り又は入札によって売却しても，相場を超える額で買手がつくことは通常期待し得ないから，ほとんどの場合に競り売り又は入札以外の方法（前2条）により売却することになろう。そして，売却価額の下限も制限されている（本条1項）のであるから，前2条の規定による売却方法を選択することについて，差押債権者の意見を聴く必要もなく，執行裁判所の許可を受ける（121条1項，122条1項）ことも要しない[(1)]。本条2項は，このことを規定したものである。

前条の規定により証券業者に売却を委託したときは，売却手数料及び有価証券取引税を差し引かれたものが売得金となる。[(2)]

有価証券を売却したときの裏書又は名義書換えについては，法138条に規定がある。

注⑴　園尾隆司・注釈民執法⑸543頁

⑵　柳田幸三・注解民執法⑷302頁

（貴金属の売却価額）

第124条　貴金属又はその加工品は，地金としての価額以上の価額で売却しなければならない。

〔解　説〕

1　本条の趣旨

本条は，貴金属又はその加工品について，最低売却価額を規定している。

2　貴金属の売却価額の制限

動産の売却には最低売却価額ないし売却基準価額の制度がないが，貴金属（金，銀，白金，イリジウム等）は，少なくとも地金としての価額では売却し得るものであるから，貴金属又はその加工品の売却にあっては，地金としての価額が最低売却価額となるべきである。本条は，そのことを規定したものである。

相場のある有価証券（前条）と異なり，地金としての価額を上回る価額で買手がつくことも十分に期待できるので，売却方法を殊更に制限する必要はない。そこで，本条は，売却価額の制限についてのみ規定しているのである。

地金としての価額は公告事項である（115条７号）。これは，不動産の強制競売における買受可能価額の公告（36条１項３号）に当たる。

（代金を支払わなかつた買受人の買受けの申出の禁止）

第125条　買受人が代金を支払わなかつたため更に動産を売却するときは，前の買受人は，買受けの申出をすることができない。

〔解　説〕

1　本条の趣旨

買受人は，代金支払の日が定められたときはその日までに，その定めがないときは買受けの許可後直ちに代金を支払わなければならず（118条1項，2項），その支払がないときは，執行官は，買受けの許可に係る動産を更に売却することとなるが，本条は，この場合に前の買受人は，買受けの申出をすることができないことを規定している。

2　再売却における買受申出の禁止

買受けの許可を受けながら代金を支払わないような不誠実な買受人に再度の買受申出を許すべきでないことは当然であり，不動産の強制競売の場合には売却不許可決定をすべきこととされている（法71条4号ロ）が，動産執行には売却許否決定の制度がないので，買受けの申出自体を認めないこととされたのである。

なお，買受人が代金を支払わないときに，更にその物の売却をすべきである（再売却）との点は，規定するまでもなく当然のことであるので，この規則には規定されていない。

また，不動産の強制競売について，提供された保証の限度で売却代金（配当財団）に加えることとされた[(1)]（法80条1項後段，法86条1項3号）ことから，動産執行についても，買受けの申出の保証が提供された場合（118条3項）にのみ，その保証を前の売却価額と後の売却価額との差額を限度として売得金とすることとされたのである[(2)]（同条6項，7項）。

注(1)　田中・解説180頁，206頁参照

(2)　118条の解説の7，8を参照

（買受人に対する動産の引渡し）

第126条　買受人が代金を支払つたときは，執行官は，売却した動産を買受人に引き渡さなければならない。この場合において，その動産が執行官以外の者の保

管に係るものであるときは，執行官は，買受人の同意を得て，買受人に対し売却の事実を証する文書を交付し，かつ，保管者に対し買受人にその動産を引き渡すべき旨を通知する方法により引き渡すことができる。

2　執行官は，売却した動産の引渡しをしたときは，その旨及びその年月日を記録上明らかにしなければならない。

〔解　説〕

1　本条の趣旨

動産の売却においては，買受人の買受申出とこれに対する執行官の買受けの許可により，執行官は，買受人に対して売却した動産を引き渡す義務が生じる。本条は，売却した動産を執行官が引き渡すべき時期及び引渡しの方法並びに引渡しの記録について規定している。

2　売却した動産の引渡しの時期（1項）

動産執行については，不動産の強制競売の場合（法79条）と異なり，売却した動産の所有権移転の時期は法に規定されていない[(1)]。したがって，その点は解釈に委ねられることになり[(2)]，規定がないと動産の引渡時期について疑義が生じるおそれがあるので，買受人が代金を支払ったときに動産を引き渡すべきこととされた（本条1項前段）。代金の支払が先給付である。

3　引渡しの方法（1項）

引渡しの方法は，現実の引渡し（民法182条1項）が原則となることは当然である。本条1項前段は，そのことをも意味している。

しかし，買受人が代金を支払ったときにその場に引き渡すべき動産があれば（それが通常である。）問題ないが，売却すべき動産を事前の見分に供した場合（117条）や代金支払の日を定めて売却した場合（118条2項）において，その動産が執行官以外の者の保管に係るものであるときは，代金支払時にはその場に動産がないのが普通である。

このような場合に，指図による占有移転（民法184条）の方法で引渡しをすることは，その要件さえ備わっていれば当然許されるが，本条１項後段は，これを手続的に明確にするように規定したものである。すなわち，民法184条にいう「本人」を「執行官」と，「代理人」を「保管者」と，「第三者」を「買受人」として，あらかじめ買受人の同意を得ること[(3)]を要するものとし，保管者に対しては買受人にその動産を引き渡すべき旨を通知することとし，さらに，買受人が保管者に対しその動産の引渡し等を求めるときに便宜であるように，買受人に対し売却の事実を証する文書を交付することとしているのである。売却の事実を証する文書としては，売却に関する調書の写し等を交付する取扱いとなろう。

指図による占有移転の方法で引渡しをしたときに売却手続は終了するので，その後に買受人と保管者との間に紛争が生じたとしても，執行手続外の問題として処理されることになる[(4)]。

4　引渡しの記録（２項）

売却した動産の引渡しをしたときは，その旨及びその年月日を記録上明らかにしなければならない。売却後直ちに代金が支払われて（118条１項）動産を引き渡したときは，売却に関する調書の中にこの点も記載しておけばよい（119条１項参照）。

なお，本条１項後段の方法により引渡しをしたときは，その旨をも記録しておくことが相当である。

注⑴　最高裁判所規則に規定し得る性質の事項ではない。

⑵　旧法時代の学説については，井関浩・注解⑵168頁を参照

⑶　民法184条にいう第三者の承諾に当たる。本条１項に類似した規定である国徴法119条には，この点が明記されていない。

⑷　保管者が動産の引渡しに応じないときは，買受人は，売却による所有権取得に基づき債務名義を取得して，強制執行を行うことになろう（柳田幸三・注解民執法⑷318頁）。執行官協議要録361頁参照

（差押えの取消しの方法等）

第127条　動産の差押えの取消しは，執行官が，債務者その他のその動産を受け取る権利を有する者に対し，差押えを取り消す旨を通知し，その動産の所在する場所においてこれを引き渡して行う。ただし，動産を受け取る権利を有する者がその動産を保管しているときは，その者に対し，差押えを取り消す旨を通知すれば足りる。

2　執行官は，動産の差押えを取り消した場合において，取消しに係る動産を受け取る権利を有する者が債務者以外の者であるときは，債務者に対し，当該動産に係る差押えを取り消した旨を通知しなければならない。

3　差押えの取消しに係る動産を引き渡すことができないときは，執行官は，執行裁判所の許可を受けて，動産執行の手続によりこれを売却することができる。

4　法第168条第８項の規定は，前項の規定により動産を売却した場合について準用する。

〔解　説〕

1　本条の趣旨

本条は，差押えの取消しの方法及び取消し後の措置について規定している。

動産の差押えを取り消す場合としては，次のようなものがある。

①　法39条１項１号から６号までに掲げる文書が提出されたとき（法40条１項）

②　差押え後に執行官が弁済を受領したとき（法122条２項参照[(1)]）

③　差押え後に超過差押えであることが明らかとなったとき（法128条２項）

④　差押え後に無剰余となったとき（法129条２項）

⑤　差押物について売却の見込みがないとき（法130条）

⑥　手数料及び費用の概算額を予納しないため申立てを却下したとき（執行官法15条３項参照）

⑦　執行申立ての取下げがあったとき

なお，差押禁止動産の範囲の変更について，執行裁判所から取消しを命じられた場合（法132条１項，２項）は，その裁判の正本は法39条１項６号の文書であるから，①に該当する。売却した動産で執行債権額等の全部弁済ができたときは，売却を留保している動産（116条２項）については，③により差押えを取り消すことになる。

2　差押えの取消しの方法（１項）

本条１項は，差押えを取り消す場合の手続を規定したものである。

差押えの取消しは，原則として，執行官が動産を受け取る権利を有する者（差押え時の占有者又はその承継人であるのが通常であろう。）に対し，差押えを取り消す旨を通知するとともに，その動産の所在する場所においてこれを引き渡す（民法484条参照）方法により行う。本条１項では，動産の引渡しは，差押えの取消しの方法それ自体とされている。したがって，引渡しを完了しなければ，差押えを取り消したことにはならない。

差押えの取消しの例外的方法は，動産を受け取るべき権利を有する者がその動産を保管しているとき（法123条３項，法124条による保管の場合が通常であろう。）は，その者に対し，差押えを取り消す旨を通知すれば足りる。原則的方法のうち，通知だけを行えば，簡易の引渡し（民法182条２項）で足りるのであるから，本条１項ただし書は，当然のことを規定したといえるであろう。

本条１項の通知は，相当と認める方法ですれば足りる（３条１項，民訴規４条１項）。また，取消し後に差押えの表示を除去しても差し支えないことは当然であるので，特に通知の内容としては規定されていない[(2)]。

3　債務者に対する取消しの通知（２項）

本条２項は，差押えを取り消した場合の通知の規定である。15条において，執行官がした民事執行の手続の取消しの通知について規定し，これを民事執行の申立人に通知することとしている。したがって，動産の差押えの取消しは，差押債権者に通知される。また，債務者は，自己の占有していた動産を差し押さえられているときは，その受領権者であるので，本条１項に規定する通知により取消しのあったことを知らされることになる。さらに，他の者の申し立てた手続を利用しているにすぎない配当要求債権者に対しては，その通知をするまでもないと考えられる。そこで，本条２項においては，債務者以外の者が占有していた動産の差押えをしたときのように（法124条），債務者が差押えの取消しがされたことを知ることができないような場合に限って，債務者に対して取消しの通知をすべきこととしている。

4　差押えの取消しに係る動産の売却及び供託（３項，４項）

本条３項及び４項は，差押えを取り消した動産の引渡しができない場合の措置について規定したものである。旧法下においては，執行関係法規には特段の規定がなかったので，差押えを取り消した動産について，受取人の所在不明，引渡しの場所への不出頭等の理由で引渡しができないときは，執行官が保管し，保管費用は債権者に負担させるが，保管物件に腐敗又は価格減少のおそれがあるとき若しくは債権者が費用を予納しないときは，民法497条の規定に従って自助売却し，その換価代金を供託できるものと解されていた(3)。本条３項及び４項は，この旧法下の解釈を執行法規内において明文化したものである。

本条３項は，売却について規定しているが，民法497条の規定による裁判所の許可（非訟事件手続法95条，同法94条１項，２項，４項）に対して，本条３項は，執行裁判所の許可を要するものとしている。売却は，競り売り又は入札その他この規則で定めている動産執行の売却の方法によって行うことになる。

本条４項は，３項により売却したときの売得金の処理について，法168条８項の規定（不動産の引渡し等の強制執行における目的外動産の売却後の供託）を準用することとしている。すなわち，執行官は，売得金から，動産を受け取る権利を有する者が受領遅滞に陥った後(4)の保管に要した費用，売却手数料等売却に要した費用を控除した残余を供託しなければならないものとして，執行官に供託義務を課している。

注(1)　近藤崇晴・注釈民執法(5)202頁

(2)　もっとも，念のため差押えの表示を除去してもよい旨を通知中で付言することは，親切な取扱いであろう。

(3)　旧執行官提要145頁，執行事務要録222頁

(4)　受領遅滞に陥るまでの保管費用は，差押債権者の負担である。

（配当協議の日の指定）

第128条　執行官は，売得金の交付を受けた場合，金銭を差し押さえた場合又は手形等について支払を受けた場合においては，法第139条第１項に規定する場合を除き，２週間以内の日を配当協議の日と定め，各債権者に対し，その日時及び場所を通知しなければならない。

〔解　説〕

1　本条の趣旨

法は，執行官を第１次配当機関と位置づけ，売得金等は，まず，執行官が分配すべきものとして，その実施の手続を明らかにしている。

債権者が１人である場合又は債権者が２人以上であって売得金，差押金銭若しくは手形等の支払金で各債権者の債権及び執行費用の全部を弁済することができる場合には，執行官は，債権者に弁済金を交付し，剰余金を債務者に交付する（法139条１項）。この場合の弁済金の交付等の手続については，法もこの規則も何も規定を置いていないので，適宜の方法で行えば足りる（なお，69条参照）。したがって，差押金銭については，差押えの現場に債権者がいる場合に，売得金については，売却の実施の終了時に債権者が１人でもいる場合には，その場で弁済金を交付することができるし，このようにして交付できなかった金銭については，後日，適当な時に，債権者等に出頭を求め，交付することとなろう（法141条２項参照）。

弁済金の交付の要件がない場合は，売得金等の配当について債権者間に協議が調ったときに限り，執行官は，その協議に従い配当を実施する（法139条２項）。

協議が調わないときは，執行官は，執行裁判所に事情届をし（同条３項），執行裁判所が配当の手続を実施する（法142条１項）。本条は，この配当協議に関する規定である。

2　配当協議の日の指定

本条は，執行官は，配当要求の終期が到来したとき，すなわち，売得金の交付を受けた場合，金銭を差し押さえた場合，手形等の支払を受けた場合（法140条参照）には，弁済金交付をすべき場合を除き，配当協議の日を指定すべきこととしている。法の規定する配当協議は，必ずしも同一日時に全債権者が一堂に会して行う必要はなく，適宜の方法で合意が成立すれば足りると解されるが，債権者間に任意の協議が調うことを期待するのは困難であることが多く，かつ，執行裁判所に事情届をする事由となる協議不調（法139条３項）を明らかにするため，配当協議の日を設けることとされたものである。

配当協議の日を売得金等を得たときから２週間以内の日とすることとされたのは，それが相当の期間であると考えられるからである。通知すべき各債権者とは，法140条に規定する債権者，すなわち，差押債権者及び配当要求をした債権者（法133条）である[(1)]。債務者には通知する必要がない。なお，仮差押債権者や執行停止中の債権者等も協議に加わることができる（法141条１項各号参照）。

配当協議の日は，配当要求の終期後２週間以内であればよいから，例えば，売却の実施が終了した時に，全債権者がそろっているときは，直ちに配当協議の日を開く旨を告げ，その場で配当計算書を作成して配当協議の日を開けば足りる。

配当協議の日を開く場合の配当計算書については，132条において70条が準用されている。

その他，執行官による配当等の手続は，強制管理の管理人による配当等の手続とほぼ同一であるので，69条の解説を参照されたい。

注(1) 法125条２項前段の規定により事件の併合をしたときの後行動産執行事件の申立債権者は，差押債権者に含まれる。これに対し，同項後段の規定により事件の併合をしたときは，先行仮差押執行事件の申立ては，配当要求の効力を生ずる（同条４項前段）ので，その申立てをした債権者は，配当要求をした債権者に含まれる。先行動産執行事件と後行仮差押執行事件とを併合したとき（民保法49条４項，法125条２項前段）の仮差押債権者についても同様である（民保法49条４項，法125条３項前段）。

（執行力のある債務名義の正本の交付）

第129条　差押債権者の債権の全額について，弁済され，又は配当等がされたときは，債務者は，執行官に対し，執行力のある債務名義の正本の交付を求めることができる。

２　前項に規定する場合を除き，事件が終了したときは，差押債権者は，執行官に対し，執行力のある債務名義の正本の交付を求めることができる。

３　前項の規定により執行力のある債務名義の正本の交付を求める差押債権者が債権の一部について弁済を受け，又は配当等を受けた者であるときは，執行官は，当該債務名義の正本に弁済を受け，又は配当等を受けた額を記載して，これを交付しなければならない。

４　前３項の規定は，法第139条第３項又は法第141条第１項の規定による届出がされた後は，適用しない。

〔解　説〕

１　本条の趣旨

本条は，動産執行事件が終了したときの執行力のある債務名義の正本の交付について規定している。

２　債務者に対する執行力のある債務名義の正本の交付（１項）

債権全額につき弁済又は配当等がされたときに執行官が債務者に執行力のある正本を交付することとする目的は，債務者が再び当該正本により執行されることを防止するためであるところ，当該債務名義に係る請求権が，執行手続における弁済等により消滅していることを明らかにすることができれば，必ずしも，執行力のある債務名義の正本を交付する必要はなく，弁済等の事実は，当該執行事件の記録により容易に証明できる。また，実務においては，債務者の所在不明等により交付できない事例も相当数ある。このようなことから，本条１項では，執行官は，請求があったときに，債務者に執行力のある債務名義の正本を交付すれば足りるものとされたのである。

3　差押債権者に対する執行力のある債務名義の正本の交付（２項）

本条２項は，執行官は，差押債権者の請求があった場合に，執行力のある債務名義の正本を交付すれば足りるものとしている。当該動産執行事件に使用した執行力のある債務名義の正本に基づいて再び債権の回収をしようとするときは，差押債権者は，当該正本を必要とするのであり，差押債権者自身がこれを不要とする場合にまで交付する必要はないと考えられるからである。

執行力のある債務名義の正本の交付については，62条の解説において詳しく述べたので，同条の解説を参照されたい。同条と本条が異なるのは，執行力のある債務名義の正本を交付する主体が，前者では裁判所書記官であり，後者では執行官であることのほか，動産執行では執行官が差押債権者のために弁済を受領することができる（法122条２項）ため，債務消滅の原因として本条１項及び３項に弁済が加えられていること，動産執行には有名義配当要求がない（法133条）ため，本条２項では差押債権者[(1)]のみが執行力のある債務名義の正本の交付を求め得るとしていることである。

4　一部配当等の場合の処置（３項）

本条３項は，交付を受けた執行力のある債務名義の正本を使用して，差押債権者が再び執行を求めたときに，どの範囲について執行をすることができるかを明らかにしておく必要があることから，執行官が，当該債務名義の正本に弁済を受け，又は配当等を受けた額を記載することとしたものである。

5　事情届後の執行力のある債務名義の正本の交付等（４項）

本条4項の規定は，動産執行事件において執行裁判所が配当等の手続を実施するとき（法142条2項）については，前3項の規定が適用されないことを明らかにしたものである。執行官が事情届をした後は，執行裁判所が，配当等の手続を実施するため，執行力のある債務名義の正本の交付も執行裁判所の裁判所書記官が行うことになる（132条，62条）からである。

注(1) 本条1項の差押債権者には，法125条2項前段の規定により事件が併合された場合の後の動産執行事件の申立債権者が含まれる。

（事情届の方式）

第130条　法第139条第3項の規定による届出は，次に掲げる事項を記載した書面でしなければならない。

一　事件の表示

二　差押債権者及び債務者の氏名又は名称

三　配当に充てるべき金銭の額

四　執行費用の額

五　配当協議が調わない旨及びその事情の要旨

2　前項の書面には，事件の記録を添付しなければならない。

〔解　説〕

1　本条の趣旨

本条及び次条は，共通見出しの下に，執行官が執行裁判所に対してすべき事情届の方式について規定している。

売得金等の配当について，債権者間の協議が不調となったときは，執行官は，その事情を執行裁判所に届け出なければならないこととされている（法139条3項）が，本条は，その事情届の方式について定めたものである。

2　事情届の方式及び記載事項（1項）

本条1項は，事情届は書面によるべきものとし，かつ，その届出書の記載事項を定めたものである。1号及び2号の記載は，事件を特定するためのものであり，３号の記載については，売得金，差押金銭，手形等の支払金等の配当に充てるべき金銭の額を記載し，４号の記載については，執行官が受ける手数料及び執行官が支払又は償還を受ける費用（執行官法８条，同法10条参照）等事情届までに執行官に判明している執行費用を記載する。５号の記載については，配当協議が不調になったこと及び，配当計算書に異議を唱えた者の主張の要旨，債権者の不出頭等事情届を受理した執行裁判所において，配当を実施する場合に参考となる事項を明らかにすべきである。

３　事件の記録の添付（２項）

執行裁判所が配当を実施するには事件の記録を必要とするので，本条２項は，届出書にこれを添付すべきものとしている。

第131条　法第141条第１項の規定による届出は，次に掲げる事項を記載した書面でしなければならない。

一　前条第１項第１号及び第２号に掲げる事項

二　供託の事由及び供託した金額

２　前項の書面には，供託書正本及び事件の記録を添付しなければならない。

〔解　説〕

１　本条の趣旨

本条は，前条と共に，執行官のすべき事情届の方式について規定している。

法は，執行官を第一次配当機関とし，売得金等の配当等は，まず執行官において実施すべきものとしている（法139条１項，２項）が，条件付債権，仮差押債権者の債権等未確定の債権がある場合には，その配当等の額に相当する金銭は，執行官が供託し，その事情を執行裁判所に届け出なければならないこととしている（法141条１項）。本条は，その事情届の方式について定めたものである。

２　事情届の方式及び記載事項（１項）

本条１項は，事情届は書面によるべきものとし，かつ，その届出書の記載事項を定めたものである。１号の記載は，事件を特定するためのものであり，２号の記載については，法141条１項の各号に該当する事由及び供託した金額を記載することになる。

３　供託書正本及び事件の記録の添付（２項）

執行裁判所が配当等を実施するには供託書正本及び事件の記録を必要とするので，本条２項は，届出書にこれを添付すべきものとしている。

（不動産執行の規定の準用）

第132条　第26条，第27条，第33条及び第70条の規定は動産執行について，第59条から第62条までの規定は動産執行につき執行裁判所が実施する配当等の手続について準用する。この場合において，第59条第１項中「不動産の代金が納付された」とあり，及び同条第２項中「代金が納付された」とあるのは，「配当等を実施すべきこととなつた」と読み替えるものとする。

〔解　説〕

本条は，不動産執行の規定のうち動産執行についても必要な規定を準用したものである。すなわち，法133条の規定により先取特権又は質権を有する者が配当要求をする場合の配当要求の方式（26条），その配当要求があった場合の通知（27条），法令の規定により，動産を取得し得る者が一定の資格を備え又は許可等を受けた者に制限されている場合（例えば，銃砲刀剣類，劇薬，麻薬，米等）における買受けの申出をすることができる者の制限[(1)]（33条），法139条２項及び128条により配当協議の日を開くときの配当計算書の作成及び作成の時期（70条１項），配当計算書の記載内容（同条２項），債権者間の協議による配当計算書の修正（同条３項）の各規定は，動産執行について準用するものとされ，配当期日等の指定（59条），計算書の提出の催告（60条），売得金等の交付等の手続（61条），執行力のある債務名義の正本の交付（62条）の各規定は，動産執行につき執行裁判所が実施する配当等の手続（法142条１項参照）について準用するものとされている。そして，59条１項及び２項中「不動産の代金が納付されたとき」又は「代金が納付された日」とあるのは，動産執行につき執行裁判所が実施する配当等の手続においては，これに相当するものが必ずしも明確でないので,「配当等を実施すべきこととなった」と読み替えるものとされているのである。

注(1)　制限をすることができるのは，執行裁判所ではなく，執行官である。

第７款　債権及びその他の財産権に対する強制執行

第１目　債権執行等

（差押命令の申立書の記載事項）

第133条　債権執行についての差押命令の申立書には，第21条各号に掲げる事項のほか，第三債務者の氏名又は名称及び住所を記載しなければならない。

２　前項の申立書に強制執行の目的とする財産を表示するときは，差し押さえるべき債権の種類及び額その他の債権を特定するに足りる事項並びに債権の一部を差し押さえる場合にあつては，その範囲を明らかにしなければならない。

〔解　説〕

１　本条の趣旨

本条は，強制執行の申立書の記載事項に関する21条の特則として，法143条に規定する債権に対する強制執行（以下「債権執行」という。）における差押命令の申立書に記載すべき事項を補充的に規定する。

本条は，債権執行についての規定であるから，金銭債権のみでなく，金銭債権以外の債権に対する強制執行についても適用がある(1)。

２　申立書の記載事項

本条及び21条の規定が適用される結果，債権執行についての差押命令の申立書に記載すべき事項は，以下のとおりとなる。

⑴　債権者及び債務者の氏名又は名称及び住所並びに代理人の氏名及び住所（21条１号）

⑵　第三債務者の氏名又は名称及び住所（本条１項）

第三債務者とは，差し押さえるべき債権の債務者のことである（法144条２項）から，申立書の記載事項の１つである「強制執行の目的とする財産の表示」（21条３号。なお後記⑷参照）として「差し押さえるべき債権」が特定表示される際に，第三債務者の氏名又は名称及び住所（法人にあっては主たる事務所又は本店の所在地）も当然これに含まれて明らかにされるものと考えられるが，債権執行の手続における第三債務者の地位の重要性[(2)]に鑑み，申立書の必要的記載事項として特に掲げられたものである。

⑶　債務名義の表示（21条２号）

⑷　強制執行の目的とする財産の表示（21条３号，本条２項）

強制執行の目的とする財産は，金銭債権又は金銭以外の債権であるが，その表示は，①差し押さえるべき債権の種類及び額その他の債権を特定するに足りる事項を明らかにし，かつ，②債権の一部を差し押さえる場合にあっては，その範囲を明らかにしてしなければならない（本条２項）。

ア　差し押さえるべき債権の種類は，必ず記載しなければならない。他方，債権の額は，債権を特定するに足りる事項の例示である。したがって，差し押さえるべき債権が金銭債権であるときは，その債権の種類として債務者の第三債務者に対する給料債権，売掛金債権，預金債権等の別を記載した上，その債権の発生の時期・原因，弁済期，口座番号等でこれを特定し，かつ，その債権の額[(3)]を記載すれば，ほぼ特定し得るであろう[(4)]。金銭債権以外の債権であるときは，例えば，特定の船舶の引渡請求権であるとか，一定の種類，材質等及び数量の動産の引渡請求権であることなどを記載することになる（なお，動産執行の目的となる倉荷証券等の有価証券が発行されている債権については，債権執行は許されない（法143条）ことに留意する必要がある。）。

イ　債権の一部を差し押さえる場合にあっては，その範囲を明らかにしなければならない。特に，差押禁止債権（法152条）にあっては，差押えが許容される限度内の範囲を特定することが必要である。しかし，この制限があるほかは，少額の執行債権で多額の金銭債権の全部を差し押さえることも許容される（法146条）上，一部差押え後の差押えの競合により，差押えの効力は自動的にその債権の全部に拡大される（法149条）ことでもあり，差押えの範囲の特定は，差し押さえるべき債権の特定ほど重大な問題にはならない。

⑸　求める強制執行の方法（21条３号）

債権執行（法143条）を求めるということになる。

⑹　金銭の支払を命ずる債務名義に係る請求権の一部について強制執行を求めるときは，その旨及びその範囲（21条４号）

なお，以上の記載事項に欠缺があれば，執行裁判所は，補正を命ずべきであり，補正をしないとき，又は補正することができないときは，申立てを却下することになる。差押命令又は申立てを却下する裁判に対しては，執行抗告をすることができる（法145条６項）。

注⑴　その他の財産権に対する強制執行については，本条以下145条までの規定の適用はない。電話加入権執行について146条以下に特別の定めがあり，その一部の規定を149条の２でその他の財産権中一部のものに準用するほかは，その他の財産権に対する強制執行は，本条以下145条までの例によることとなる（法167条１項）。

⑵　執行裁判所の管轄は一定の場合に第三債務者の普通裁判籍の所在地によって定まり（法144条１項，２項），差押命令は第三債務者に送達された時に効力を生ずるものとされ（法145条５項），また，第三債務者は，差押債権者の申立てにより陳述義務を課される（法147条）ほか，金銭債権の差押えにあっては，一定の場合に供託義務及び執行裁判所に対する届出義務を課されている（法156条）ことなどにみるとおりであり，特に，我が国の債権執行の手続は，債権者のほか，第三債務者の協力に大きく依拠していると指摘される（田中・解説307頁）。

⑶　債権額を表示することは必ずしも必要ではない。なお，稲葉威雄・注解⑵280頁参照。ただし，差し押さえた債権の価額が差押債権者の債権及び執行費用の額を超えるときは，他の債権の差押えは許されない（法146条２項）から，この点から被差押債権の額には注意が必要である。

⑷　差し押さえるべき債権の具体的な表示については，稲葉威雄・注解民執法⑷385頁以

下，債権諸問題37～74頁，債権執行実務（上）110～147頁参照。なお，複数の支店にまたがる預金債権の特定につき，支店等の単位で金額を特定することなく，支店等ごとに順序付けをした包括的な差押え（仮差押えも含む。）を認めるか否かについては，最高裁は，差押債権の特定を欠くとして，これを否定している（最決平23．９．20民集65-６-2710（支店番号の若い順による全店一括順位付け方式））。また，預金債権額合計の最も大きな店舗の預金債権を対象とする，預金額最大店舗指定方式についても同様である（最決平25．１．17金法1966－110）。

（債務者に対する教示の方式等）

第133条の２　法第145条第４項の規定による教示は，書面でしなければならない。

２　法第145条第４項の最高裁判所規則で定める事項は，法第153条第１項又は第２項の規定による差押命令の取消しの申立てに係る手続の内容とする。

〔解　説〕

１　本条の趣旨

令和元年改正法による改正後の法145条４項は，裁判所書記官は，差押命令を送達するに際し，債務者に対し，最高裁判所規則で定めるところにより，法153条１項又は２項の規定による当該差押命令の取消しの申立てをすることができる旨その他最高裁判所規則で定める事項を教示しなければならないと定めている。そこで本条は，法145条４項の個別委任を受けて，令和元年改正規則により新設されたものであり，差押命令を送達するに際し，裁判所書記官が債務者に対してすべき教示の方式等を規定している。

２　教示の方式（１項）

本条１項では，教示の方式として，債務者に対する教示の実効性を考慮して，書面ですることとしている。具体的には，債務者に対して差押命令を送達する際に，教示内容が記載された書面を同封する扱いである[(1)]。

３　教示内容

⑴　差押命令の取消しの申立てをすることができる旨

前述のとおり，令和元年改正法による改正後の法145条４項においては，法153条１項又は２項の規定による差押命令の取消しの申立てをすることができる旨が教示内容として定められている。

⑵　差押命令の取消しの申立てに係る手続の内容（２項）

前述のとおり，⑴以外の教示内容については最高裁判所規則に委任されているところ，本条２項は，法153条１項又は２項の規定による差押命令の取消しの申立てに係る手続の内容を教示内容と定めている[(2)]。具体的な教示内容としては，申立てをすべき裁判所，申立てをすべき時期及び申立ての方法（申立書と併せて提出する書類等）などが考えられる。

注⑴　なお，差押えの効力は，差押命令が第三債務者に送達された時に生ずる（法145条５項）から，債務者に対する教示を欠いた場合であっても，差押えの効力には影響がない。

⑵　本条と同様の趣旨の規定として，裁判所書記官が，当事者に対し，少額訴訟による審理及び裁判の手続の内容を記載した書面を交付しなければならないとする民訴規222条１項がある。

（差押命令の送達の通知）

第134条　差押命令が債務者及び第三債務者に送達されたときは，裁判所書記官は，差押債権者に対し，その旨及び送達の年月日を通知しなければならない。

〔解　説〕

１　本条の趣旨

本条は，差押命令の債務者及び第三債務者に対する送達結果を，裁判所書記官が差押債権者に通知すべき旨を規定する。

差押命令は，執行裁判所のする裁判で執行抗告をすることができるものである（法145条６項）から，申立人（差押債権者）及び相手方（債務者）に対して告知しなければならない（２条１項２号[(1)]）が，法は，特に，債務者及び第三債務者に対しては，差押命令を送達すべきものとしている（法145条３項）。本条は，債務者及び第三債務者に対するこの送達がされたときは，裁判所書記官が，さらに差押債権者に対し，その旨及び各送達の年月日を通知しなければならないものとしている。

2　通知の意義

債務者への送達ができたこと及びその年月日を差押債権者に通知することの意義は，差押命令が債務者に送達された日から原則として１週間を経過すると，差押命令が効力を生じている限り，差押債権者は，取立権を行使することなどができる状態になる(2)（法155条１項，法162条１項，法163条１項，142条）から，その状態になる時期を差押債権者に知らせることにある。また，第三債務者への送達ができたこと及びその年月日を通知する意義は，差押命令が第三債務者に送達された時に差押命令の効力が生ずる（法145条５項）ものとされているから，効力発生の事実を差押債権者に知らせることにある。

3　通知の時期及び方法

通知は，債務者及び第三債務者に対する送達がされて，送達報告書が提出された後，速やかにすべきである。通知の意義に鑑みると，取立権の行使が可能となる時までにするよう努めるべきであろう。通知の方法等については，３条１項，民訴規４条１項の規定により，相当と認める方法によることができるが，書面によってされると，その通知書は，差押債権者にとって自己が正当な取立権者であることの証明文書となり得る点で便宜である。

4　その他の財産権の場合

その他の財産権に対する差押命令については，本条の例によることになる（法167条１項）から，第三債務者又はこれに準ずる者がないその他の財産権に対する差押命令の場合には，差押命令が債務者に送達されたときにその旨及び送達の年月日を，また，権利の移転について登記等を要するもの又は権利の処分の制限について登記等をしなければその効力が生じないものに対する差押命令の場合には（同条４項及び５項参照），その登記等がされたときにその旨及び登記等の年月日を，それぞれ差押債権者に通知すべきこととなろう。

注(1)　差押債権者に対する差押命令の告知方法としては，普通郵便で正本を送付する取扱いが一般的である（稲葉威雄・注解民執法(4)409頁，債権手引132頁参照)。

(2)　差押債権が給与等の債権である場合には，請求債権に扶養等の義務に係る債権が含まれない限り，取立てができるのは４週間を経過した後となる（法155条２項)。

(3)　債権手引132頁，書式全書Ⅱ445頁

（第三債務者に対し陳述を催告すべき事項等）

第135条　法第147条第１項の規定により第三債務者に対し陳述を催告すべき事項は，次に掲げる事項とする。

一　差押えに係る債権の存否並びにその債権が存在するときは，その種類及び額（金銭債権以外の債権にあつては，その内容）

二　弁済の意思の有無及び弁済する範囲又は弁済しない理由

三　当該債権について差押債権者に優先する権利を有する者があるときは，その者の氏名又は名称及び住所並びにその権利の種類及び優先する範囲

四　当該債権に対する他の債権者の差押え又は仮差押えの執行の有無並びにこれらの執行がされているときは，当該差押命令，差押処分又は仮差押命令の事件の表示，債権者の氏名又は名称及び住所並びに送達の年月日並びにこれらの執行がされた範囲

五　当該債権に対する滞納処分による差押えの有無並びに差押えがされているときは，当該差押えをした徴収職員等の属する庁その他の事務所の名称及び所在，債権差押通知書の送達の年月日並びに差押えがされた範囲

2　法第147条第１項の規定による催告に対する第三債務者の陳述は，書面でしなければならない。

〔解　説〕

1　本条の趣旨

本条は，法147条の規定による第三債務者に対する陳述の催告の内容及び陳

述の方式について規定する。

差押命令は，債権の存否，範囲等について債権者の調査・推認したところに従った申立てに基づいて発せられるが，債権者としても，債務者・第三債務者間の債権の存否，範囲等を必ずしも詳細，かつ，正確に知り得る立場にあるとはいえないから，その後の手続選択の資料とするため，第三債務者に参考事項につき陳述させるように申し立てることが認められている。法は，この申立てを裁判所書記官に対してすることとし，裁判所書記官が第三債務者に対して陳述を催告するという構成で認めた上，陳述を催告すべき事項の内容は，最高裁判所規則の定めるところに一任した（法147条１項）。本条１項は，この個別委任に基づく規定である。

2　陳述を催告すべき事項（１項）

１号は，差押えに係る債権（差し押さえられた債権部分を含む債権の全体[(1)]）の存否[(2)]（これは，法147条１項で例示している事項である。）並びにその債権が存在するときは，その種類及び額を掲げる。その債権が金銭債権以外の債権であるときは，その額に代えて，債権の内容そのもの（例えば，不特定物である動産の引渡請求権であれば，引渡しの目的物の種類，材質等及び数量を含む請求権の具体的内容）を掲げる。

２号は，弁済（支払又は引渡し）の意思の有無と，弁済の意思があるときは弁済しようとする範囲を，また弁済する意思がないときは弁済しない理由を掲げる。弁済しない理由の記載は，例えば，「債務者に対する反対債権と相殺する。」などと記載することになる。

３号は，差押えに係る債権について，差押債権者に優先する権利（例えば質権）を有する者があるときは，その者の氏名又は名称及び住所（法人にあっては，主たる事務所又は本店の所在地）並びにその権利の種類（例えば質権）及び優先する範囲（被担保債権の額）を掲げる。

４号は，差押えに係る債権に対して他の債権者から差押え又は仮差押えの執行がされているかどうか，もしこれらがあるときは，①その差押命令，差押処分又は仮差押命令に係る事件の表示（裁判所名及び事件番号），②債権者の氏名又は名称及び住所（法人にあっては，主たる事務所又は本店の所在地），③これらの命令が第三債務者に送達された年月日及び④これらの執行がされた範囲（差し押さえられ，又は仮差押えの執行がされた債権の額又は目的物の数量）を掲げる。

５号は，差押えに係る債権に対して滞納処分[(3)]による差押えがされているかどうか，もし差押えがされているときは，①その差押えをした徴収職員等の属する庁その他の事務所の名称及び所在場所，②その債権差押通知書の送達された年月日及び③その差押えがされた範囲を掲げる[(4)]。

3　陳述の方式（２項）

本条２項は，第三債務者の陳述は，書面でしなければならない旨を規定する。法147条には書面主義の規定はないが，陳述内容は重要かつ詳細なものであり，しかも第三債務者が故意・過失により陳述をせず，又は不実の陳述をしたときは，損害賠償義務を負わされる（同条２項）ことになったこと等にかんがみ，本条２項にその旨が明記された。

なお，催告は，差押命令の送達に際してしなければならない（法147条１項）ので，通常は，送達文書（差押命令正本）と併せて催告書を送付する方法でされているが，実務においては，裁判所で用意した陳述書（回答書）の用紙も同封送付することにより，所定の事項について，書面による陳述がより効果的に確保されるよう工夫がされている[(5)]。

注⑴　差押えが競合した場合に差押えの効力が拡張される限界を知ることなどに役立つ。

⑵　債権の存否の基準時については，差押命令が第三債務者に送達された時とする見解と，第三債務者が陳述する時とする見解とがある（前者について大橋寛明・注解民執法⑷437頁，後者について近藤崇晴・注釈民執法⑹188頁参照）。なお，この点に関連する裁判例として，東京地判平６．１．28金法1412－46がある。

⑶　その例による処分を含む。64条の２第１項５号参照

⑷　第三債務者の陳述その他の事由により，執行裁判所が滞納処分による差押えがされていることを知ったときは，裁判所書記官は，徴収職員等からの通知（滞調法20条の6第３項）があったときを除き，強制執行による差押命令が発せられた旨を徴収職員等に通知しなければならない（滞調法20条の３第２項）。

⑸　債権執行実務（上）313頁。債権諸問題128頁参照。また，第三債務者の陳述書（回答書）の送付費用は執行費用と解され，催告書と共に債権者の予納した郵便切手が同封送付されている（近藤崇晴・注釈民執法⑹177頁，協議要録〔339〕148頁）。これに加えて，債権者へ送付するための封筒や切手も同封送付され，第三債務者において，陳述書を裁判所に送付するとともに，その写しを第三債務者から債権者に直接送付する取扱いが行われている（債権執行実務（上）313頁）。

（申立ての取下げ等の通知）

第136条　債権執行の申立てが取り下げられたときは，裁判所書記官は，差押命令の送達を受けた第三債務者に対しても，その旨を通知しなければならない。

２　差押命令が第三債務者に送達された場合において，法第39条第１項第７号又は第８号に掲げる文書が提出されたときは，裁判所書記官は，差押債権者及び第三債務者に対し，これらの文書が提出された旨及びその要旨並びにこれらの文書の提出による執行停止が効力を失うまで，差押債権者は差し押さえた債権について取立て又は引渡しの請求をしてはならず，第三債務者は差し押さえられた債権について支払又は引渡しをしてはならない旨を通知しなければならない。

３　債権執行の手続を取り消す旨の決定がされたときは，裁判所書記官は，差押命令の送達を受けた第三債務者に対し，その旨を通知しなければならない。

〔解　説〕

1　本条の趣旨

本条は，債権執行の申立てが取り下げられた場合，いわゆる執行停止書面が

提出された場合及び執行手続の取消決定がされた場合における第三債務者等への通知について規定する。金銭債権以外の債権に対する強制執行を含むすべての債権執行について適用がある。

2　申立て取下げの通知（1項）

本条1項は，債権執行の申立てが取り下げられたときには，裁判所書記官がその旨を差押命令の送達を受けた第三債務者に対しても通知すべきことを規定する。一般に，執行裁判所に対する民事執行の申立てが取り下げられたときは，14条の規定により，裁判所書記官は，その旨を民事執行を開始する決定の送達を受けた相手方に通知しなければならないとされるから，債権執行における債務者への通知は，14条の規定に基づいてされることになる。しかし，差押命令は，債務者のほか第三債務者に対しても送達されなければならず，かつ，この命令において第三債務者は債務者への弁済を禁止されている（法145条3項，1項）から，執行の申立てが取り下げられたときは，第三債務者に対してもその旨を通知し，弁済禁止の拘束が解消したことを知らせるのが相当である。これが，本条1項の規定の趣旨である。

したがって，第三債務者が差押命令の送達を受けていないとき（差押命令の発令前，送達に付される前又は送達に付された後送達不能で持ち帰られたときなど。なお，公示送達による送達の効力発生前に掲示を取り止めたときも，同様に考えられる。）には，上記の趣旨から，通知は不要とされる。送達がされる途上にあるときは，結果が確定してから通知の要否を決すべきである。通知の方法は3条1項，民訴規4条1項により，相当と認める方法によることができる。

なお，滞納処分により差し押さえられた債権を被差押債権とする差押命令の発令がされ，当該差押命令の申立てが取り下げられたときは，その旨を徴収職員等に通知しなければならない（滞調法20条の8第1項，滞調法15条）。通知の方法は，相当と認める方法によることができる（滞調規3条1項）。差押命令により差し押さえられた債権を被差押債権とする滞納処分による差押えがされ，その後に差押命令の申立てが取り下げられたときも同様である（滞調法36条の11第１項，滞調法31条）。

3　執行停止の通知（２項）

本条２項は，法39条１項７号又は８号に掲げる文書が提出されたときには，裁判所書記官が，差押債権者及び第三債務者に対し，これらの文書が提出された旨その他一定事項を通知すべきことを規定する。

これらの文書は，債務者から提出されるのが普通であるから，債務者への通知は不要と考えられるが，更に差押債権者についても，７号書面（執行停止決定）は裁判であるから当然に債権者にも告知されるはずであり，また，８号書面（弁済受領書面又は弁済猶予書面）も債権者が関与して作成された文書であるはずであることから，改めて文書の提出があった旨等を債権者へ通知することは，通常は不要である（14条の解説の２(1)を参照）。しかし，債権執行においては，差押債権者に対する支払・引渡禁止の通知が第三債務者に対しされたことを差押債権者に通知することは，意味があると考えられるので，取立て・引渡請求の禁止と併せて通知することとされたのである。

他方，第三債務者に対する通知については，もともと第三債務者は，これらの文書の作成に関与しておらず，手続の停止及び弁済の禁止の事態を手続上も知らされるべき立場にあるので，通知すべきことを明文で規定することとされた。

この通知は，差押命令が第三債務者に送達された場合，すなわち差押命令が効力を生じた場合において，前掲の文書の提出があったときにすべきものと規定されているが，これは，必ずしも差押命令の効力の発生後に文書の提出があった場合に限定する趣旨ではない。差押命令が第三債務者に送達される途中の段階で前掲の文書が提出され，その後に差押命令の送達が完了した場合においても，本条２項の通知は必要である。他方，差押命令が第三債務者への送達に付される以前に前掲の文書が提出された場合はもとより，送達に付された後その完了前に前掲の文書が提出され，その後に差押命令が送達不能で還付されたときにも，通知は不要である（公示送達による送達の効力が生ずる前に前掲の文書が提出され，掲示が取り止められたときも，同様に考えられる。)。

通知の内容は，①文書が提出された旨，②文書の要旨（決定書では執行の一時停止の趣旨・条件，弁済受領書面では債務名義成立後に弁済があった旨の記載，弁済猶予書面では債務名義成立後に弁済猶予の承諾があった旨の記載)，③これらの文書の提出による執行停止が効力を失うまで（弁済受領書面・弁済猶予書面については，法39条２項及び３項の制限参照)，差押債権者は，差し押さえた債権について取立て又は引渡しの請求をしてはならない旨，及び④同じく第三債務者は，差し押さえられた債権について支払又は引渡しをしてはならない旨である。③及び④の事項は，文書の提出による執行停止があった以上当然に生ずる効果であるから，裁判所書記官限りで通知することとして支障はない。なお，金銭債権執行の第三債務者が法156条の規定により差押えに係る債権につき供託をすることは，執行停止があっても妨げられない(1)。通知の方法は，３条１項，民訴規４条１項により，相当と認める方法によることができる。

4　取消決定の通知（３項)

本条３項は，債権執行の手続を取り消す旨の決定がされたときの通知について規定する。この決定は，２条１項２号又は３号の裁判に該当するから，差押債権者及び債務者には告知される。そこで，告知がされない第三債務者に対して，本条１項と同様の趣旨で，裁判所書記官が通知すべきこととしたものである。第三債務者に通知すべき場合及び通知の方法については，すべて前記２で説明したところと同様である。

また，滞納処分により差し押さえられた債権を被差押債権とする差押命令が発令され，当該差押命令が取り消されたとき，差押命令により差し押さえられた債権を被差押債権とする滞納処分による差押えがされ，その後に差押命令が取り消されたときも，前記2で説明したところと同様である。

注(1)　法156条1項の供託は，執行停止のため債務者にも差押債権者にも支払をすることができない状態にある第三債務者を救済することをも考慮して，認められている。田中・解説366頁参照

（差押債権者の取立届の方式）

第137条　法第155条第4項の規定による届出は，次に掲げる事項を記載した書面でしなければならない。

一　事件の表示

二　債務者及び第三債務者の氏名又は名称

三　第三債務者から支払を受けた額及び年月日

〔解　説〕

1　本条の趣旨

本条は，差押債権者が法155条4項の規定によってする取立届の方式について規定する。金銭債権に対する強制執行についてのみ適用がある(1)。

法155条4項は，金銭債権の差押債権者が第三債務者から支払を受けたときは，その額の限度で差押債権者の債権及び執行費用が弁済されたとみなされる（同条3項）ことから，直ちに，差押債権者は，支払を受けた旨を執行裁判所に届け出なければならない旨を定めている。

本条では，取立ての届出は，書面によるべきこととした上，その必要的記載事項を定めている。

2　取立届の記載事項

1号は，当該債権執行事件の表示であり，裁判所名（取立届の宛先として別途執行裁判所が記載されているときは，その記載で足りよう。）及び事件番号で特定される。

2号は，手続関係者である債務者及び第三債務者の表示のうち，氏名又は法人の名称の記載を求めるものである。1号及び2号に定める事項は，いずれも

事件及び事件記録を迅速的確に特定索出するために必要と考えられる基本事項のみである[(2)]。

3号は，具体的に第三債務者から支払を受けた額と年月日を記載させるもので，支払を受けた旨の記載は，ここでは直接要求されていないが，法155条4項の規定から当然記載すべきことになる。なお，給料債権など継続的給付の取立てのときには，どの給付期の支払分であるかも特定して記載すべきであろう。

3　差押債権者による取立届の励行

この届出があると，執行裁判所では，差押債権の弁済があったことを知り，取立てが完了したときは事件を完結することができることになる。しかし，法155条3項により，差押債権者が支払を受けたときに弁済があったものとみなされるから，差押債権者としては，取立届をすることに格別の利益を感じず，従前は取立届の励行を期待することが困難な状況であった。もっとも，令和元年改正法により，金銭債権を取り立てることができることとなった日（本条の取立届又は次条の支払を受けていない旨の届出をした場合にあっては，最後に当該届出をした日）から2年を経過した後4週間以内に取立届（差押債権の全部の支払を受けた旨の届出を除く。）又は支払を受けていない旨の届出をしないときは，執行裁判所は差押命令を取り消すことができることとされたことから[(3)]（法155条6項），取立届又は支払を受けていない旨の届出が励行されることになろう[(4)]。

注⑴　取立可能な振替社債等及び電子記録債権については，本条が準用される（150条の5第4項，150条の15第1項参照）。

⑵　もっとも，第三債務者が複数（例えば，主債務者と連帯保証人）であるときは，第三債務者の表示は，どの第三債務者から支払を受けたかを特定するのに有意義であろう。

⑶　差押債権の全部の支払を受けた旨の取立届が提出された場合には，当然に事件が完結することになる。

⑷　従前，取立届と別に第三債務者から支払届の提出を求める運用がされていた（債権手引125頁，132頁）が，第三債務者に負担をかける上，必ずしも機能しないこともあるため，現在では，このような運用はほとんど行われていないようである。

（支払を受けていない旨の届出の方式）

第137条の2　法第155条第５項の規定による届出は，次に掲げる事項を記載した書面でしなければならない。

一　事件の表示

二　債務者及び第三債務者の氏名又は名称

三　第三債務者から支払を受けていない旨

2　前項の書面には，第三債務者から支払を受けていない理由を記載するものとする。

〔解　説〕

1　本条の趣旨

本条は，差押債権者が法155条５項の規定によってする支払を受けていない旨の届出の方式について規定する。取立届と同様，金銭債権に対する強制執行についてのみ適用がある(1)。

令和元年改正法による改正後の法155条５項は，金銭債権を取り立てることができることとなった日（取立届又は本条の支払を受けていない旨の届出をした場合にあっては，最後に当該届出をした日）から支払を受けることなく２年を経過したときは，支払を受けていない旨の届出をしなければならない旨を定めている(2)。

本条は，同項の規定を受けて，令和元年改正規則によって設けられた規定であり，支払を受けていない旨の届出は書面によるべきこととした上で，その記載事項を定めている。

2　支払を受けていない旨の届出の必要的記載事項（１項）

１号及び２号の記載事項は，取立届と同様であり，前条の解説の２を参照されたい。

３号は，第三債務者から支払を受けていない旨を記載させるものであり，支払を受けていない旨の届出の性質上，当然必要となるものである。

３　第三債務者から支払を受けていない理由の記載（２項）

法155条５項は，支払を受けていない旨の届出については，単に支払を受けていない旨を届け出れば足り，支払を受けていない理由については，特に執行裁判所に報告することは必要としていないと考えられる。しかしながら，支払を受けていない理由の報告を求めることによって，執行裁判所としては事件進行の見通しを把握することができ，事件管理に資する一方，差押債権者にとってもその債権管理に資すると考えられる。そこで，本条２項は，任意的な記載事項として，差押債権者が，第三債務者から支払を受けていない理由の記載を求めている。具体的には，差押債権が期限付きのものであれば，その旨及び具体的な期限を記載するといったことが想定される。なお，第三債務者から支払を受けていない理由の記載は，あくまで任意の協力を求めるものであり，この記載を欠いたからといって，届出が無効となるものではない。

注⑴　取立可能な振替社債等及び電子記録債権については，本条が準用される（150条の５第４項，150条の15第１項参照)。

⑵　前条の解説の３のとおり，届出義務が生じた後，４週間以内に取立届（差押債権の全部の支払を受けた旨の届出を除く。）又は支払を受けていない旨の届出を提出しない場合には，差押命令は取り消されることになる（法155条６項)。

（差押命令の取消しの予告）

第137条の３　執行裁判所が法第155条第６項の規定により差押命令を取り消すに当たつては，裁判所書記官は，あらかじめ，差押債権者に対し，同条第４項又は第５項の規定による届出をしないときは差押命令が取り消されることとなる旨を通知するものとする。

〔解　説〕

1　本条の趣旨

本条は，執行裁判所が法155条６項の規定により差押命令を取り消すに当たっては，裁判所書記官があらかじめ，差押債権者に対し，通知すべきことなどを定めたものである。令和元年改正規則により新たに設けられた。取立届と同様，金銭債権に対する強制執行についてのみ適用がある[1]。

2　裁判所書記官による差押命令の取消しの予告

137条の解説の３のとおり，令和元年改正法により，金銭債権を取り立てることができることとなった日（取立届又は支払を受けていない旨の届出をした場合にあっては，最後に当該届出をした日）から２年を経過した後４週間以内に取立届（差押債権の全部の支払を受けた旨の届出を除く。）又は支払を受けていない旨の届出をしないときは，執行裁判所は差押命令を取り消すことができることとされた（法155条６項）[2]。法においては，差押命令を取り消すに当たっては，執行裁判所や裁判所書記官が，差押債権者に対して，特段の通知をすることは求められていない[3]。しかしながら，差押債権者が，取立届や支払を受けていない旨の届出の提出を失念していることもあると考えられることから，裁判所書記官が，事前に，注意喚起の趣旨で，これらの届出の提出を促すことが相当である。そこで，執行裁判所が差押命令を取り消すに当たっては，裁判所書記官が，あらかじめ，差押債権者に対し，これらの届出をしないときは，差押命令が取り消されることとなる旨を通知することとされた。

この通知については，３条１項により，民訴規４条が準用されるから，電話等の相当と認める方法によることができる（同条１項)。また，差押債権者の所在が明らかでないとき等には，この通知をすることを要しない（同条５項)。

3　取消しの予告を通知すべき時期

差押債権者に対して本条の通知をすべき時期については，規則上は特に規定がなく，運用に委ねられているが，期間経過の注意喚起の趣旨であることからすると，差押命令の告知時や差押命令の送達通知時に同時に通知したり[4]，法

155条６項の規定に基づき差押命令を取り消す直前に通知したりすることは相当でない。通知を受けた差押債権者が取立届や支払を受けていない旨の届出を提出するまでの時間的余裕を考慮して通知をすることが求められよう[(5)]。

注(1)　取立可能な振替社債等及び電子記録債権については，本条が準用される（150条の５第４項，150条の15第１項参照）。

(2)　もっとも，同項の規定により差押命令が取り消された場合であっても，差押債権者が，取消決定の告知を受けてから１週間の不変期間内に取立届（差押債権の全部の支払を受けた旨の届出を除く。）又は支払を受けていない旨の届出を提出したときは，取消決定はその効力を失うとされており（法155条７項），差押債権者は，執行抗告をするまでもなく，簡易な方法により取消決定の効力を失わせることができる。

(3)　したがって，本条の通知を欠いた場合であっても，法155条６項の規定に基づく取消決定の効力には影響はない。

(4)　本条の通知に加えて，差押命令の告知時や差押命令の送達通知時に，差押債権者に対し，取立届や支払を受けていない旨の届出を提出しない場合には，差押命令が取り消されることがあり得る旨を教示することは何ら問題ない。

(5)　なお，本条の通知をすることとなる事件は，２年にわたり，取立届も支払を受けていない旨の届出も提出されなかった事件であることからすると，差押債権者に対して本条の通知をする際に，同時に取下げを促すことも考えられる。

（第三債務者の事情届の方式等）

第138条　法第156条第３項の規定による届出は，次に掲げる事項を記載した書面でしなければならない。

一　事件の表示

二　差押債権者及び債務者の氏名又は名称

三　供託の事由及び供託した金額

２　前項の書面には，供託書正本を添付しなければならない。

３　差し押さえられた債権について更に差押命令，差押処分又は仮差押命令の送

達を受けた場合においては，第１項の届出は，先に送達された差押命令を発した裁判所（差押処分が先に送達された場合にあつては，当該差押処分をした裁判所書記官）に対してしなければならない。

〔解　説〕

1　本条の趣旨

本条は，第三債務者が法156条３項の規定によってする事情届の方式等について規定する[(1)]。なお，本条は，取立届同様，金銭債権に対する強制執行についてのみ適用がある[(2)]。

2　事情届の方式及び記載事項（１項）

まず，本条１項は，第三債務者が法156条１項又は２項の規定により，差押えに係る金銭債権の全部又は一部に相当する金銭を供託した場合に，同条３項の規定によってすべき事情の届出は，書面によることを要するとした上，この届出書に記載すべき事項を規定する。

１号の事件の表示については，137条１号の場合と同様である。

２号については，同条２号の場合と異なり，届出者が第三債務者であるから，届出書に差押債権者と債務者の氏名又は名称を記載すべきこととしている。

３号は，供託の事由（供託の根拠法条を特定し，それが法156条２項であるときは，更に同項中どの事由に該当するかを，競合する差押命令，差押処分又は仮差押命令の執行裁判所，事件の表示，当事者の氏名又は名称，あるいは配当要求債権者の氏名又は名称等を具体的に示して明確にすべきである。）及び供託した金銭の額を記載すべき旨を定める。供託の日時，供託所及び供託番号は，執行裁判所として確知する必要があるが，本条２項で供託書正本の添付を義務付けているので，これで了知することができる。

3　事情届の添付書類（２項）

本条２項は，配当等の実施のため供託書正本が必要となるので，第三債務者は，事情届を提出する際，これに供託書正本を添付すべきことを定めている。

4　届け出るべき裁判所（３項）

本条３項は，差し押さえられた債権について更に差押命令，差押処分又は仮差押命令の送達を受けた場合において，執行裁判所が異なるときは，事情届は，先に送達された差押命令を発した裁判所（差押処分が先に送達された場合には，当該差押処分をした裁判所書記官）に対して提出すべき旨を定める。債権執行の管轄裁判所は，原則として債務者の普通裁判籍の所在地を管轄する地方裁判所である（法144条１項）から，先の差押命令が発せられた後に債務者が転居したときには，執行裁判所が異なり得る。また，債務者の普通裁判籍がないときの管轄裁判所は，一般に第三債務者の普通裁判籍の所在地の地方裁判所である（同条１項，２項）から，第三債務者が転居したときにも，同様の事態が生じ得るであろう。さらに，債務者（債務者の普通裁判籍がないときは第三債務者）が転居をしない場合であっても，差押命令と差押処分がともに発せられることはあり得る。本条３項は，先に送達された差押命令を発した裁判所に対して事情届を提出すべき旨を定めた(3)。なお，仮差押えの執行がされた債権について差押命令の送達を受けた場合における事情届の届出先は，差押命令を発した裁判所である(4)（民保規41条１項）。

5　第三債務者による事情届の励行

この事情届の用紙は，差押命令を第三債務者に送達する際に，同封しておく運用が望ましい。

注⑴　平成16年改正法により，少額訴訟債権執行制度が創設され，裁判所書記官の差押処分が新設された（法167条の５）。これを受けて，平成16年改正規則により，本条３項について，差押えの競合の一場合として差押処分との競合を追加するとともに，先に差押処分が送達された場合にあっては，その差押処分をした裁判所書記官（簡易裁判所の裁判所書記官。法167条の２第３項）に事情を届け出るよう改められた。

⑵　取立可能な振替社債等及び電子記録債権については，本条が準用される（150条の６第３項後段，150条の12第３項後段参照)。

⑶　地方裁判所における通常の債権執行の手続に移行させる旨の決定が効力を生じた後は，少額訴訟債権執行の手続における差押処分は地方裁判所における通常の債権執行の手続における差押命令とみなされる（法167条の10第６項，法167条の11第７項，法167条の12第３項）。そのため，移行の決定が効力を生じた後は，移行された地方裁判所が，「先に送達された差押命令を発した裁判所」となり，事情を届け出るべき裁判所となるので，第三債務者は，供託をした場合は，その事情を移行された裁判所に届け出なければならない（なお，第三債務者に対しては，149条の５第２項により，移行される裁判所が通知される。同条の解説の２⑵を参照）。

⑷　したがって，仮差押命令同士が競合した場合のみ，先に送達された仮差押命令を発した裁判所に対して事情届を提出しなければならないことになる（民保規41条２項，本条３項）。条解民保規215頁参照

（債権の評価）

第139条　執行裁判所は，法第161条第１項に規定する命令を発する場合において，必要があると認めるときは，評価人を選任し，債権の評価を命ずることができる。

２　評価人は，債権の評価をしたときは，評価書を所定の日までに執行裁判所に提出しなければならない。

〔解　説〕

1　本条の趣旨

本条は，債権の評価について規定する。金銭債権以外の債権に対する強制執行を含む全ての債権執行について適用がある。

法161条１項は，差し押さえられた債権が，条件付若しくは期限付であるとき，又は反対給付に係ることその他の事由によりその取立てが困難であるときは，執行裁判所は，差押債権者の申立てにより，譲渡命令，売却命令又は管理命令その他相当な方法による換価を命ずる命令を発することができる旨規定している。ところで，執行裁判所が，これらの命令を発する場合において，換価の

適正を図るため必要があると認めるときは，評価人を選任して，債権の評価を命ずることができるものとしておくことが必要であろう。これらの命令のうち，譲渡命令は，転付命令に準ずるものであり，取立てが困難で，券面額による転付が適当でない債権について利用される制度であるから，執行裁判所が譲渡価額を定めるに当たっては，特に評価が適正にされていることが必要である。また，売却命令は，執行裁判所が執行官に債権の売却を実施させるものであり，売却基準価額の制度は採られていないが，141条の規定にみるとおり，無剰余換価の禁止の原則が採られているといえるから，執行裁判所として，債権の換価見込額を一応把握することが必要であり，また，売却方法等を定めるに当たって考慮する要素としても重要であろう。

2　債権の評価（1項）

本条1項は，上記のような必要性の下に，執行裁判所に対し，評価人を選任して債権の評価を命ずる権限を認めたものである。

3　評価書の提出（2項）

本条2項は，債権の評価を命じられた評価人は，評価をした結果を書面（評価書）に記載して，執行裁判所が定める日までに，執行裁判所に提出すべき旨を規定している。111条3項などと同旨である。

（譲渡命令に係る金銭の納付及び交付）

第140条　譲渡命令において定めるべき価額が差押債権者の債権及び執行費用の額を超えるときは，執行裁判所は，譲渡命令を発する前に，差押債権者にその超える額に相当する金銭を納付させなければならない。

2　譲渡命令が効力を生じたときは，執行裁判所は，前項の規定により納付された金銭を債務者に交付しなければならない。

〔解　説〕

1　本条の趣旨

本条は，法161条1項の譲渡命令において定める譲渡価額が差押債権者の債権及び執行費用の額を超えるときに，執行裁判所が採るべき措置について規定する。

法161条1項の規定による譲渡命令が効力を生じた場合，差押債権者の債権及び執行費用は，譲渡命令に係る債権が存する限り，執行裁判所が定めた譲渡価額で弁済されたものとみなされる（同条7項，法160条）から，その譲渡価額が差押債権者の債権及び執行費用の額以下であるときは，何ら清算を要しない。しかし，その譲渡価額が差押債権者の債権及び執行費用の額を超えるときは，その差額は，差押債権者に支払わせて，債務者に取得させるのが当然である。

2　差額納付

そこで，本条は，譲渡価額が差押債権者の債権及び執行費用の額を超えるような場合には差押債権者に差額を納付させることとし，かつ，その納付を確保するため，執行裁判所は，譲渡命令を発する前に，所定の期限までに，あらかじめ差額に相当する金銭を差押債権者から納付すべき旨命じる[(1)]（1項)。納付期限までに納付がないときは，譲渡命令の申立てを却下することになろう[(2)]。この金銭は，譲渡命令が確定して効力を生じたときに，債務者に交付すべきこととしている（2項)。譲渡命令が効力を生じないことになったときは，この金銭は，差押債権者に還付されるべきである。

なお，債務者に対する差額の交付の手続は，厳密には執行裁判所が実施する配当等の手続とはいえないが，145条において準用する61条の規定は，本条の手続にも類推適用される[(3)]。

注(1)　電話加入権執行では，債権執行に関する本条の規定の例によることとなる（法167条1項)。

(2)　黒田直行＝安間龍彦・注解民執法(4)638頁，田中康久・注釈民執法(6)700頁参照

(3)　黒田直行＝安間龍彦・注解民執法(4)638頁，債権諸問題191頁参照

（売却命令に基づく売却）

第141条　執行裁判所は，差し押さえた債権の売得金の額が手続費用及び差押債

権者の債権に優先する債権の額の合計額以上となる見込みがないと認めるときは，売却命令を発してはならない。

2　執行官は，手続費用及び差押債権者の債権に優先する債権の額の合計額以上の価額でなければ，債権を売却してはならない。

3　執行官は，代金の支払を受けた後でなければ，買受人に債権証書を引き渡し，及び法第161条第６項の通知をしてはならない。

4　執行官は，売却の手続を終了したときは，速やかに，売得金及び売却に係る調書を執行裁判所に提出しなければならない。

〔解　説〕

1　本条の趣旨

本条は，法161条１項に定める売却命令及びこれに基づく売却の実施について必要な事項を定める。本条も，金銭債権以外の債権に対する強制執行を含む全ての債権執行について適用がある。

売却命令は，執行裁判所が，差押債権者の申立てにより，差し押さえた債権を執行裁判所の定める方法により執行官に売却させる決定である（執行抗告をすることができ，確定しなければ効力を生じない裁判(1)であって，単なる職務命令ではない。法161条３項，４項）から，不動産や動産などの換価に類似する執行方法となる。

2　無剰余の場合の換価の禁止（１項，２項(2)）

執行裁判所は，手続費用及び差押債権者の債権に優先する債権の額の合計額以上で債権を売却する見込みがあるときに限って，売却命令を発すべきものとしたのが，本条１項の趣旨である。すなわち，同項は，無剰余の場合の換価を禁止したもので，不動産の強制競売における法63条と同趣旨である。法の債権執行の規定中には，無益執行禁止の原則に相当する規定（法129条参照）も，法63条に相応する規定も設けられていないのであるが，上記原則は維持されるべきものと考えられるので，本条１項が設けられた(3)。

申立債権者が見込みがあると主張して譲らないときでも，売却命令の申立ては却下すべきであり，別途，譲渡命令の可能性を検討すべきであろう。

他方，売却の見込みがないとはいえないため売却命令が発せられたときでも，執行官は，手続費用及び差押債権者の債権に優先する債権の額の合計額以上の価額でなければ，債権を売却してはならないこととして，安全弁を設けたのが，本条２項の趣旨である。執行官が同項によって売却してはならないこととなったときは，一般の買受申出がなかった場合と同様，売却不能として実施手続を閉じるべきであり，執行裁判所としては，差押債権者の申立てをまって他の換価方法を検討することになろう。

3　債権証書引渡し及び債権譲渡の通知（３項）

本条３項は，執行官が，差し押さえられた債権を適法に売却することができたときは，代金の支払を確保するため，買受人から代金の支払を受けた後でなければ，買受人に債権証書を引き渡し（126条参照），及び法161条６項の通知（確定日付ある証書による債権譲渡の通知）をしてはならない旨を定める。「することができない」とせずに，「してはならない」とするのみであるから，代金受領前にこの通知をしてしまっても，通知が無効となるものではない。

4　売得金及び売却に係る調書の提出（４項）

本条４項は，執行官が，売却の手続を終えたときは，速やかに，売得金（売却ができたとき）及び売却に係る調書を執行裁判所に提出すべき旨を規定する。この場合に執行官が作成すべき「売却に係る調書」については，前述のとおり，売却命令は一種の裁判であるがこれに基づく売却の実施は民事執行の実施そのものとはいえないから，執行官の作成すべき民事執行の調書に関する13条の規定の適用はない。執行官としては，執行裁判所が売却命令において定める売却の方法に応じて，当該方法による売却の実施手続についてこの規則が定める調書に関する規定(4)に従い，もし，明文の規定がないときは，当該売却方法に最も類似する売却の実施手続についてこの規則が定める調書に関する規定に準拠して，調書を作成すべきである。

注(1)　差押債権が給与等の債権である場合には，請求債権に扶養等の義務に係る金銭債権が含まれているときを除き，売却命令が確定し，かつ，債務者に対して差押命令が送達された日から４週間を経過するまでは，売却命令の効力は生じない（法161条５項）。

(2)　平成16年改正法により，不動産執行における剰余を生ずる見込みがない場合等の措置に関する規定（法63条）が改正され，買受可能価額が手続費用と優先債権の見込額の合計額以上であれば手続を進められるようになったことから，債権執行における売却命令に基づく売却に関する規定である本条１項及び２項についても，平成16年改正規則により，売得金の額が手続費用と優先債権の見込額の合計額以上であれば手続を進められるよう改められた。

(3)　不動産執行については，法63条により，剰余を生ずる見込みがなければ強制競売等の手続を取り消さなければならない旨規定されているが，債権執行については，同種の規定がない。そこで，法63条を債権執行の手続に類推適用できないかが議論されている。この点について，積極に解する見解（三村量一・注釈民執法(7)98頁，浦野・条解726頁参照）と，消極に解すべきであるとの見解（黒田直行＝安間龍彦・注解民執法(4)641頁参照）がある。

(4)　執行官が売却実施手続について作成すべき調書に関する規定としては，44条（49条，50条４項で準用），51条６項，119条（120条３項，121条５項で準用）などがある。

（航空機の引渡請求権に対する差押命令後の執行）

第142条　航空機の引渡しを目的とする債権に対する強制執行については，法第162条の規定を準用する。

〔解　説〕

1　本条の趣旨

航空法８条の４第２項は，同法５条に規定する新規登録がされた飛行機又は回転翼航空機については，これに対する強制執行（及び仮差押えの執行）ばかりでなく，その他これに関する強制執行（及び仮差押えの執行）一般に関し必要な事項の定めを最高裁判所規則に委任している。この委任に基づいて，航空機（84条参照）の引渡しを目的とする債権に対する強制執行について特則を設けたのが本条である。

２　船舶の引渡請求権に対する強制執行手続に関する規定の準用

航空機に対する強制執行については，84条及び85条の規定を設け，一般に，航空機と最も性質の類似する船舶に対する強制執行について定める法及びこの規則の規定を広く準用することとして，強制競売の規定を整備したが，航空機の引渡しを目的とする債権に対する強制執行においても，差押命令後の執行手続として引渡しを受けた航空機を換価することになるから，その後は，航空機に対する強制執行の方法によって行うのが合理的である。

そこで，本条は，船舶の引渡しを目的とする債権に対する強制執行の手続に関する法162条の規定を準用するという形で，航空機に対する強制執行の方法によって行う趣旨を規定した。法162条中「船舶」とあるのを「航空機」と読み替えれば，同条は，ほぼそのまま，航空機の引渡請求権に対する差押命令後の執行に関する規定として通用する。

（受領調書）

第142条の２　執行官は，法第163条第１項の規定により動産の引渡しを受けたときは，速やかに，次に掲げる事項を記載した受領調書を作成し，執行裁判所に提出しなければならない。

一　債権執行の申立てに係る事件の表示

二　差押債権者，債務者及び第三債務者の氏名又は名称

三　引渡しを受けた動産

四　引渡しをした者の表示

五　引渡しに立ち会つた者の表示

２　執行官は，前項の動産の引渡しが強制執行の方法により行われた場合を除き，動産の引渡しをした者に，受領調書に署名押印させなければならない。この場

合においては，第13条第２項後段の規定を準用する。

3　第102条第２項の規定は，第１項第３号の引渡しを受けた動産の記載について準用する。

〔解　説〕

1　本条の趣旨

本条は，動産引渡請求権に対する強制執行において，法163条１項の規定により動産の引渡しを受けた執行官に対し，受領調書の作成提出義務を課すとともに，その記載事項を規定している。

執行官が作成すべき調書に関する総則規定としては13条があるが，同条は，執行官が執行機関となる民事執行事件において，その本体的部分に属する執行処分（配当等の実施を除く。）が実施された場合に適用があり（同条１項から３項まで），執行裁判所が執行機関となる債権執行事件において，換価の前提として執行官が動産の引渡しを受けた場合に適用があるものではない。したがって，執行官の受領調書の作成義務は，本条によって根拠付けられる。

貸金庫契約に基づく貸金庫の内容物の引渡請求権(1)や複数の動産引渡請求権が差し押さえられ，同一の機会に，執行官が複数動産の引渡しを受けるときは，調書を作成するなどの方法により，引渡しを受けた動産の種類，数量等を明確にすることが強く要請される。また，動産引渡請求権に対する強制執行(2)は，船舶（法162条）又は航空機（前条）の引渡請求権に対する強制執行とは異なり，通常，最後まで債権執行手続によって進行するものであり，執行官は，執行裁判所の補助機関として，動産の引渡しを受け，これを換価するものであるから，換価前に，執行機関である執行裁判所に対し，引渡しを受けた動産の評価額等を知らせ，執行裁判所が剰余を生ずる見込みの有無を検討できるようにする必要がある(3)。さらに，執行官が動産の引渡しを受けた時は，動産引渡請求権に対する強制執行手続における配当要求の終期ともなることから（法165条４号），この時点を明確にする必要もある。そこで，執行官に対し，受領調書の作成提出義務を課すこととされた。

2　受領調書の作成提出義務（1項）

本条1項は，受領調書の作成提出義務及び記載事項を規定している。

執行官の受領調書の作成提出義務は，動産の引渡しを受けたときに発生する。「動産」は，86条が規定する自動車，98条が規定する建設機械及び98条の2が規定する小型船舶を含む(4)。また，「引渡し」は，法163条1項の動産引渡義務の任意履行によるものであると，法169条が規定する動産の引渡しの強制執行の方法によるものであるとを問わない。

執行官は，動産の引渡しを受けたときは，速やかに，受領調書を作成し，動産引渡請求権に対する差押命令を発令した執行裁判所に提出しなければならない。これは，引渡しを受けた動産は，通常，動産執行の売却の手続により売却され，その売却期日は，原則として，引渡しを受けた日から1週間以上1か月以内の日としなければならない（114条1項，120条3項）一方，執行裁判所に対し，引渡しを受けた動産の評価額等を知らせ，執行裁判所が剰余を生ずる見込みの有無を検討できるようにする必要があることによる。引渡しを受けた日から一定期間内の日を売却期日としなければならないこと，執行官が所属する地方裁判所と執行裁判所が異なる場合があることからすれば，1週間程度の間に受領調書が作成され，提出されれば，「速やか」と言ってよいと考えられる。

3　受領調書の記載事項（1項）

⑴　債権執行の申立てに係る事件の表示（1号）

動産引渡請求権に対する強制執行事件の表示であり，係属裁判所及び事件番号をもって特定される。

⑵　差押債権者，債務者及び第三債務者の氏名又は名称（2号）

動産引渡請求権に対する強制執行事件の当事者である差押債権者，債務者及び第三債務者に関する事項のうち，自然人の場合にはその氏名，法人の場合にはその名称の記載である。

１号及び２号が規定する記載事項は，受領調書の提出を受けた執行裁判所が事件及び事件記録を特定し，検索するために必要と考えられることから，受領調書の記載事項とされた[5]。

⑶　引渡しを受けた動産（３号）

受領調書の最も重要な記載事項である。

引渡しを受けた動産の記載については，102条２項の規定が準用されるから（本条３項），動産の種類，材質その他の引渡しを受けた動産を特定するに足りる事項のほか，引渡しを受けた動産の数量及び評価額を明らかにしなければならない[6][7]。

⑷　引渡しをした者の表示（４号）

法163条１項の動産引渡義務は，本来，任意に履行されるべきものであり，執行官は，第三債務者又は当該動産の占有権原を行使できる地位にある者から，動産の引渡しを受けるのであるから，この引渡しをした者を調書上明確にする必要があると考えられる。また，法169条が規定する強制執行の方法により動産の引渡しを受けた場合には，動産の引渡執行を実施した執行官に，受領調書に署名押印させる必要はない（本条２項）こととなる反面，強制執行の方法により動産の引渡しを受けたことを調書上明確にする必要があると考えられる。これらの必要性から，引渡しをした者の表示は，受領調書の記載事項とされた。

「引渡しをした者の表示」とは，現実に引渡しをした者の表示を意味するが，通常，氏名及び第三債務者との関係を記載すれば足り，住所の記載までは不要である。強制執行の方法により動産の引渡しを受けた場合には，動産の引渡執行を実施した執行官の所属する裁判所，官職，氏名を記載することとなる。

⑸　引渡しに立ち会った者の表示（５号）

差押債権者及び債務者は，第三債務者が同意するのであれば，動産の引渡しに立ち会うことができると解されるが，適正な動産の受領行為を証明することができる者を調書上明確にするため，引渡しに立ち会った者の表示は，受領調書の記載事項とされた。

「引渡しに立ち会つた者の表示」とは，現実に引渡しに立ち会った者の表示を意味するが，通常，氏名及び当事者との関係を記載すれば足り，住所の記載までは不要である。

4　その他受領調書の記載事項（執行官規則17条）

執行官が作成すべき調書の一般的必要的記載事項は，執行官規則17条が規定している。同条によれば，執行官が作成すべき調書には，①事件の表示(8)，②職務を執行した日時及び場所，③執行した職務の内容，④調書の作成年月日を記載し，執行官が記名押印しなければならない。

受領調書にあっても，執行官が動産の受領の申立てを受けた際に付した事件番号，動産の引渡しを受けた日時及び場所，動産の引渡しを受けた旨，調書の作成年月日が記載され，執行官の記名押印がされなければならない。動産の引渡しを受けた日時の記載は，配当要求の終期を画す重要な事項であるから（法165条４号），執行官が引渡しを受けた日時を分単位で記載することを要する。

5　動産の引渡しをした者の署名押印（２項）

本条２項は，執行官は，法169条が規定する強制執行の方法により動産の引渡しを受けた場合を除き，現実に動産の引渡しをした者に，受領調書に署名押印させるべきことを規定している。

法163条１項の動産引渡義務は，本来，任意に履行されるべきものであり，執行官は，第三債務者又は当該動産の占有権原を行使できる地位にある者から，動産の引渡しを受けるのであるから，任意の履行に関する明確な証拠を調書に残す趣旨で，現実に動産の引渡しをした者に，受領調書に署名押印させるべきこととされた。したがって，本条２項の「受領調書」とは，未完成のものも含む趣旨であり，調書が未完成であっても，これに署名押印させることができる。

他方，法169条が規定する強制執行の方法により動産の引渡しを受けた場合には，動産の引渡執行を実施した執行官が動産の引渡しをした者であるが，執行官に署名押印させる必要性は乏しいこと，「引渡しをした者の表示」（本条１項４号）において，当該執行官に関する事項が記載されることから，本条２項は，動産の引渡しをした者が動産の引渡執行を実施した執行官である場合には，適用しないこととされた。

引渡しをした者が署名押印しなかったときは，執行官は，その事由を調書に記載しなければならない（本項後段による13条２項後段の準用）。署名押印を拒絶した場合のみならず，署名押印を求める前にその場を立ち去った場合も含まれる。後者の場合には，改めて引渡しをした者に面談するなどして署名押印させる必要はない。

注(1)　最判平11.11.29民集53－８－1926は，貸金庫の内容物の引渡請求権に対する強制執行について，・銀行は，貸金庫の内容物についても貸金庫利用者と共同して民法上の占有を有する，・貸金庫利用者は，銀行に対し，貸金庫契約に基づき，貸金庫室への立入り及び貸金庫の開扉に協力すべきことを請求する権利を有する，・銀行は，貸金庫を開扉できる状態にすることにより，貸金庫の内容物に対する占有を全面的に失い，これが貸金庫利用者に移転するものであるから，貸金庫利用者の上記請求権は，貸金庫の内容物の一括引渡請求権でもあり，債権執行の対象となる，④差押債権者の申立てを受けた執行官は，まず，貸金庫の内容物の一括引渡しを受け，差押禁止物ではなく，かつ，換価可能性のある動産を選別し，受領した上で売却する，という手続の流れを示した。この判決によれば，貸金庫の内容物の引渡請求権は，貸金庫内に存在する個々の動産について成立するものではなく，貸金庫の内容物全体について包括的に成立する１個の請求権である。

(2)　86条が規定する自動車，98条が規定する建設機械又は98条の２が規定する小型船舶も「動産」であるから，法163条の適用を受けるが，その換価は，自動車執行の方法，建設機械あるいは小型船舶に対する強制執行の方法によって行われる（143条の解説参照)。したがって，自動車，建設機械又は小型船舶の引渡請求権に対する強制執行手続は，船舶又は航空機の引渡請求権に対する強制執行手続に類似する。

⑶　売得金が手続費用及び優先債権の合計額以上となる見込みがないと判断される場合には，執行裁判所は，法129条２項及び141条１項の趣旨から，執行官に売却を留保させるとともに，差押債権者に債権執行の申立ての取下げを促すこととなる（近藤崇晴・注釈民執法⑹769頁参照)。

また，複数動産の引渡しを受けた場合において，その一部を売却した代金で各債権者の債権及び執行費用の全部を弁済することができるときは，執行官は，その他の動産の売却を留保し（116条２項），執行裁判所に対する売得金及び売却に係る調書の提出時（法163条２項，145条による141条４項の規定の準用）等に，適宜の方法により，その旨を伝え，執行裁判所は，法146条２項の趣旨から，差押債権者に申立ての一部取下げを促し，又は弁済金を交付して手続を終了させることとなる。執行官が引渡しを受けた動産の一部について相当な方法による売却の実施をしてもなお売却の見込みがないときも，法130条の趣旨から，これと同様の処理となろう。

なお，貸金庫の内容物の引渡請求権に対する強制執行においては，引渡請求権が１個の包括的請求権であることから，一部取下げは観念できない。したがって，超過売却となるとき又は引渡しを受けた動産の一部について売却の見込みがないときは，執行裁判所は，売得金について配当等を実施し，事件を終了させるほかない。

動産引渡請求権に対する強制執行の申立てが取り下げられ，若しくは差押命令取消決定の効力が生じた場合，又は配当等の実施により債権執行手続が終了した場合には，執行官の動産占有権原は失われるから，執行官は，動産執行における差押えの取消しに準じ，「動産を受け取る権利を有する者」（127条１項）に動産を引き渡すべきであると解されている（近藤崇晴・注釈民執法⑹763頁)。「動産を受け取る権利を有する者」は，通常，第三債務者である。しかし，貸金庫契約に基づく貸金庫の内容物の引渡請求権に対する強制執行においては，貸金庫内に存在していた個々の動産について，第三債務者である銀行が「受け取る権利を有する者」と言うことはできず，債務者に動産を引き渡すべきであると解される（執行官提要323頁）。

⑷　引渡しを受けた自動車，建設機械又は小型船舶の換価は，新たな申立てを受けて，自動車執行，建設機械又は小型船舶に対する強制執行の方法により行われることとなるが（注⑵参照），これらの場合であっても，受領調書の提出により，執行裁判所にとって債権執行手続の終了が明確となるという意味がある。

⑸　差押調書等において，調書を利用して103条１項の差押えの通知をする場合における債務者の便宜等を考慮し，当事者の表示及び債務名義の表示を任意的に記載する取扱いもあるが（執行官雑誌30－146），受領調書においては，差押債権者，債務者及び第三債務者の氏名又は名称の記載は必要的記載事項である。

⑹　貸金庫の内容物の引渡請求権に対する強制執行において，「引渡しを受けた動産」は，貸金庫の内容物全てであるが，手続的観点から，調書に記載する必要があるのは，現実に選別し，受領した動産である。したがって，現実に選別し，受領した動産を記載すれば，「引渡しを受けた動産」の記載として足りるものと解される。

⑺　動産の引渡しに債務者が立ち会った場合において，債務者から自己の所有に属しない旨の申出があった動産については，差押調書に準じ，その旨受領調書に記載しておくことが相当である。

⑻　執行官が担当する事件における「事件の表示」は，事件番号のみで特定されると解されている（執行官協議要録473頁〔907〕）。

（自動車等の引渡請求権に対する差押命令後の執行）

第143条　法第163条第１項の規定により執行官が引渡しを受けた自動車，建設機械又は小型船舶の強制執行は，自動車執行又は建設機械若しくは小型船舶に対する強制執行の方法により行う。

〔解　説〕

1　本条の趣旨

本条は，法163条１項の規定により執行官が引渡しを受けた自動車，建設機械又は小型船舶の強制執行は，自動車執行又は建設機械若しくは小型船舶に対する強制執行の方法により行う旨規定している[(1)]。

2　本条が設けられた理由

自動車，建設機械又は小型船舶の引渡請求権に対する強制執行については，航空機の場合と異なり，車両法97条も建設機械抵当法26条も小型船舶登録法27条も，最高裁判所規則への特別委任をしていない。したがって，自動車，建設機械及び小型船舶の引渡しを目的とする債権に対する強制執行については，動産一般の引渡請求権に対する強制執行に関する規定である法163条の規定の適用があると解される[(2)]。その結果，差押債権者は，債務者に対して差押命令が送達された日から１週間を経過したときは，第三債務者に対して，差押債権者の申立てを受けた執行官にその自動車，建設機械又は小型船舶を引き渡すべきことを請求することができる（同条１項）。ただし，その後の売却の手続については，動産執行の売却手続の特則ともいえる自動車，建設機械又は小型船舶に対する強制執行の換価手続によるのが合理的である。同条２項は，広く動産一般について，動産執行の売却の手続により売却する旨規定するが，ここにいう動産には自動車，建設機械及び小型船舶が含まれるから，動産に対する強制執行の売却の手続にも自動車，建設機械又は小型船舶に対する強制執行の売却の手続が含まれると解することができよう。

そこで，本条の規定を設け，法163条１項の規定により執行官が引渡しを受けた自動車，建設機械又は小型船舶の強制執行については，86条以下に定める自動車執行の規定，98条に定める建設機械に対する強制執行の規定又は98条の２に定める小型船舶に対する強制執行の規定によって行うべきことを規定したものであり，いわば法の趣旨とするところを，自動車，建設機械又は小型船舶の引渡請求権に対する強制執行に関する限りで，明らかにしたものである。

このような趣旨で本条が設けられた結果，自動車，建設機械又は小型船舶の引渡しを目的とする債権に対する強制執行は，保管人と執行官の違いはあるが，法162条に定める船舶の引渡請求権に対する強制執行と同様の構造のものとなった。

注(1)　小型船舶登録法が制定されたことを受けて，小型船舶に対する強制執行の規定（98条の２）が新設されるとともに，本条も改正された。

(2)　田中・解説357頁，近藤崇晴・注解民執法(6)772頁，浦野・条解703頁参照

（移転登記等の嘱託の申立てについて提出すべき文書）

第144条　転付命令又は譲渡命令が効力を生じた場合において，法第164条第１項の申立てをするときは，記録上明らかな場合を除き，差し押さえられた債権に関し，これらの命令が第三債務者に送達された時までに他の差押え及び仮差押えの執行がないことを証する文書を提出しなければならない。

〔解　説〕

1　本条の趣旨

登記又は登録（以下「登記等」という。）のされた先取特権，質権又は抵当権（以下「先取特権等」という。）によって担保される債権について，これに対する差押命令が効力を生じたときは，法150条の規定により，裁判所書記官が，申立てにより，被担保債権につき差押えがされた旨の登記等を嘱託する。そして，この債権について，転付命令若しくは譲渡命令が効力を生じたとき，又は売却命令による売却が終了したときは，法164条１項の規定により，裁判所書記官が，申立てにより，その債権取得者のため先取特権等の移転の登記等を嘱託し，同時に，先にした被担保債権差押えの登記等の抹消を嘱託しなければならない。本条は，転付命令又は譲渡命令が効力を生じたときの登記等の嘱託の申立てに当たり，申立人が提出すべき文書について規定する。[(1)]

2　差押え及び仮差押えの執行がないことの証明の必要性

法164条は，移転の登記等を嘱託すべき場合の１つとして，法150条に規定する債権について転付命令又は譲渡命令が効力を生じたときを掲げるが，転付命令は，確定しなければその効力を生じない（法159条５項）[(2)]ばかりでなく，それが第三債務者に送達される時までに，当該債権について，他の債権者が差押

え，仮差押えの執行又は配当要求をしたときも，その効力を生じない（同条3項）ものとされ，譲渡命令についても，同旨の定めがある（法161条4項，7項）。したがって，裁判所書記官としては，転付命令又は譲渡命令が効力を生じたとして法164条1項の申立てを受けた場合においても，なお，当該転付命令又は譲渡命令が第三債務者に送達された時までに，他の差押え，仮差押えの執行及び配当要求がなかったことが確認されなければ，移転登記等の嘱託の申立てに応ずべきではない。このうち，転付命令又は譲渡命令が第三債務者に送達される時までに，他の債権者から配当要求がなかったことは，事件の記録上当然明らかとなる事項であるから，裁判所書記官が自らこれを確認することができ，また，それで足りるのである。

他方，転付命令又は譲渡命令が第三債務者に送達される時までに，他の債権者から差押え及び仮差押えの執行がなかったことについては，裁判所書記官としては当然に知り得る立場にはない。そこで，この点の立証を，原則として，移転登記等の嘱託の申立てをする債権取得者（差押債権者）に担当させ，この点を証明する文書の提出義務を課することとしたのが本条である。

3　他の差押え及び仮差押えの執行がないことを証する文書の提出

本条にいう「これらの命令が第三債務者に送達された時までに他の差押え及び仮差押えの執行がないことを証する文書」については，格別の制限はない。一般には，第三債務者が差押債権者のために作成した証明書が提出されることになるであろう。特に，転付命令が差押命令と同時に発せられ（譲渡命令が差押命令と同時に発せられることは，考えられない。），かつ，差押債権者の申立てにより法147条1項の規定による陳述の催告がされて(3)，第三債務者から，差押・転付命令が第三債務者に送達された時までに，他の差押え及び仮差押えがない旨の記載のある陳述書（135条）が提出されているときは，そのまま本条の証明文書に当たるということになるのであるが，このような場合は，陳述書が記録に編てつされており，裁判所書記官が自ら確認することができるから，本条にいう「記録上明らかな場合を除き」の除外事由に該当することになり，証明文書の提出を要しないことになる。

注(1)　売却命令による売却の場合には，売却が終了すると執行官が売却に係る調書を速やかに執行裁判所に提出することになっており，本文２において述べるような問題がないので，本条の規定は関係がない。

(2)　差押債権が給与等の債権である場合には，請求債権に扶養等の義務に係る金銭債権が含まれているときを除き，転付命令が確定し，かつ，債務者に対して差押命令が送達された日から４週間を経過するまでは，転付命令の効力は生じない（法159条６項）。

(3)　差押命令と転付命令が同時に発せられる場合，転付命令が送達されただけでは執行手続が終了しない（田中・解説349頁）ので，当然に陳述催告の申立てが許される（田中・解説322頁）。

（不動産執行等の規定の準用）

第145条　第26条及び第27条の規定は債権執行について，第63条及び第65条から第72条までの規定は管理命令について，第141条第４項中調書に係る部分の規定は執行官が法第163条第２項の規定により動産を売却した場合について，第59条から第62条までの規定は債権執行につき執行裁判所が実施する配当等の手続について準用する。この場合において，第27条中「及び債務者」とあるのは，管理命令が発せられている場合にあつては，「，債務者及び管理人」と，第59条第１項中「不動産の代金が納付された」とあるのは「配当等を実施すべきこととなつた」と，同条第２項中「代金が納付された日から，同項後段」とあるのは「配当等を実施すべきこととなつた日（差し押さえられた債権が法第152条第１項各号に掲げる債権又は同条第２項に規定する債権である場合（差押債権者（数人あるときは，そのうち少なくとも１人以上）の債権に法第151条の２第１項各号に掲げる義務に係る金銭債権が含まれているときを除く。）には，配当等を実施すべきこととなつた日又は債務者に対して差押命令が送達された日から４週間を経過した日のうちいずれか遅い日）から，前項後段」と読み替

えるものとする。

〔解　説〕

1　本条の趣旨

本条は，債権執行に関する最後の規定として，他の手続の規定中債権執行に準用すべきものを選抜して列挙した上，必要な読替えを施している。

2　配当要求について準用される規定

債権執行における配当要求については，法154条が規定するところであるが，この規則中不動産の強制競売における，配当要求の方式に関する26条の規定及び配当要求があったときの通知に関する27条の規定の趣旨は，債権執行においても妥当するので，これらの規定が準用されている(1)。なお，債権執行において管理命令が発せられている場合には，配当要求があった旨の通知は，管理人にもする必要があるので，本条後段における27条の読替えによって，その旨が定められている。

3　管理命令について準用される規定

法161条1項の管理命令（に基づく管理）については，同条7項が不動産の強制管理に関する規定を大幅に準用しているところであるが，これに対応して，この規則の不動産の強制管理に関する規定中に債権執行の管理命令について準用すべきものがあるので，63条及び65条から72条までの規定を準用することとされた。

(1)　63条は，管理命令の申立書の記載事項に準用される。管理命令の申立ては，不動産の強制管理の申立てと異なり，付随的申立てであるので，1条にいう「民事執行の申立て」ではないから，書面でしなければならないものではなく（1条の解説の2参照），21条の適用もない。したがって，本条で63条を準用する趣旨は，管理命令の申立てを書面によってするときは，63条に規定する給付義務者を特定するに足りる事項及び給付請求権の内容を記載しなければならない，ということであるが，口頭で申立てをするときでも，口頭でこの事項を申述すべきであろう。

⑵　65条及び66条の規定も，管理命令による管理に準用される。債権執行における管理命令による具体的な管理人の選任が，管理命令の必須の内容となるべきものか否かについては若干疑義があるが[(2)]，管理人の選任・解任が管理命令とは別個に行い得ることは不動産の強制管理の場合と同様であると解されるので，管理人の選任・解任・辞任の通知等に関する65条及び66条の規定が準用されている。

⑶　管理命令の申立てが取り下げられたとき，又は管理命令が取り消されたときは，管理人及び給付義務者に対しても，その旨を通知するのが相当である。また，法39条１項７号又は８号に掲げる文書の提出により執行手続が停止されたときは，管理人に対して，その旨を通知するのが相当である。そこで，不動産の強制管理について同旨の規定である67条を準用することとされた。なお，債権執行の申立て自体が取り下げられ，又は債権執行の手続自体が取り消されたときも，この準用の趣旨にかんがみ，14条及び136条に定める者のほか，67条１項に定める者に対しても，その旨を通知するのが相当である。

⑷　法161条７項が準用する法104条及び法106条から法108条までの規定により管理人が行う債権の管理及び配当等の手続については，不動産の管理人がする場合と同様であるから，本規則中不動産の管理人がする管理及び配当等の手続についての規定である68条から72条までの規定を準用することとされた[(3)]。

4　動産の引渡請求権の執行について準用される規定

141条４項中調書に係る部分の規定は，執行官が，法163条２項の規定により，動産の引渡請求権の差押命令の執行として動産を売却したときについて準用される。売得金の提出については，法が直接規定している（法163条２項）。

5　執行裁判所が実施する配当等の手続について準用される規定

債権執行の執行裁判所が配当等の手続を実施する場合については，法166条

１項の規定のほか，同条２項において不動産の強制競売における配当等の手続に関する法の規定中準用すべきものを列挙しているので，これに対応して，この規則の不動産の強制競売における配当等の手続に関する規定中準用を相当とする59条から62条までの規定を準用することとされた。

債権執行においては，執行裁判所が配当等を実施すべき場合が数種あって（法166条１項参照），一義的に読替えできないことや，令和元年改正法により同条３項が新設され，差押債権が給与等の債権である場合には，差押債権者（数人あるときは，そのうち少なくとも１人以上）の請求債権に扶養等の義務に係る金銭債権が含まれているときを除き，債務者に対して差押命令が送達された日から４週間を経過するまでは，配当等を実施してはならないとされ，債務者に差押命令が送達された日から配当等の期日まで確実に４週間の期間を確保する必要がある場合があることから，59条１項前段中「不動産の代金が納付された」とあるのは「配当等を実施すべきこととなった」と，同条２項中「代金が納付された日」とあるのは，「配当等を実施すべきこととなった日（差し押さえられた債権が法152条１項各号に掲げる債権又は同条２項に規定する債権である場合（差押債権者（数人あるときは，そのうち少なくとも１人以上）の債権に法151条の２第１項各号に掲げる義務に係る金銭債権が含まれているときを除く。）には，配当等を実施すべきこととなった日又は債務者に対して差押命令が送達された日から４週間を経過した日のうちいずれか遅い日）」と読み替える規定が設けられている（本条後段）。なお，59条１項後段の規定は，債権執行において法78条の規定が適用され，又は準用されることはないから，準用の余地がない(4)。

注(1)　配当要求があったことは，第三債務者にも通知する必要があるが，この点は，法154条２項が直接規定しており，この通知は，配当要求があった旨を記載した文書を送達すべきこととされている。他方，27条の準用に基づいて行われる差押債権者，債務者及び管理人に対する通知は，相当と認める方法によることができる（３条１項，民訴

規4条1項)。

⑵　法161条1項は,「管理人を選任してその債権の管理を命ずる命令(管理命令)」と表現し,同条7項は,管理人の選任に関する法94条1項の規定を準用していないことから推すと,法は,管理命令の中で具体的な管理人の選任をすることを想定しているとも考えられる。しかし,不動産の強制管理の場合と同じように,管理命令と管理人の選任決定とを別建て・2段階ですることを許容しない趣旨と解すべきではなかろう。不動産の管理人の解任に関する法102条の規定は,債権の管理人についても準用されている(法161条7項)。

⑶　以上のほか,特に規定されていないが,管理人がした配当等によって差押債権者及び配当要求債権者が配当等を受けて手続が終了した場合について,執行力のある債務名義の正本の交付等を定めた62条の類推適用が考えられる。

⑷　本条後段では,59条1項後段の場合についても同条2項の規定を読み替える旨の規定が置かれているが,本文のとおり,同条1項後段の規定は,そもそも準用の余地がなく,当該読替えに積極的な意味はない。

(電話加入権執行の申立書の記載事項及び添付書類)

第146条　電気通信事業法(昭和59年法律第86号)附則第9条第1項又は第2項に規定する権利(以下「電話加入権」という。)に対する差押命令の申立書に強制執行の目的とする財産を表示するときは,東日本電信電話株式会社又は西日本電信電話株式会社において電話に関する現業事務を取り扱う事務所で当該電話加入権に係る契約に関する事務を取り扱うもの(以下「電話取扱局」という。),電話番号,電話加入権を有する者の氏名又は名称及び住所並びに電話の設置場所を明らかにしなければならない。

2　前項の申立書には,執行力のある債務名義の正本のほか,東日本電信電話株式会社又は西日本電信電話株式会社の電話加入権に関する帳簿に記載した事項を証明した文書を添付しなければならない。

〔解　説〕

1　本条の趣旨

本条から149条の２までの５か条は，法167条１項に規定する「その他の財産権」に対する強制執行に関する「特別の定め」に該当する。このうち149条までの４か条は，その他の財産権のうちでも，これまで実務上執行の目的とされることの多かった電話加入権に対する強制執行についての特則であり，149条の２は，その他の財産権の権利の移転について登記又は登録を要するものについて，上記４か条を準用するという構成をとっている。

本条は，電話加入権に対する差押命令の申立書の記載事項及び添付書類について規定する。

2　電話加入権執行の対象

電話加入権執行の対象となる権利は，事業法附則９条１項又は２項に規定する権利である（本条１項）。

事業法附則９条１項に規定する権利は，日本電信電話公社（以下「旧公社」という。）と締結した契約に基づく旧公衆法の規定による電話加入権(1)であり，同条２項に規定する権利は，旧公社の民営化後に日本電信電話株式会社（以下「日本電電」という。）と締結した契約に基づく権利及び日本電電の再編成後に東日本電信電話株式会社（以下「東会社」という。）又は西日本電信電話株式会社（以下「西会社」という(2)。）と締結した契約に基づく権利(3)であって，同条１項の電話加入権に相当するものとして総務省令で定める要件に該当するものである。この要件は，総務大臣が指定(4)する電話の役務の提供を受ける契約に基づく権利であるとされている(5)(6)(7)（事業規67条１項）。

3　申立書の記載事項（１項）

電話加入権に対する差押命令の申立ては，書面によることを要し（１条），その申立書には21条各号に掲げる事項を記載し，さらに債権執行の申立書の記載事項に関する133条１項の例により，第三債務者の氏名又は名称及び住所も記載しなければならない。本条１項は，このうち，21条３号に定める「強制執行の目的とする財産」の表示に当たっての具体的事項を規定するものである[(8)]。

以上の結果，申立書の記載事項は，次のとおりとなる。

⑴ 債権者及び債務者の氏名又は名称及び住所（法人にあっては，主たる事務所又は本店の所在地）並びに代理人の氏名及び住所

⑵ 第三債務者の氏名又は名称及び住所

第三債務者は東会社又は西会社となり，その代表者として東会社又は西会社の代表取締役を表示すべきこととなった。

⑶ 債務名義の表示

⑷ 強制執行の目的とする財産の表示

強制執行の目的とする財産の表示についての記載事項は，全て事業規68条及び日本電電，さらにその再編成後には東会社又は西会社の電話サービス契約約款（その内容は東会社及び西会社において基本的に同一であるので，以下これらを引用する際には，単に「約款」という。なお，この解説では令和元年12月最終改正のものを基にしている。）の規定を根拠とするものとなった。

記載事項は次のとおりである。

ア 東会社又は西会社において電話に関する現業事務を取り扱う事務所で当該電話加入権に係る契約に関する事務を取り扱うもの（電話取扱局）

この電話取扱局を申立書の記載事項としているのは，強制執行の目的となる電話加入権を特定するためであると同時に，差押命令の送達場所[(9)]及び第三債務者を明らかにさせる趣旨でもある。

イ 電話番号

東会社又は西会社は１の契約者回線ごとに１の加入電話契約を締結し，加入電話契約者は１の加入電話につき１人に限られており（約款８条），加入電話の電話番号は，１の契約者回線ごとに定めることとされている（約款14条１項）。また，電話番号は，東会社又は西会社が備え付ける電話加入

権に関する帳簿の記載事項となっている（事業規68条１項２号参照）。そこで，電話番号が，目的物特定のための事項として，申立書の記載事項とされたものである。なお，目的物の特定は電話番号だけで十分ともいえるが，誤りをなくすため，本条は，前記ア並びに後記ウ及びエも記載させることにしたものである。

ウ　電話加入権を有する者の氏名又は名称及び住所

エ　電話の設置場所(10)

電話加入権に関する帳簿の記載事項とされている（事業規68条１項４号）ことから，申立書の記載事項とされた。「電話の設置場所」とは，約款上の契約者回線の終端のある場所（約款９条）を指す(11)。

⑸　電話加入権執行としての差押命令を求める旨

⑹　債務名義に係る請求権の一部につき強制執行を求めるときは，その旨及びその範囲

4　申立書の添付資料（２項）

次に，添付書類については，21条において債務名義の正本の添付が要求されるが，更に，本条２項においては，東会社又は西会社の「電話加入権に関する帳簿に記載した事項を証明した文書」の添付が要求される。この証明文書（電話加入原簿記載事項証明書）については，利害関係人は，東会社又は西会社の定める手数料を支払って請求し，交付を受けることができる（事業規68条３項，約款別記24，料金表第７表第３）。

この文書は，１項記載の事項の真正を証明させるものであり，一般の債権執行の場合（法145条２項参照）と異なり，この文書の提出により，申立人に被差押権利の存在・内容を証明させることとしているのである。申立人が，申立てに際して，この文書を添付しないときは，執行裁判所は補正を命ずるべきであり，申立人がこれに応じないときは，申立てを却下すべきである(12)。

注⑴　事業法附則９条１項に規定する権利の譲渡は，日本電電の再編成により，東会社又

は西会社の承認が必要とされることになった（同条項により，旧公衆法38条から38条の３までの規定が，当分の間，効力を有するとされ，これらの条文中の「旧公社」が「東会社又は西会社」と読み替えられている。)。

⑵　東会社にあっては，北海道，青森県，岩手県，宮城県，秋田県，山形県，福島県，茨城県，栃木県，群馬県，埼玉県，千葉県，東京都，神奈川県，新潟県，山梨県及び長野県の区域において行う地域電気通信業務を，西会社にあっては，これ以外の県並びに京都府及び大阪府の区域において行う地域電気通信業務をいう。

⑶　この権利は，事業法附則９条１項により，旧公衆法38条から38条の３までの規定が効力を有する間は，同項の電話加入権に関して適用されるこれらの旧公衆法の規定の例によるとされている（事業法附則９条２項)。

⑷　総務大臣は，次の条件に適合する場合に限り，指定することができる（事業規67条１項)。

①　その交換に関する事務が東会社又は西会社の事務所において行われる電話であること。

②　自動車，船舶，航空機その他の交通機関に設置する無線電話でないこと。

③　東会社又は西会社と特定の者との契約により設置する電話であること。

⑸　電話加入権は，強制執行の目的となるほか，特定の金融機関が債権者である場合に限って質権を設定することが許されている（180条の解説の注⑷参照。質権法１条及び２条)。電話加入権質の設定変更などは，電話取扱局に備える電話加入権質原簿に登録しなければ，東会社又は西会社その他の第三者に対抗することができない（質権法５条１項)。

⑹　広義の電話加入権には，旧公社との契約に基づく旧電話加入権のほか，旧公社民営化後の日本電電との契約に基づく権利及び日本電電再編成後の東会社又は西会社との契約に基づく権利であって旧電話加入権に類するもの（事業法附則９条１項又は２項に規定する権利には必ずしも限定されない。)，並びにいわゆる第二，第三電電らとの契約に基づいて電話類似の電気通信役務の提供を受ける権利も含まれると解されてい

る（佐藤＝三村・預託株券等解説238頁以下参照）。しかし，事業法施行後，従来の電話加入権とは違った種類の電気通信役務の提供が予想されたことや，いわゆる第二，第三電電については，加入権につき登録制度を導入しないことが予想され，権利の譲渡可能性，取引の対象としての流通可能性等についても不明な状況であったことから，この規則においては，事業法附則９条１項又は２項に規定する権利以外の権利は，146条以下の規定に基づく強制執行及び担保権の実行としての競売の対象とされなかった。これらについては，その他の財産権で特別の定めのないもの（法167条１項）として扱われることになる。

⑺　国徴法上及び滞調法上の「電話加入権」は，権利の内容が社会通念上「電話」の範疇に含まれ得るものであって，その性質上，参加差押え（国徴法86条）が可能なものが該当すると解され，この規則上の「電話加入権」とその範囲を異にするから，滞調法上の事務処理をする際には，この点に留意する必要がある（佐藤＝三村・預託株券等解説244頁以下参照）。

⑻　本条が設けられたので，133条２項の規定にはよらないことになる。

⑼　平２．12．13最高裁民三第504号民事局長通達「電話加入権を目的とする民事執行事件及び保全執行事件の事務処理について」１参照

⑽　従来，執行債務者の現実の住所又は居所が電話加入原簿上に登録されたそれと異なるときは，申立書に双方の住所又は居所を併記させた上でその旨を注記させ，旧公社において疑義の生じることのないよう差押命令にも同様の記載をする取扱いが実務上行われていた（債権不動産105頁参照）が，旧公社民営化後も，同様の取扱いがされている（債権諸問題423頁，書式全書Ⅱ663頁，債権手引84頁参照）。

⑾　佐藤＝三村・預託株券等解説259頁参照

⑿　佐藤＝三村・預託株券等解説261頁参照

（東日本電信電話株式会社又は西日本電信電話株式会社に対する照会等）

第147条　裁判所書記官は，電話加入権に対する差押命令を送達するときは，東日本電信電話株式会社又は西日本電信電話株式会社に対し，債務者が，その電話

加入権を有する者であるときは次に掲げる事項を，電話加入権を有する者でないときはその旨を，差押命令の送達の日から１週間以内に回答すべき旨を催告しなければならない。

一　電話の種類

二　差押え又は仮差押え若しくは仮処分の執行がされているときは，その命令に係る事件の表示，債権者の氏名又は名称及び住所並びに送達の年月日

三　滞納処分による差押えがされているときは，当該差押えをした徴収職員等の属する庁その他の事務所の名称及び所在並びに差押通知書の送達の年月日

四　質権が設定されているときは，その設定（質権の変更がされた場合にあつては，その変更）の登録を請求する書類の受理の年月日，被担保債権の額（その額が限度額であるときは，その旨及び限度額），弁済期，利息及び違約金又は賠償額の定め並びに質権者の氏名又は名称及び住所

五　未払電話料金があるときは，その額

2　前項の規定による催告に対する回答その他の資料により債務者が当該電話加入権を有する者でないことが明らかになつたときは，執行裁判所は，強制執行の手続を取り消さなければならない。

〔解　説〕

1　本条の趣旨

本条は，電話加入権執行において差押命令が発せられた場合における東会社又西会社に対する照会等について規定する。

2　東会社又は西会社に対する照会の手続

電話加入権に対する差押命令が発せられたときは，裁判所書記官は，法145条３項の例により，差押命令を債務者及び第三債務者である東会社又は西会社に送達することになるが，その際には，同時に，本条１項に定める事項を東会社又は西会社に対して照会し，差押命令の送達の日から１週間以内に回答するよう催告しなければならない[(1)]。この照会は，東会社又は西会社の電話取扱局（前条の解説の３（４）アを参照）に照会書及び回答書を送付して行う[(2)]。

3　東会社又は西会社に対する照会事項（１項）

照会事項としては，まず，債務者が差押えに係る電話加入権を有する者であるかどうか，が挙げられており，その電話加入権を有する者でないときはその旨を，電話加入権を有する者であるときは１号から５号までに掲げる事項について照会することになる。

債務者が電話加入権を有する者であるときに東会社又は西会社が回答すべき事項は，次のとおりである。

⑴　電話の種類[(3)]（１号）

電話の種類を照会事項としているのは，電話の種類によって電話加入権の取引価額が異なることから，買受人に知らせるべき事柄であるばかりでなく，執行裁判所が，譲渡命令を発するに当たって電話加入権の譲渡価額を定めるなどの，その後の手続を進行する上で重要な資料となるからである。

⑵　先行の差押え又は仮差押え若しくは仮処分の執行の有無（２号）

当該電話加入権について，既に上記のような民事執行又は保全執行がされているときは，電話取扱局がこれに関する書類を受け取った順序により，その書類に受付年月日及び受付番号を記載し，かつ，これを備付けの電話加入権に関する帳簿に記載するものとするとされている（事業規68条１項７号及び２項）。

執行裁判所としては，先行する差押え又は保全執行があるとき（ただし，それが差押債権者のためにされた仮差押えの執行であるときを除く。）は，譲渡命令を発することができず，他の差押えが先行するときは，二重の換価を避けるよう配慮すべきことから，照会事項とされたものである。

東会社又は西会社からの回答により，既に他の裁判所による差押え又は保全執行がされていることが明らかになったときは，裁判所書記官は，差押債権者が納めた費用により，先に差押命令又は保全命令を発した裁判所に対し，新たに差押え又は仮差押えの執行がされたことを通知しなければならない。また，電話加入権の換価の手続が終了したとき，差押命令の申立てが取り下げられたとき，又は差押命令を取り消す決定が効力を生じたときは，裁判所書記官は，他に差押命令又は保全命令を発している裁判所に対し，その旨を通知しなければならない(4)。

(3) 先行する滞納処分による差押えの有無等（３号）

先行する滞納処分による差押えがあるときは，執行裁判所は，換価のための命令を発令することができず（滞調法20条の11第１項，同法20条の８第１項，同法13条１項)，また，滞調法の規定による手続の調整が行われることから，照会事項とされているものである。東会社又は西会社からの回答により，既に滞納処分による差押えがされていることが明らかになったときは，裁判所書記官は，差押命令が発せられた旨を徴収職員等に通知しなければならない（滞調法20条の11第１項，同法20条の３第２項)。この通知をすることによって，後に，滞納処分が解除されたときには徴収職員等からその旨の通知を受ける（滞調法20条の11第１項，同法20条の８第１項，同法14条）ことができる。

(4) 質権設定の有無等（４号）

質権法によって許容される電話加入権質については，その設定，変更，移転又は消滅は，電話取扱局に備える電話加入権質原簿に登録しなければ，東会社又は西会社その他の第三者に対抗することができないものとされ（質権法５条１項)，質権の設定等の登録を請求する書類の取扱い及び質権の設定等と差押え等との優劣関係については，旧公衆法38条の３の規定が準用されている（質権法６条２項)。また，差押命令が東会社又は西会社に送達されてその効力を生ずる前に，質権が設定されているときは，強制執行手続の換価により質権は消滅し，質権者は売得金から優先弁済を受けることになる(5)。

そこで，質権が設定されているときは，強制執行との優劣関係を明らかにするために，質権の設定（質権の変更がされた場合にあっては，その変更）の登録を請求する書類の受理の年月日，被担保債権の額（その額が限度額であるときは，その旨及び限度額），弁済期，利息及び違約金又は賠償額の定め並びに質権者の表示（氏名又は名称及び住所）について，東会社又は西会社に対し照会することとされている。なお，東会社又は西会社からの回答により，質権の設定が明らかになったときは，裁判所書記官は，質権者に対し，差押えがされたことを通知し，かつ，その質権の被担保債権の現存額を届け出るべき旨を催告しなければならない（148条）。

⑸　未払電話料金があるときは，その額（５号）

電話加入権の譲渡があったときは，譲受人は，譲渡人の有していた一切の権利及び義務を承継するものとされている（事業法附則９条，旧公衆法38条３項）ので，電話加入権の現実の価額は，相場の取引価額から未払電話料金を差し引いた額とみるべきこととなる。そこで，適正な換価を行うためには，その前提として，未払電話料金があるときはその額を了知しておく必要があることから，東会社又は西会社に対し照会することとされている。

なお，東会社又は西会社の回答する額は，回答時のものでよく，換価時までに増減があっても，その旨の訂正まで求める趣旨ではない。しかし，電話加入権の換価のために必要があるときは，裁判所書記官又は執行官は，本条項の照会とは別に，随時，電話取扱局に対し，未払電話料金その他の当該電話加入権の譲受人が承継すべき債務の存否並びにその債務が存在するときはその種類及び額について照会することができる[(6)]。

4　強制執行の目的物の不存在を理由とする手続の取消し（２項）

本条２項は，東会社又は西会社からの回答その他の資料によって，債務者が当該電話加入権を有する者でないことが明らかになったときは，執行裁判所は，不動産の強制競売に関する法53条の規定にならい，職権で強制執行の手続を取り消すべきことを規定する。一般の債権執行においては，差押命令が発せられた後は，執行裁判所は手続の積極的進行者とはならないから，差押えに係る債権が存在しなかった場合でも，とりたてて差押命令を取り消すということはしないが，電話加入権執行においては，差押命令が有効にされれば，執行裁判所は，不動産執行等におけると同様，換価の手続を進めなければならないし，また執行の目的である権利の存否が常に手続上明らかになるから，差押命令発令後に電話加入権の不存在（債務者に帰属しないこと）が判明したときは，これを手続自体に明確に反映させて，手続の取消しをすべきである(7)。

この取消決定は，法12条により執行抗告をすることができる裁判であるから，債権者及び債務者に告知しなければならない（２条１項２号)。第三債務者である東会社又は西会社に対する通知は，136条３項の例によることなく，不要なものと解される(8)。

注⑴　本条項が設けられた結果，債権執行における第三債務者の陳述の催告に関する法147条及び135条の規定の例にはよらないことになる。すなわち，本条項の規定により，裁判所書記官は，すべての電話加入権執行において，職権で本条項の照会をすべきことになり，かつ，その内容も必要な限りで135条掲記の事項をほぼ網羅しており，いずれも客観的な事項で，東会社又は西会社が担っている一定の公共的役割を考慮すると，法147条２項の制裁規定が働くような事態は通常考えられない。したがって，電話加入権執行に関する限り，本条項が「特別の定め」として存在すれば十分であって，法147条及び135条の例による必要はないと解される。なお，照会書及び回答書の様式については，平２．12．13最高裁民三第504号民事局長通達「電話加入権を目的とする民事執行事件及び保全執行事件の事務処理について」に定められている。

⑵　注⑴の民事局長通達２⑴参照

⑶　東会社及び西会社の電話サービス契約約款（いずれも平成19年２月１日時点のもの。その内容は両会社において基本的に同一であるので，以下これらを引用する際には単に「約款」という。）５条は，東会社又は西会社が提供する各種の電話サービスの内容

を定めているが，このうち，事業規67条１項所定の総務大臣の指定（前条の解説の３参照）に係る「加入電話」には，単独電話，事業所集団電話（ビル電話）の２種類がある（料金表第１表第１の１⑶)。共同電話については，従来「加入電話」の１種類であったが，東会社及び西会社に地域電気通信業務を引き継いだ日本電信電話株式会社は，平成８年２月１日から新規には提供しないこととした。ただし，それまでに提供している共同電話に関する提供条件は基本的に単独電話の場合に準ずるものとされている（約款附則（平成11年７月１日実施に係るもの）11条１項⑺)。なお，「加入電話」には，30日以内の範囲で利用期間が指定された「臨時加入電話契約」に基づくものも含まれる（約款７条）が，実務上，強制執行等の対象となるのは，通常の「加入電話契約」に係る電話加入権だけではないかと思われる（佐藤＝三村・預託株券等解説253頁参照)。

⑷　注⑴の民事局長通達３⑴⑵参照

⑸　最判昭40．７．14民集19－５－1263参照

⑹　注⑴の民事局長通達２⑵参照

⑺　差押えが競合する場合に，他の差押えに基づく事件で換価手続が進行し差押債権者を含めて配当手続等が実施されたときは，当該差押えはその目的を達したものとして効力を失うものであり，本条２項による手続の取消しはされない。ただし，滞納処分の手続が先行する場合においては，売却代金の残余がなければ（滞調法20条の11第１項，同法20条の８第１項，同法６条１項，３項)，執行裁判所において配当手続等が実施されることはないから，目的物不存在を理由に，本条２項により手続を取り消すことになるものと解される。差押え時に，既に先行する他の差押えに基づく事件により換価手続が終了していることが判明した場合には，後行の差押えは目的物を欠くものとして，本条２項により手続を取り消すことになる（佐藤＝三村・預託株券等解説281頁以下参照)。

⑻　債務者が電話加入権を有する者でないときは差押えも帳簿上記載されていないし，差押命令の送達に先立つ仮処分の執行に基づいて電話加入権が他に譲渡されて，東会

社又は西会社が譲渡承認をしたときは，帳簿上の差押えの記載は東会社又は西会社において抹消される取扱いであるから，いずれにしても取消決定についての通知は不要である。

（電話加入権の質権者に対する通知等）

第148条　差押えに係る電話加入権に質権が設定されているときは，裁判所書記官は，質権者に対し，差押えがされたことを通知し，かつ，その質権の被担保債権の現存額を届け出るべき旨を催告しなければならない。

〔解　説〕

1　本条の趣旨

本条は，電話加入権の質権者に対する差押えの通知及び債権額の届出の催告について規定する。差押えに係る電話加入権に質権が設定されているときは，質権は換価によって当然に消滅し，質権者は売得金から優先弁済を受けることができる(1)ので，質権の存在は手続進行上も重要な影響を持つことになり，換価に先立ち，質権者に差押えの事実を通知すると同時に，その者から債権の現存額を届け出させることが必要となった。質権の存否は，債権者の申述，あるいは東会社又は西会社からの回答によって明らかになるので，これがあるときは，裁判所書記官は，質権者に対し，電話加入権の差押えがされた旨を通知し，かつ，その質権の被担保債権の現存額を届け出るべき旨を催告しなければならないものとしたのが，本条である。

2　質権者の届出

本条による通知及び催告は，相当と認める方法によることができる（3条1項，民訴規4条1項)。質権者は，この届出を怠っても，質権につき失権の不利益を受けることはなく，執行裁判所としては，東会社又は西会社から回答された被担保債権の額（限度額）を現存額として取り扱わざるを得ないことになるのみである(2)。

注(1)　最判昭40．7．14民集19－5－1263

⑵　塩崎勤・注解民執法⑷705頁，三村量一・注釈民執法⑺114頁参照

（電話加入権の売却についての嘱託）

第149条　電話加入権について法第167条第１項によりその例によることとされる法第161条第１項に規定する命令が効力を生じた場合において，執行裁判所と電話取扱局の所在地を管轄する地方裁判所とが異なるときは，執行裁判所は，その地方裁判所に対し，執行官その他の者に電話加入権を売却させるよう嘱託することができる。

〔解　説〕

1　本条の趣旨

本条は，差押えに係る電話加入権の売却に当たって，司法上の共助（裁判所法79条）として，他の地方裁判所に売却の嘱託をすることができることを規定する。

2　嘱託する場合

電話加入権を差し押さえたときは，その権利の性質上，これを取り立てるという換価方式は考えられず，また券面額もないから，法167条１項によりその例によることとされる法161条１項の規定によって，差押債権者の申立てをまって，譲渡命令等の特別換価命令の方法で換価が行われることになる。

売却命令その他の換価命令が発せられ，これが効力を生じた場合においては，具体的な換価の実施に入ることになるが，執行裁判所と電話取扱局の所在地を管轄する地方裁判所とが異なるときは，一般に，その地方裁判所に換価を実施してもらう方が合理的である。電話加入権執行の管轄裁判所は，原則として法144条の規定の例により債務者（加入電話加入者）の普通裁判籍所在地（甲地）を管轄する地方裁判所であるから，電話取扱局の所在地（乙地）を管轄する地方裁判所と異なることが往々にしてあり得る。この場合，乙地の電話加入権を遠隔の地である甲地の地方裁判所で売却することは，適正な換価の実現のためには必ずしも適当とはいえず，むしろ，乙地の地方裁判所に嘱託して，その地

方で売却を実施した方が，適切な価額での換価が実現される可能性が大きいであろう[(1)]。

なお，法161条１項の譲渡命令は，執行裁判所が定めた価額で支払に代えて差押債権者に電話加入権を譲渡する命令であるから，換価に当たっては，139条（債権の評価）及び140条（譲渡命令に係る金銭の納付及び交付）の規定の例によるのみで足りる。

3　嘱託の内容

嘱託の内容は，「執行官その他の者に電話加入権を売却させる」ことである[(2)]。執行裁判所の換価命令が売却命令であるときは，売却の実施の主体は当然執行官であるから，嘱託の内容は，「執行裁判所が定めた方法により執行官に売却を実施させる」ことになり，具体的な執行官への事務分配は，受託地方裁判所の定めるところによる。売却命令以外の換価命令である場合も，換価の方法及びその実施の主体が換価命令により指定されたときは，これに基づいて嘱託をすることになる。

4　嘱託後の売却の手続

この規則では，差押債権者，債務者及び質権者に対して換価の嘱託を通知すべき旨の規定はない。換価命令が確定している以上，換価の方法には異論がないわけで，電話加入権の所在地での売却の実施に格別異論があるとは考えられないからである。なお，売却の実施に当たっては，例えば，「動産執行の競り売りの方法による換価」の嘱託があった場合には，執行官が，115条の規定により，各債権者及び債務者に対して売却の日時及び場所を通知することになるが，その他の方法による売却のときも，ほぼこれに準ずる運用が一般に期待できよう。

また，この規則では，受託裁判所における換価がいわゆる無剰余換価となるため不能に終わったときの嘱託裁判所に対する通知については，規定するまでもなく当然のこととして規定されていない。売却命令の例による電話加入権の換価は，141条の規定についてもその例によるべきであるから，一般に無剰余の換価は許されないと解される。執行裁判所としては，まず換価命令を発する前に，電話加入権の評価を慎重に行うべきであり，必要があるときは，電話取扱局の所在地の地方裁判所に評価の嘱託をする等の方法を講ずべきである。また，受託裁判所の執行官としては，141条２項の規定に従い，無剰余の換価をしないよう留意しなければならない。

受託裁判所としては，嘱託の趣旨に鑑み，売却が終了したときは，速やかに，売得金及び売却に係る調書を嘱託裁判所に送付すべきであると同時に，無剰余の換価となるため売却が不能に終わったときは，速やかに，その旨を嘱託裁判所に通知すべきである。

注⑴　換価の嘱託の方法によらず，事件そのものを乙地の地方裁判所に移送することができるとすれば，それも１つの方法であろうが，法144条の裁判所の管轄は専属とされる（法19条）から，最高裁判所規則によって移送を規定することは許されない。

⑵　本条では，換価命令が確定した場合にのみ嘱託をすることができるとされたので，受託裁判所は，嘱託裁判所が命令の中で定めた方法で換価の実施のみを執行官その他の者に行わせることになる。

（権利移転について登記等を要するその他の財産権に対する強制執行）

第149条の２　第58条の２，第146条第２項，第147条第２項及び前２条の規定は，その他の財産権（法第167条第１項に規定するその他の財産権をいう。以下同じ。）で権利の移転について登記又は登録を要するものに対する強制執行について準用する。この場合において，第148条中「質権」とあるのは「差押えの登記又は登録の前に登記又は登録がされた担保権で換価により消滅するもの」と，「質権者」とあるのは「当該担保権者」と読み替えるものとする。

〔解　説〕

1　本条の趣旨

本条は，電話加入権執行に関する規定のうち必要なもの等を，権利移転について登記等を要するその他の財産権に対する強制執行について準用することとしている。

電話加入権は，法167条１項にいう「その他の財産権」であるが，同条２項又は４項にいう「その他の財産権で権利の移転について登記等を要するもの」ではない[(1)]。すなわち，電話加入権の譲渡は，従前より，旧公社の「承認」を受けなければ，その効力を生じないものとされており（旧公衆法38条１項[(2)]），承認があったときは，電話加入原簿にその移転の登録がされる（旧公衆法施行規則３条６号[(3)]）けれども，登録自体は，権利移転の効力発生要件でも対抗要件でもないからである。しかしながら，電話加入権の移転は，登録を伴うものではあるから，電話加入権執行に関する146条から前条までの規定中には，「その他の財産権で権利の移転について登記等を要するもの」に対する強制執行にも妥当する内容のものがある。電話加入権のような「登記等を要しないもの」についての規定を，「登記等を要するもの」について主として準用するという体裁になるが，これまでの実務上，電話加入権執行の件数がその他の財産権に対する強制執行事件の大半を占めてきたので，前者について正面から規定し，その規定を後者について準用することとされたのである。

2　準用される規定

準用される規定は，次のとおりである。

⑴　58条の２　法82条２項の最高裁判所規則で定める申出の方式等を定めるものであるが，法167条５項が法82条を準用していることに対応するものである。

⑵　146条２項　申立書に電話加入権に関する帳簿の記載事項を証明した文書（電話加入原簿記載事項証明書）を添付すべき旨を定めるものであるが，準用の結果，権利の移転に登記等を要するものにあっては，その登記等の原簿に記載されている事項に関する証明書（登記等の原簿の謄抄本[(4)]）を添付すべきこととなろう。

⑶　147条２項　権利不存在のときの強制執行手続の取消しの規定であり，権

利及び手続の共通性にかんがみ，その準用は当然である。法167条５項において法48条（差押えの登記の嘱託等）及び法54条（差押えの登記の抹消の嘱託）を準用していることとも符合する[5]。

⑷　148条　電話加入権質の設定があるときの特則であるが，その準用の趣旨は，質権に限らず，「差押えの登記又は登録の前に登記又は登録がされた担保権で換価により消滅するもの」について一般に妥当する[6]ので，そのように読み替えた上で準用することとしたものである。

⑸　149条　売却についての嘱託の規定であるが，この規定はそのまま妥当する。電話取扱局は，当該電話加入権に係る加入に関する事務を取り扱う電話取扱局の趣旨であるから，その他の財産権で権利の移転に登記等を要するものに準用するに当たっては，当該権利に係る登記等に関する事務を取り扱う官署と解することになる。

注⑴　その結果，法167条５項において準用する法48条及び法82条の規定は，電話加入権執行には準用がなく，電話加入権の移転及び電話加入権の消滅の登録は，買受人が証明書を添えて東会社又は西会社に対し譲渡の請求をした結果としてされるものであって，執行裁判所からの登録嘱託の制度はない。

⑵　旧公衆法38条１項の規定は，旧公社の民営化，さらに日本電電の再編後も，事業法附則９条１項により，当分の間，なおその効力を有するとされている。

⑶　旧公社の民営化，さらに日本電電の再編後も，事業規68条６号により，電話加入権の移転があったときは，その効力の発生年月日を，電話加入権に関する帳簿に記載するものとされている。

⑷　法167条５項において法48条及び法54条を準用していることから見ると，不動産の強制競売における23条１号の文書に相当するものと考えてよい。

⑸　法53条を準用することとした場合と同様の結果となる。

⑹　最判昭40．７．14民集19－５－1263の趣旨に従うものである（148条の解説の１を参照）。

第２目　少額訴訟債権執行

（裁判所書記官の執行処分を告知すべき者の範囲等）

第149条の３　少額訴訟債権執行の手続において裁判所書記官が行う執行処分のうち，次に掲げるものは，少額訴訟債権執行の申立人及び相手方に対して告知しなければならない。

一　移送の処分

二　少額訴訟債権執行の手続を取り消す旨の処分

２　少額訴訟債権執行の手続において裁判所書記官が行う執行処分のうち，前項各号に掲げるもの以外のもので申立てに係るものは，その申立人に対して告知しなければならない。

３　裁判所書記官は，少額訴訟債権執行の手続における執行処分の告知をしたときは，その旨及び告知の方法を事件の記録上明らかにしなければならない。

〔解　説〕

１　本条の趣旨

本条は，少額訴訟債権執行の手続における裁判所書記官の執行処分を告知すべき者の範囲（１，２項）及びこれを告知したときの裁判所書記官の措置（３項）に関する規定である。

本条１項及び２項は，民事執行の手続における裁判を告知すべき者の範囲に関する規定である２条と，本条３項は，決定又は命令の告知がされたときの裁判所書記官の措置に関する規定である民訴規50条２項（15条の２により準用される。）と，それぞれ同趣旨の規定である。

２　本条の内容

⑴　両当事者に告知する場合（１項）

少額訴訟債権執行においては，簡易裁判所の裁判所書記官に対して申立てがされ，執行裁判所（裁判所書記官の所属する簡易裁判所）が行うこととされている裁判以外の執行処分は，裁判所書記官が行うこととされている（法167条の２第１項等)。

ところで，民事執行の手続における裁判を告知すべき者の範囲については，２条により明らかにされている。そのため，少額訴訟債権執行の手続においても，差押禁止債権の範囲の変更の裁判（法167条の８），移行の裁判（法167条の10第２項，法167条の11第１項，２項，４項及び５項，法167条の12第１項）等，執行裁判所の裁判を告知すべき者の範囲については，２条によることになるが，裁判所書記官の執行処分を告知すべき者の範囲については，法令上，明らかにされていない。この点，民事訴訟の手続と異なり，民事執行の手続においては，裁判を告知すべき者の範囲について，解釈・運用に委ねず，上記のとおり法令により明らかにされていることからすると，少額訴訟債権執行の手続における裁判所書記官の執行処分を告知すべき者の範囲についても，法令上，明らかにすることが相当である。

そこで，本条１項及び２項は，少額訴訟債権執行の手続における裁判所書記官の執行処分を告知すべき範囲を明らかにしており，このうち，本条１項は，申立人及び相手方に告知する場合を定めている。

ア　移送の処分（１号)

少額訴訟債権執行の手続における裁判所書記官の執行処分のうち，移送の処分(1)（法167条の２第４項，法144条３項）については，移送の裁判（法144条３項等）や移行の裁判と同様，手続の早期の安定を図るために，いずれも不服を申し立てることができないこととされている（法167条の２第４項，法144条４項)。そのため，移送の処分については，当事者に不服申立ての機会を与えるという必要はないが，その後の手続を行う執行裁判所が変更されることから，申立人及び相手方の双方に知らせることが相当である。

そこで，本条１項１号は，移送の処分について，民事執行の手続に関する裁判のうち移送の裁判を告知すべき者の範囲に関する規定である２条１項１号と同様に，申立人及び相手方の双方に告知しなければならないこととしている(2)。

イ　少額訴訟債権執行の手続を取り消す旨の処分（２号）

少額訴訟債権執行の手続を取り消す旨の処分（法167条の６第１項，法14条４項）は，最終的に手続を終了させる処分であることから，申立人及び相手方の双方に知らせることが相当である。

そこで，本条１項２号は，民事執行の手続に関する裁判のうち民事執行の手続を取り消す旨の裁判の一部を告知すべき者の範囲に関する規定である２条１項３号と同様に，少額訴訟債権執行の手続を取り消す旨の処分について，申立人及び相手方の双方に告知しなければならないこととしている(3)。

⑵　申立人のみに告知する場合（２項）

本条２項は，少額訴訟債権執行の手続における裁判所書記官の執行処分を申立人のみに告知する場合を定めている。

少額訴訟債権執行の手続における裁判所書記官の執行処分のうち，本条１項各号に掲げるもの以外のもので申立てに係るものとしては，①差押処分（法167条の５），②申立人が費用を予納しないときに少額訴訟債権執行の申立てを却下する旨の処分（法167条の６第１項，法14条４項）及び③配当要求を却下する旨の処分（法167条の９第３項）がある。これらの執行処分については，相手方には告知以外の別の方法で知らされるもの（①。差押処分は相手方に対しては送達される。法167条の５第２項，法145条３項）又は相手方に何らかの法的効果が生じる前のもの（②，③）であるから，必ずしも相手方に告知する必要はない。

そこで，本条２項は，少額訴訟債権執行の手続における裁判所書記官の執行処分のうち，本条１項各号に掲げるもの以外のもので申立てに係るものについては，当該処分の申立人に告知しなければならないこととするにとどめている。

⑶　執行処分を告知した場合の措置（３項）

本条３項は，少額訴訟債権執行の手続において裁判所書記官が執行処分を告知した場合の義務として，執行処分を告知した旨及び告知の方法を事件の記録上明らかにしなければならない旨定めている。

事件の記録上明らかにする方法としては，何らかの方法により事件の記録上明確にすれば足りる。例えば，送達がされた場合であれば，その送達報告書（法20条，民訴法109条）を事件記録に添付すれば足り，その他の場合であれば，記録中の適宜の場所に告知がされた旨及びその方法を記載することになる[(4)]。

注⑴　差押えが競合した場合に行われる移送の処分は，少額訴訟債権執行における差押処分同士が競合した場合のみに行われる。少額訴訟債権執行における差押処分と通常の債権執行における差押命令が競合した場合でさらに配当が実施されるとき等は，移行の裁判が行われることになる（法167条の14第１項，法156条２項，法167条の11）。

⑵　移送の処分が差押処分の相手方（債務者）への送達前にされた場合については，２条の注⑵参照。また，移送の処分の第三債務者への通知については，２条の注⑶及び149条の５の注⑵参照。

⑶　少額訴訟債権執行の手続において，最終的に執行抗告をすることができる裁判所書記官の執行処分（２条１項２号参照）としては，①差押処分（その更正処分を含む。），②法167条の６第１項，法14条４項の規定により少額訴訟債権執行の手続を取り消す処分，③配当要求を却下する旨の処分がある。このうち，①は，債務者に対しては送達され（法167条の５第２項，法145条３項），申立人に対しては本条２項により告知される（更正処分も同様となるものと解される。通常の債権執行における差押命令の更正決定について，田中康久・注釈民執法⑹117頁，稲葉威雄・注解民執法⑷425頁参照）。また，②は，本条１項２号により申立人及び相手方の双方に告知され，③は，本条２

項により配当要求債権者に告知される（2条の解説の2⑵イ参照）。したがって，少額訴訟債権執行の手続においては，民事執行の手続に関する裁判のうち執行抗告をすることができる裁判を告知すべき者の範囲に関する規定である2条1項2号と同趣旨の規定は，設けられていない。

また，少額訴訟債権執行の手続においては，裁判所書記官に対する何らかの申立てに伴う仮の処分はないので，民事執行の手続に関する裁判のうち，執行裁判所に対する何らかの申立てに伴う仮の処分の裁判等を告知すべき者の範囲についての規定である2条1項4号と同趣旨の規定も，設けられていない。

⑷　条解民訴規109頁参照

（差押処分の原本及び送達）

第149条の4　差押処分の原本には，当該差押処分をした裁判所書記官が記名押印しなければならない。

2　差押処分の債務者及び第三債務者に対する送達は，その正本によつてする。

〔解　説〕

1　本条の趣旨

本条は，少額訴訟債権執行における差押処分の原本への裁判所書記官による記名押印及び差押処分の正本による送達に関する規定であり，これらにつき，通常の債権執行における差押命令や，督促手続における支払督促と同様の取扱いをすべきことを定めている。

2　本条の内容

⑴　差押処分の原本への記名押印（1項）

少額訴訟債権執行における差押処分は，通常の債権執行における差押命令と同様，送達しなければならないとされていること（法167条の5第2項，法145条3項）から，書面が作成されることが前提とされていると考えられる。

ところで，通常の債権執行における差押命令への裁判官による記名押印については，15条の2，民訴規50条1項により義務付けられており，また，少額訴訟債権執行における差押処分と同様に裁判所書記官が行う督促手続における支払督促への裁判所書記官による記名押印についても，同規則233条により義務付けられている。この点，少額訴訟債権執行における差押処分についても，権限のある裁判所書記官が執行処分を行ったことを明らかにするため，差押処分の原本への裁判所書記官による記名押印を義務付けることが相当である。

そこで，本条１項は，少額訴訟債権執行における差押処分の原本への裁判所書記官による記名押印を義務付けている。

⑵　差押処分の送達（２項）

少額訴訟債権執行における差押処分は，通常の債権執行における差押命令と同様，送達しなければならないとされている（法167条の５第２項，法145条３項）。

ところで，決定書の正本による送達については民訴法122条，同法255条２項により義務付けられており，支払督促の正本による送達についても民訴規234条により義務付けられている。この点，少額訴訟債権執行における差押処分についても，その内容を正確に当事者に知らせるため，正本（原本の全部を写したもので，原本と同一の効力を有する。）による送達を義務付けることが相当である。

そこで，本条２項は，少額訴訟債権執行において差押処分の正本による送達を義務付けている。

（債権執行の手続への移行の手続）

第149条の５　法第167条の10第１項の申立ては，書面でしなければならない。

２　法第167条の10第２項，法第167条の11第１項，第２項，第４項若しくは第５項又は法第167条の12第１項の規定による決定が効力を生じたときは，裁判所書記官は，差押処分の送達を受けた第三債務者に対し，その旨を通知しなければならない。

３　裁判所書記官は，前項に規定する場合には，遅滞なく，法第167条の10第６項（法第167条の11第７項及び法第167条の12第３項において準用する場合を含む。）の規定により差押命令の申立てがあつたものとみなされる地方裁判所の裁判所書記官に対し，事件の記録を送付しなければならない。

〔解　説〕

１　本条の趣旨

本条は，少額訴訟債権執行の事件を地方裁判所における通常の債権執行の手続へ移行させる場合につき，①転付命令等のための移行の申立ての方式（１項），②移行の決定が効力を生じた場合の第三債務者への通知（２項），③移行の決定が効力を生じた場合の事件の記録の送付（３項）に関する規定である。

２　本条の内容

⑴　移行の申立ての方式（１項）

少額訴訟債権執行においては，地方裁判所における通常の債権執行の手続への移行という手続が設けられており，移行の決定は，執行裁判所が行うこととされている（法167条の10，法167条の11，法167条の12）。移行には，①転付命令等のための移行（法167条の10），②配当等のための移行（法167条の11），③裁量移行（法167条の12）の３種類があるところ，このうち，①の転付命令等のための移行のみが，申立てに係るものである。

この転付命令等のための移行の申立ては，転付命令，譲渡命令，売却命令，管理命令その他相当な方法による換価を命ずる命令（法167条の10において「転付命令等」と総称されている。）のうちいずれの命令を求めるかを明らかにしてしなければならないとされ（法167条の10第１項），この移行の申立ては，移行の決定の効力が生じたときは，それぞれその明らかにされた転付命令，譲渡命令，売却命令，管理命令その他相当な方法による換価を命ずる命令のいずれかの申立てとみなされること（同条６項）から，手続を明確にするため，書面によることを義務付けることが相当である。

そこで，本条1項は，転付命令等のための移行の申立てについて書面によることを義務付けている。

なお，本条1項による転付命令等のための移行の申立書には，いずれの命令を求めるかを明らかにする必要があるが，他方，命令の種別さえ明らかにされていれば，転付命令等の実質的な要件を判断するまでもなく，執行裁判所は，地方裁判所における通常の債権執行の手続に事件を移行させなければならない（法167条の10第2項）。

⑵　第三債務者への通知（2項）

移行の決定が効力を生じた後は，少額訴訟債権執行の手続における差押処分の申立て等は地方裁判所における通常の債権執行の手続における差押命令の申立て等とみなされる（法167条の10第6項，法167条の11第7項，法167条の12第3項）。そのため，移行の決定が効力を生じた後，第三債務者は，供託をした場合は，その事情を移行された地方裁判所に届け出なければならないこと（138条の解説注⑶参照）から，第三債務者には，移行された地方裁判所を知らせる必要がある[(1)(2)]。

そこで，本条2項は，移行の決定が効力を生じた場合は，移行の決定をした簡易裁判所の裁判所書記官が，差押処分の送達を受けた第三債務者に対し，地方裁判所[(3)]における債権執行の手続に事件が移行するとの決定が効力を生じた旨を通知することを義務付けている[(4)]。

⑶　記録の送付（3項）

少額訴訟債権執行の場合と同様に移行という手続が設けられている督促手続（民訴法395条）においては，適法な督促異議の申立てにより地方裁判所に訴えの提起があったものとみなされたときは，民訴規237条により，裁判所書記官が遅滞なく事件の記録を送付することが義務付けられている。この点，少額訴訟債権執行における，地方裁判所における通常の債権執行の手続への移行についても，手続を迅速に進めるため，裁判所書記官が遅滞なく事件の記録を送付することを義務付けることが相当である。

そこで，本条3項は，移行の決定が効力を生じた場合は，移行の決定をした簡易裁判所の裁判所書記官が，遅滞なく，移行された地方裁判所の裁判所書記官に対し，事件の記録を送付することを義務付けている。

注(1)　①転付命令等のための移行，②配当等のための移行，③裁量移行の3種類のうち，②の配当等のための移行の場合は，必然的に第三債務者が供託した後に行われるものであり（法167条の14第1項，法156条1項及び2項，法167条の11），既にその事情を届け出ている。しかし，配当等のための移行の場合であっても，継続的給付の差押え（法167条の14第1項，法151条）のときであれば，その後も供託及びその事情の届出が必要であるし，また，申立ての取下げがされた場合等，第三債務者において，執行裁判所からの連絡を受けることもあり，手続の内容及び執行裁判所の変更を知る必要がないとはいえないので，本条2項においては，一律に，移行の決定が効力を生じた場合の第三債務者への通知を義務付けている。

(2)　通常の債権執行における移送の裁判（法144条3項等）については，運用上通知がされているようであり，少額訴訟債権執行における移行の裁判については，本条2項により，規則上通知がされることになる。この違いの理由は，通常の債権執行における移送の裁判は，通常，差押えが競合した場合で，第三債務者が供託をし，その事情を裁判所に届け出た後に行われることが多く，第三債務者が利害関係を有する可能性が低い場合に行われるのに対し，少額訴訟における移行の裁判は，本文及び上記注(1)のとおり，必ずしも第三債務者が供託をした後に行われるものではなく，第三債務者が利害関係を有する可能性が高い場合に行われることによる。もっとも，本条2項の新設によって，通常の債権執行における移送の裁判についての運用上の通知の取扱いに，何ら影響を及ぼすものではない。

(3)　移行される地方裁判所は，執行裁判所の所在地を管轄する地方裁判所の場合（法167条の10第2項，法167条の11第1項，2項及び4項，法第167条の12第1項）と，競合する差押命令を発した地方裁判所の場合（法167条の11第2項，4項及び5項）があるが，通知においては，移行される地方裁判所が明示される必要がある。

⑷　本条2項は，差押処分の送達を受けた第三債務者に対して通知をしなければならないとしていることから，差押処分がされる前に移行された場合には，通知は必要がないことになる。なお，このような場合には，第三債務者に対しては，移行された地方裁判所から差押命令が送達されることになる。

（弁済金の交付の手続）

第149条の6　裁判所書記官は，法第167条の11第3項の規定により弁済金及び剰余金を交付するときは，弁済金の交付の日を定めなければならない。

2　弁済金の交付の日は，特別の事情がある場合を除き，弁済金及び剰余金を交付すべきこととなつた日（差し押さえられた債権が法第167条の14第1項において準用する法第152条第1項各号に掲げる債権又は同条第2項に規定する債権である場合（差押債権者（数人あるときは，そのうち少なくとも1人以上）の債権に法第167条の14第1項において準用する法第151条の2第1項各号に掲げる義務に係る金銭債権が含まれているときを除く。）には，弁済金及び剰余金を交付すべきこととなつた日又は債務者に対して差押処分が送達された日から4週間を経過した日のいずれか遅い日）から1月以内の日としなければならない。

3　第59条第3項及び第60条から第62条までの規定は，法第167条の11第3項の規定により裁判所書記官が弁済金及び剰余金を交付する場合について準用する。この場合において，第60条中「配当期日等が定められたときは，裁判所書記官」とあるのは「裁判所書記官は，弁済金の交付の日を定めたとき」と，「配当期日等まで」とあるのは「弁済金の交付の日まで」と，「執行裁判所に提出する」とあるのは「提出する」と，第62条中「配当等」とあるのは「弁済金の交付」と読み替えるものとする。

〔解　説〕

1　本条の趣旨

本条は，少額訴訟債権執行における弁済金の交付の手続に関する規定である。

2　本条の内容

少額訴訟債権執行において，満足手続は，弁済金の交付の手続に限り行われる（法167条の11第3項）。少額訴訟債権執行における弁済金の交付の手続は，裁判所書記官により行われる点（同条同項）以外は，基本的には，通常の債権執行において行われるもの（法166条，法84条2項）と同様である。

そこで，本条は，少額訴訟債権執行における弁済金の交付の手続について，通常の債権執行の場合と同様，不動産執行における弁済金の交付に関する規定である59条から62条まで（通常の債権執行の手続においても準用されている。145条）と同趣旨の規定を設けるか（1項及び2項）又はこれらを準用し必要な読替えをしている（3項）。

⑴　弁済金の交付の日の指定（1項）

本条1項は，裁判所書記官は，弁済金及び剰余金を交付する場合は，弁済金の交付の日を定めなければならない旨を定めており，不動産執行における弁済金の交付に関する規定である59条1項と同趣旨の規定である。同条の解説の2を参照されたい。

⑵　弁済金の交付の日の期間制限（2項）

本条2項は，弁済金の交付の日は，特別の事情がある場合を除き，弁済金及び剰余金を交付すべきこととなった日（差し押さえられた債権が給与等の債権である場合（差押債権者（数人あるときは，そのうち少なくとも1人以上）の請求債権に扶養等の義務に係る金銭債権が含まれているときを除く。）には，弁済金及び剰余金を交付すべきこととなった日又は債務者に対して差押処分が送達された日から4週間を経過した日のいずれか遅い日）から1月以内の日としなければならない旨を定めており，債権執行における配当等の期日の指定に関する規定である145条において読み替えて準用される59条2項と同趣旨の規定である。145条の解説の5を参照されたい。

⑶ 準用される規定（3項）

本条3項は，不動産執行における弁済金の交付に関する規定である59条3項及び60条から62条までの規定を準用し，必要な読替えをしている。準用等した規定の内容は次のとおりである。

ア 弁済金の交付の日の通知（59条3項）

59条3項は，裁判所書記官に，弁済金の交付の日時及び場所につき，各債権者及び債務者に対する通知を義務付ける規定である。同条の解説の4を参照されたい。

イ 計算書の提出の催告（60条）

60条は，裁判所書記官に，弁済金の交付に先立ち，各債権者に対し，計算書を提出するよう催告することを義務付ける規定である。少額訴訟債権執行における満足手続は，弁済金交付のみであること，少額訴訟債権執行における弁済金交付の手続は，裁判所書記官によって行われ（法167条の11第3項），弁済金交付の日の指定も裁判所書記官が行うこと（本条1項）から，本条3項により必要な読替えがされている。60条の解説を参照されたい。

ウ 売却代金の交付等の手続（61条）

61条は，売却代金の交付又は供託金の支払委託の手続を裁判所書記官が行うことを規定したものである。同条の解説を参照されたい。

エ 執行力のある債務名義の正本の交付（62条）

62条は，執行力のある債務名義の正本の交付を債務者又は債権者が一定の場合に求めることができることを規定している。同条の解説を参照されたい。

（総則規定の適用関係）

第149条の7 少額訴訟債権執行についての第1章の規定の適用については，第14条中「執行裁判所に対する民事執行」とあるのは「少額訴訟債権執行」と，

「民事執行を開始する決定」とあるのは「差押処分」とする。

〔解　説〕

1　本条の趣旨

本条は，少額訴訟債権執行における総則規定の適用関係に関する規定である。

2　本条の内容

少額訴訟債権執行も，強制執行の一類型であり（法167条の２第１項），民事執行の一類型である（法１条）ことから，第１章総則の規定が当然に適用されることになる(1)。

もっとも，執行裁判所又は執行官が執行機関となることを前提としている規定については，一定の読替えをする必要がある。この点，第１章中の14条（執行裁判所に対する民事執行の申立ての取下げの通知）については，執行裁判所が執行機関となることを前提としている規定であるが，少額訴訟債権執行においても適用すべきものである。

そこで，本条は，少額訴訟債権執行についての14条の適用について，必要な読替えをしている。

注(1)　例えば，少額訴訟債権執行における裁判所書記官の執行処分に対する執行異議の申立て（法167条の４第２項）の方式については，８条が適用される結果，執行裁判所の執行処分に対する執行異議の申立てと同様に，書面によること及び異議の理由を明らかにすることが義務付けられることになる。

（不動産執行及び債権執行の規定の準用）

第150条　第26条，第27条及び第133条から第138条までの規定は，少額訴訟債権執行について準用する。この場合において，第133条第１項，第133条の２第２項，第134条，第136条及び第137条の３中「差押命令」とあるのは「差押処分」と，第133条の２中「法第145条第４項」とあるのは「法第167条の５第２項において準用する法第145条第４項」と，同条第２項中「法第153条第１項又は第２項」とあるのは「法第167条の８第１項又は第２項」と，第135条中「法第147条第１項」とあ

るのは「法第167条の14第１項において準用する法第147条第１項」と，同条第１項第１号中「差押えに係る債権」とあるのは「差押えに係る金銭債権」と，「その債権」とあるのは「その金銭債権」と，「その種類及び額（金銭債権以外の債権にあつては，その内容）」とあるのは「その種類及び額」と，同項第３号から第５号まで中「当該債権」とあるのは「当該金銭債権」と，第136条第３項中「債権執行の手続を取り消す旨の決定がされたとき」とあるのは「少額訴訟債権執行の手続を取り消す旨の決定がされたとき，又は少額訴訟債権執行の手続を取り消す旨の処分をしたとき」と，第137条中「法第155条第４項」とあるのは「法第167条の14第１項において準用する法第155条第４項」と，第137条の２第１項中「法第155条第５項」とあるのは「法第167条の14第１項において準用する法第155条第５項」と，第137条の３中「執行裁判所が法第155条第６項」とあるのは「法第167条の14第１項において準用する法第155条第６項」と，「同条第４項又は第５項」とあるのは「法第167条の14第１項において準用する法第155条第４項又は第５項」と，第138条第１項中「法第156条第３項」とあるのは「法第167条の14第１項において準用する法第156条第３項」と読み替えるものとする。

〔解　説〕

1　本条の趣旨

本条は，少額訴訟債権執行に関し，不動産執行における配当要求の規定である26条及び27条（債権執行においても準用されている。145条）並びに債権執行に関する規定である133条から138条までを準用し，必要な読替えをした規定である。

2　本条の内容

少額訴訟債権執行においては，差押債権は金銭債権に限定されており（法167条の２第１項），転付命令等が行われず（法167条の10参照），配当も実施されない（法167条の11参照）が，それ以外の手続は，債権に対する強制執行の一類型として，基本的には，通常の債権執行におけるものと同様であり，例えば，配当要求も認められている（法167条の９）。

そこで，本条は，少額訴訟債権執行に関し，不動産執行における配当要求の規定である26条及び27条（債権執行においても準用されている。），並びに，少額訴訟債権執行において行われない上記の各手続に関する規定を除いた通常の債権執行に関する規定である133条から138条までを準用し，差押命令を差押処分と読み替える等必要な読替えをしている。

準用等した規定の内容は次のとおりである。

⑴　配当要求関係

ア　配当要求の方式（26条）

26条は，配当要求の方式として，書面申立主義及び配当要求書の記載事項について規定している。同条の解説を参照されたい。

イ　配当要求の通知（27条）

27条は，差押債権者及び債務者に対し配当要求の通知をすべきことを規定している。同条の解説を参照されたい。

⑵　債権執行関係

ア　申立書の記載事項（133条）

133条は，強制執行の申立書の記載事項に関する規定である21条の特則であり，通常の債権執行における差押命令の申立書の記載事項に関する補充的な規定として，第三債務者の記載や，差し押さえるべき債権を特定する事項を記載すべきことを定めている。同条の解説を参照されたい。

イ　債務者に対する教示の方式等（133条の２）

133条の２は，法145条４項の個別委任を受けて，債務者に対する教示の方式等について定めた規定である。法167条の５第２項において，法145条４項が少額訴訟債権執行に準用されていることから，規則においても133条の２を準用することとされた。同条の解説を参照されたい。

ウ　差押命令の送達の通知（134条）

134条は，差押命令の債務者及び第三債務者に対する送達の事実を，裁判所書記官が，差押債権者に通知すべき旨を定めた規定である。同条の解説を参照されたい。

エ　第三債務者に対し陳述を催告すべき事項等（135条）

135条は，通常の債権執行において第三債務者に対し陳述を催告すべき事項及び陳述の方式に関する規定である。少額訴訟債権執行においては，差押債権が金銭債権に限られる（法167条の2第1項）ことから，その旨を明らかにするための読替えがされている。135条の解説を参照されたい。

オ　申立ての取下げ等の通知（136条）

136条は，①通常の債権執行の申立てが取り下げられた場合，②いわゆる執行停止書面が提出された場合及び③債権執行の手続を取り消す旨の決定がされた場合における第三債務者等に対する通知に関する規定である。同条の解説を参照されたい。

カ　差押債権者の取立届の方式（137条）

137条は，法155条4項により差押債権者が行う取立届の方式に関する規定である。137条の解説を参照されたい。

キ　支払を受けていない旨の届出の方式（137条の2）

137条の2は，法155条5項の支払を受けていない旨の届出について定めた規定である。法167条の14第1項において，法155条5項が少額訴訟債権執行に準用されていることから，規則においても137条の2を準用することとされた。同条の解説を参照されたい。

ク　差押命令の取消しの予告（137条の3）

137条の3は，執行裁判所が法155条6項の規定により差押命令を取り消すに当たって，裁判所書記官があらかじめ，差押債権者に対してすべき通知について定めた規定である。法167条の14第1項において，法155条6項が少額訴訟債権執行に準用されていることから，規則においても137条の

3を準用することとされた。同条の解説を参照されたい。

ケ　第三債務者の事情届の方式等（138条）

138条は，法156条３項により第三債務者が行う事情届の方式に関する規定である。138条の解説を参照されたい。

第８款　振替社債等に関する強制執行

（振替社債等執行の開始）

第150条の２　社債，株式等の振替に関する法律（平成13年法律第75号）第２条第１項に規定する社債等であつて振替機関（同条第２項に規定する振替機関をいう。以下同じ。）が取り扱うもの（以下この款及び第180条の２において「振替社債等」という。）に関する強制執行（以下「振替社債等執行」という。）は，執行裁判所の差押命令により開始する。

〔解　説〕

1　本条の趣旨

本条から150条の８までの７か条は，振替社債等に関する強制執行について規定している。決済合理化法の施行（平成21年１月５日）により，株券等の保管及び振替に関する法律が廃止される一方，社債等の振替に関する法律が一部改正されて，社債，株式等の振替に関する法律（社振法）と題名も改められるとともに，これにより，これまで順次ペーパーレス化されてきた短期社債等・社債・国債等に加え[(1)]，株式，新株予約権，新株予約権付社債等（社振法２条１項12号以下）についても電子化され，電子化された株式等が新たに振替制度の対象とすることとなった。また，信託法の施行に伴う関係法律の整備等に関する法律（平成18年法律第109号）の一部規定の施行（平成19年９月30日）により，「受益証券発行信託の受益権」も振替制度の対象とすることとなった（社振法２条１項10号の２）。

これらはいずれも社振法２条１項に規定する「社債等」であり，本条は，社債等のうち社振法２条２項に規定する振替機関が取り扱うものを「振替社債等」としているところ，振替社債等は金銭債権と異なる性質を有することから，本条以下において，これらの権利の性質に応じた規定を整備しているものである。

社債等振替制度の概略について，社債を例に簡単に説明すると，投資家は，証券会社等の口座管理機関に口座を開設することにより，社債のうちその権利の帰属が振替口座簿の記載又は記録により定まるとされる振替社債を保有することが可能となる[(2)]（社振法２条３項，４項，44条１項，66条)。口座管理機関は，振替口座簿を備える（社振法45条２項）とともに，振替機関[(3)]に口座を開設する（社振法２条３項，12条１項)。発行者は，振替社債を新規に発行する場合，発行後遅滞なく，振替機関に対し，当該振替社債の銘柄，社債権者又は質権者の氏名又は名称，口座，保有又は質権を有する振替社債の金額等を通知する（社振法69条１項)。この通知を受けた振替機関は，口座を開設している口座管理機関に対し同様の通知をし[(4)]（社振法69条２項)，その通知を受けた口座管理機関は，社債権者又は質権者である投資家の口座の保有欄（社債権者の場合）又は質権欄（質権者の場合）に，保有する振替社債の金額の増額の記載又は記録をする[(5)]（社振法69条３項，２項１号)。振替社債の譲渡は，譲渡人の振替の申請に基づき，譲渡人の口座の保有欄の当該振替社債の減額の記載又は記録及び譲受人の口座の保有欄の当該振替社債の増額の記載又は記録がされることによって行われる[(6)]（社振法73条，70条)。質権の設定は，質権設定者の振替の申請に基づき，質権者の口座の質権欄に当該質入れに係る金額の増額の記載又は記録がされることにより行われる（社振法74条，70条)。発行者による償還と社債権者による口座における抹消の申請とは引換給付の関係になり（社振法71条７項)，発行者が振替口座簿上の減額の記載又は記録がされないにもかかわらずにした償還は，当該社債の譲受人との関係では人的抗弁にすぎない。

社振法は，280条において，振替社債等に関する強制執行等に関し必要な事項は最高裁判所規則で定めることとしており，これを受けて本条から150条の８までの規定が設けられている[(7)]。

本条は，法143条（債権執行の開始）に対応する規定であり，振替社債等に関する強制執行は，振替社債等自体に対する差押命令により開始することを規定したものである。

2　振替社債等を目的とする強制執行の方法

振替社債等自体を目的とする強制執行については，第三債務者である発行者に対して弁済禁止を命じても，振替社債等の権利の帰属が振替口座簿の記載又は記録により定まるとされる以上，振替口座簿を管理する振替機関又は口座管理機関（以下「振替機関等」と総称する。社振法２条５項参照）に対して差押命令の効力を及ぼさなければ差押えの実効性に欠けることとなる。そのため，振替社債等に対する強制執行は，金銭債権に対する強制執行の手続によることは相当でなく，別途強制執行の方法を定める必要がある。また，振替社債等は振替口座簿により管理され，社債券その他の券面又は国債証券（以下「社債券等」と総称する。）の発行は原則としてできない（社振法67条１項（同法113条，115条，117条，118条，120条，121条，122条，124条，127条及び127条の２において準用する場合を含む。以下社債に関する規定の後に「等」を付けて略称する。），89条１項並びに128条１項，164条１項（247条の３第１項及び249条１項において準用される場合を含む。），193条１項（251条１項及び254条１項において準用する場合を含む。），227条１項，234条１項並びに238条１項（以下164条１項以下の条文については，株式に関する規定の後に「等」を付けて略称する。））。そこで，振替口座簿により権利の帰属が定まる振替社債等の特徴に即した強制執行の手続として，社振法280条の包括的委任に基づき，本条から150条の８までの手続が規定されている。

3　振替社債等に対する強制執行の対象

本条以下の規定による差押えの対象となる振替社債等とは，社振法２条１項に規定する社債等であって振替機関が取り扱うもの（社振法279条参照）である。

4　振替社債等執行における債務者

⑴　本条以下の規定による振替社債等執行は，社債等振替制度において振替口座簿の記載又は記録により社債等の権利者と推定され（社振法76条等，101条，143条等），他の口座への振替の申請（社振法70条２項等，95条２項，132条２

項等）をし，又は抹消の申請（社振法71条２項等，96条２項，134条２項等）をする権利を有する加入者（社振法２条３項）を債務者とした強制執行の手続である。振替社債等執行は，これらの者が社振法上振替社債等について有する権利を対象としたものといえる。振替社債等について，誰が，権利者として社振法上の権利を有するかは，専ら，振替口座簿上の名義により決せられることになる[8]（社振法66条等，88条，128条１項等参照）。

⑵　振替口座簿に社債等の権利者として記載又は記録がされた加入者以外の者が振替社債等の真の権利者であっても，その者を債務者とする強制執行は，本条以下の規定による振替社債等執行として予想するところではない。振替口座簿上の名義人以外の者が真の権利者である場合には，真の権利者は，第三者異議の訴えを提起して強制執行の不許を求めることとなる。

⑶　振替口座簿に信託財産の旨の記載又は記録がある場合（社振法75条等，68条３項５号等，100条，91条３項５号，142条等，129条３項５号等）であっても，受託者である加入者を債務者として差押えをすることは可能であろう[9]。委託者，その相続人，受益者，受託者は，振替口座簿に信託財産である旨の記載がされており，真実信託財産であることを理由として，第三者異議の訴えを提起して強制執行の不許を求めることとなる（信託法23条１項，５項）。

⑷　振替社債等を質入れする場合，質権設定者の振替の申請により，質権者の振替口座簿の質権欄に当該質入れに係る金額の増額の記載又は記録を受けることが質権設定の効力要件とされており（社振法74条等，99条，141条等），質権設定者の振替口座簿には，当該質入れに係る振替社債等は記載又は記録されないこととなる[10]。そのため，質権設定者を債務者として振替社債等を差し押さえることは不可能である。

注⑴　国債については平成15年１月27日から，短期社債については同年３月31日から，社債その他のいわゆる一般債については平成18年１月10日から，それぞれ振替制度が実施されている。

⑵　会社法における合併等対価の柔軟化や剰余金の配当に係る配当財産の範囲の拡大等により，合併等対価として振替社債等が発行されたり，自己の振替社債等を移転したり，剰余金の配当として他社の振替社債等を交付したりすることができるようになった。これに伴い，会社が振替社債の交付の相手方を知ることができない場合も生ずることから，会社が相手方に振替社債用の口座を通知すべき旨を通知し，相手方が自己の口座を通知してこない場合には，特別口座を開設して，その口座に当該振替社債の新規記載若しくは記録し，又は振替をすることができるようにしている（社振法69条の２）。この特別口座に記載又は記録がされた振替社債は，口座名義人又は発行者の口座以外の口座を振替先口座とする振替の申請をすることができない（社振法70条の２）。

⑶　振替機関は，主務大臣の指定により，社債等の振替に関する業務を行う株式会社である（社振法２条２項，３条１項，８条）。平成15年１月10日に株式会社証券保管振替機構が，主務大臣（社振法285条）である内閣総理大臣及び法務大臣から，振替機関としての指定を受けた。なお，振替国債については，同月20日，日本銀行が，主務大臣（同条）である内閣総理大臣，法務大臣及び財務大臣から，振替機関としての指定を受けた。

⑷　当該振替社債の社債権者又は質権者が振替機関に口座を開設している場合には，振替機関は，通知をする代わりに，当該社債権者又は質権者の口座の保有欄又は質権欄に，保有する振替社債の金額の増額の記載又は記録をする（社振法69条２項１号）。

⑸　振替機関から通知を受けた口座管理機関に投資家が直接口座を開設しておらず，中間に別の口座管理機関が存在する場合には，通知を受けた口座管理機関は，口座を開設している別の口座管理機関に通知をし，投資家が口座を開設している口座管理機関が当該振替社債等に係る記載又は記録をすることとなる（社振法69条３項，２項）。

⑹　差押えを受けることなく弁済期が到来した利息請求権を除く（社振法73条等）。振替国債の場合も原則として同様であるが，振替国債は，利付債の元本と利札を分離し，元本と利札を独立して流通させることができ，分離して流通している利札に係る利息請求権については，弁済期前のものであっても，元本に係る振替国債と共には移転し

ない（社振法98条，93条）。

⑺　決済合理化法の施行に伴う平成20年社振改正規則により振替社債等全般に関する強制執行手続が整備された。平成20年社振改正規則の概要については，武智舞子外「株式等の取引に係る決済の合理化を図るための社債等の振替に関する法律等の一部を改正する法律の施行に伴う民事執行規則及び民事保全規則の一部改正の概要（振替社債等に関する強制執行等の手続の概要）」金法1853－10参照。

⑻　最決平31．１．23民集73巻１号65頁は，被相続人名義の口座に記録等がされている振替株式等が共同相続された場合において，その共同相続により債務者が承継した共有持分に対する差押命令は，当該振替株式等について債務者名義の口座に記録等がされていないとの一事をもって違法であるということはできず，また，執行裁判所は，譲渡命令の申立てが振替株式等の共同相続により債務者が承継した共有持分についてのものであることから直ちに当該譲渡命令を発することができないとはいえない旨を判示した。

なお，債務者共有持分に関する譲渡命令が発付され，確定したときは，裁判所書記官は，振替機関等に対し，差押債権者名義の口座への振替の申請をしなければならないが（150条の７第４項の解説３（５）参照），申請をしたとしても，現行の社振法の下において，振替株式等の共有持分のみを単独で共有者１人の名義の口座に記載又は記録をすることはできない。この場合の換価方法の問題点等については上記最決の鬼丸裁判官補足意見を参照されたい。

⑼　決済合理化法により廃止された株券等の保管及び振替に関する法律に基づく預託株券等について佐藤＝三村・預託株券等解説27頁以下参照。振替社債等についても同様であると解される。

⑽　高橋康文外・逐条解説新社債，株式等振替法174頁参照

（差押命令）

第150条の３　執行裁判所は，差押命令において，振替社債等に関し，債務者に対し振替若しくは抹消の申請又は取立てその他の処分を禁止し，並びに振替機関

等（社債，株式等の振替に関する法律第２条第５項に規定する振替機関等であつて債務者が口座の開設を受けているものをいう。以下この款において同じ。）に対し振替及び抹消を禁止しなければならない。

２　次の各号に掲げる請求に係る振替社債等（以下「買取請求株式等」という。）について当該各号に定める買取口座に記載又は記録がされている場合において，買取請求株式等を差し押さえるときにおける前項の規定の適用については，同項中「振替若しくは抹消の申請又は取立てその他の処分」とあるのは「取立てその他の処分」と，「並びに振替機関等」とあるのは「買取口座開設振替機関等」と，「債務者が口座の開設を受けているもの」とあるのは「振替社債等の発行者（以下「発行者」という。）が当該買取口座の開設を受けているもの」と，「振替及び抹消を禁止しなければならない」とあるのは「振替を禁止し，及び発行者に対し振替の申請その他の処分を禁止しなければならない」とする。

一　社債，株式等の振替に関する法律第155条第１項（同法第228条第１項及び第239条第１項において読み替えて準用する場合を含む。以下この号において同じ。）に規定する株式買取請求，投資口買取請求又は優先出資買取請求　同法第155条第１項に規定する買取口座

二　社債，株式等の振替に関する法律第183条第１項（同法第247条の３第１項において読み替えて準用する場合を含む。以下この号において同じ。）に規定する新株予約権買取請求又は新投資口予約権買取請求　同法第183条第１項に規定する買取口座

三　社債，株式等の振替に関する法律第215条第１項に規定する新株予約権付社債買取請求　同項に規定する買取口座

四　社債，株式等の振替に関する法律第259条第１項に規定する株式買取請求　同項に規定する買取口座

五　社債，株式等の振替に関する法律第260条第１項に規定する新株予約権買取請求　同項に規定する買取口座

六　社債，株式等の振替に関する法律第266条第１項に規定する株式買取請求　同項に規定する買取口座
七　社債，株式等の振替に関する法律第267条第１項に規定する新株予約権買取請求　同項に規定する買取口座
八　社債，株式等の振替に関する法律第273条第１項に規定する株式買取請求　同項に規定する買取口座
九　社債，株式等の振替に関する法律第274条第１項に規定する新株予約権買取請求　同項に規定する買取口座

3　差押命令は，債務者，振替機関等（買取請求株式等に関する強制執行にあつては，買取口座開設振替機関等をいう。次項，第150条の７第６項及び第150条の８を除き，以下同じ。）及び発行者を審尋しないで発する。

4　差押命令は，債務者及び振替機関等（買取請求株式等に関する差押命令にあつては，債務者，買取口座開設振替機関等及び発行者）に送達しなければならない。

5　差押えの効力は，差押命令が振替機関等に送達された時に生ずる。

6　振替債（社債，株式等の振替に関する法律第278条第１項に規定する振替債をいう。以下同じ。），振替新株予約権付社債（同法第192条第１項に規定する振替新株予約権付社債をいう。以下同じ。）であつて社債の償還済みのものでないもの，振替転換特定社債（同法第250条に規定する振替転換特定社債をいう。以下同じ。）又は振替新優先出資引受権付特定社債（同法第253条に規定する振替新優先出資引受権付特定社債をいう。以下同じ。）であつて社債の償還済みのものでないものに対する差押命令の送達を受けた振替機関等は，直ちに，発行者に対し，次に掲げる事項を通知しなければならない。

一　事件の表示
二　差押債権者及び債務者の氏名又は名称及び住所
三　差し押さえられた振替社債等の銘柄（社債，株式等の振替に関する法律第

68条第３項第２号（同法第113条，第115条，第117条，第118条，第120条，第121条，第122条，第124条及び第127条において準用する場合を含む。），第91条第３項第２号又は第194条第３項第２号（同法第251条第１項及び第254条第１項において準用する場合を含む。）に規定する銘柄をいう。以下同じ。）及び額又は数

四　差押命令が送達された旨及び送達の年月日

7　差押命令の申立てについての裁判に対しては，執行抗告をすることができる。

8　法第145条第７項及び第８項の規定は，振替社債等執行について準用する。

〔解　説〕

1　本条の趣旨

本条は，前条が振替社債等執行は執行裁判所の差押命令により開始する旨を規定しているのを受けて，執行裁判所が発令する差押命令の発令手続，差押命令の内容，差押命令の送達等発令後の手続，差押命令の効力発生時期，差押命令の申立てについての裁判に対する不服申立て並びに差押命令が債務者に送達されない場合の補正命令及び差押命令の取消しについて規定したものである。

2　差押命令の内容（１項）

⑴　差押命令の内容

１項は，債権執行における法145条１項に相当する規定であり，振替社債等に対する差押命令の内容を定めている。

債権執行においては，債務者に対する取立てその他の処分の禁止及び第三債務者に対する弁済の禁止が差押命令の内容とされている（法145条１項）。

しかし，振替社債等執行においては，振替社債等についての権利の帰属が，振替口座簿の記載又は記録によって定まり（社振法66条等，88条，128条１項等），振替社債等の譲渡は，振替の申請による振替口座簿上の振替が効力要件となり（社振法73条等，98条，140条等），振替を受けた譲受人には善意取得が認められる（社振法77条等，102条，144条等）。したがって，差し押さえられた振替社債等の譲渡による処分を阻止するには，債務者による振替の申請だけでなく，振替口座簿上の振替を禁止する必要がある。そして，債務者の振替の申請があった場合，債務者の振替口座簿上の当該振替社債等に係る減額の記載又は記録をする（社振法70条４項１号等，95条４項１号，132条４項１号等）とともに，譲受人の振替口座簿に当該振替社債等に係る増額の記載又は記録がされるよう必要な措置を執ることが義務付けられている（社振法70条４項２号から４号まで等，95条４項２号から４号まで，132条４項２号，３号，５号等）のは，債務者が口座を開設している振替機関等[(1)(2)]である。そこで，債務者の振替口座簿上の振替を禁止するためには，債務者が口座を開設している振替機関等に対し，振替口座簿上の振替の禁止を命ずる必要がある。また，償還があり得る振替社債等については，振替社債等の発行者による償還と社債等の権利者による抹消の申請とは引換給付の関係にあり（社振法71条７項，８項等，96条７項），発行者は，振替口座簿上の抹消を受けずに償還することは通常考えられないから，償還による処分を阻止するためには，債務者による抹消の申請だけではなく，債務者が口座を開設している振替機関等による振替口座簿上の抹消を禁止する必要がある。さらに，債務者が差押えを受けた振替社債等について，取立てその他の処分をすることも認められないので，債務者に対する取立てその他の処分の禁止も必要である。

これに対し，発行者に対する償還の禁止は，意味がないとはいえないが，振替口座簿上の抹消が禁止されれば事実上債務者に対する償還を防ぐことができる。また，発行者に対して償還を禁止するには，差押債権者が差し押さえようとする振替社債等の発行者を具体的に明示して申し立てる必要があるが，一般の債権者については，振替口座簿の閲覧は予定されていない（社振法277条，社債等の振替に関する命令61条参照）から，差押債権者が情報取得手続（法207条１項２号）を利用するなどして発行者を特定しなければ申し立てられないとすることは酷であると考えられる。

以上のような事情から，振替社債等に対する差押命令の内容は，債務者に対する振替若しくは抹消の申請又は取立てその他の処分を禁止するとともに，債務者が口座を開設する振替機関等に対する振替口座簿上の振替及び抹消を禁止するものとされ，発行者に対する償還の禁止は内容とされていない。

⑵ 差押えの効力の及ぶ範囲

ア 振替社債等の差押え後に，差押えに係る権利の数や内容が変動した場合，差押えの効力は変動後の振替社債等に及ぶかが問題となる。

権利の数や内容が変動するケースとしては，①差押えにかかる振替社債等の分割をし，②会社等の合併，会社分割，組織変更，株式交換，株式移転，取得条項付株式，全部取得条項付種類株式，取得条項付新株予約権若しくは取得条項付新株予約権付社債の取得に際して，差押えに係る振替社債等の対価として振替社債等を交付し，又は③振替株式，振替新株予約権若しくは振替新株予約権付社債の無償割当てをする場合が考えられる[3]。

このような場合，変動後の振替社債等について，債務者の振替口座簿に記載又は記録される手順としては，㋐社振法[4]又は振替機関の業務規程等[5]により，発行者が，振替機関に対し，増加比率，交付比率又は割当比率等を通知し，これに基づき，振替機関等において，差押えに係る振替社債等の記載又は記録がされた債務者の口座の保有欄に振替社債等の増加等の記載又は記録をする場合と，㋑合併に際し，対価として振替社債等が交付される場合のように，発行者から振替機関等に対し差押えに係る振替社債等の抹消の申請（社振法135条等）がされ，当該口座の記載又は記録が抹消されるのとは別に，発行者から振替機関等に対し，振替社債等の交付等を受ける者（債務者）から提示された口座が通知され，これに基づき，当該口座に変動後の振替社債等について新規記載又は記録がされる場合（社振法69条，69条の2）とがある。

(イ)の場合，振替機関等において，変動後の振替社債等が差押えに係る振替社債等の対価として交付等がされたものであるかは明らかでなく，また，債務者が発行者に対し，新規記録のための口座として，差押えに係る振替社債等が記載又は記録がされた口座管理機関とは異なる口座管理機関に開設された口座を通知する可能性もある。以上によれば，(イ)の場合については，差押えの効力の及ぶ範囲に関する実体法上の解釈の如何に関わらず，事実上，差押えにかかる権利の特定ができなくなることなどから，従前の差押えの効力が変動後の振替社債等に及ぶと解することはできない。

これに対し，(ア)の場合については，前記権利の数または内容の変動が，前記各事由に基づくことは，発行者からの通知の内容により振替機関等にも明らかであり，振替機関等において，差押えの対象となる権利の特定は可能である。もっとも，差押えの効力が変動後の振替社債等に及ぶか否かについては，変動原因ごとに検討する必要があり，会社法等，実体法上の解釈とも関連することから(6)，民事執行手続法上の解釈としても明確な結論を示すことは困難である。

したがって，実務の運用としては，差押えの効力の及ぶ範囲について，当事者に無用な混乱を与えないよう，差押命令の目的の表示において，(ア)の場合については，変動後の権利についても差押えの効力が及ぶ旨明示することが相当である(7)。

イ　差押えの効力は剰余金配当請求権に及ぶか。

①発行者は，差押命令の当事者となっておらず，差押命令の効力も及んでいないと解されること，②振替社債等執行は，振替口座簿上権利の帰属が定まる振替社債等を差押えの目的とするところ，剰余金配当請求権は株主名簿で管理され振替口座簿で管理されるものではない(会社法457条１項)ことに照らせば，振替株式に対する差押えの効力は，剰余金配当請求権には及ばないと解される。

ウ　差押えの効力は利息債権に及ぶか。

差押え後に支払期限が到来した利息債権については，差押えの効力を及ぼすべく，権利の帰属が振替口座簿の記載または記録により定まるとされているが，差押え前に支払期限が到来した利息債権については，権利の帰属は振替口座簿の記載または記録により定まらず，元本債権とは別に指名債権のルールに従うため，差押えの効力は及ばないと解される（社振法66条，73条）。

3　買取請求株式等に対する差押え（2項）

⑴　買取口座制度の概要

会社法の一部を改正する法律の施行に伴う関係法律の整備等に関する法律（平成26年法律第91号）により，振替株式，振替新株予約権，振替新株予約権付社債，振替投資口，振替優先出資，振替新投資口予約権（以下「振替株式等」といい，これらのうち，買取請求中のものを「買取請求株式等」という。）の発行者である会社が会社法116条1項各号の行為，同法118条1項各号に掲げる定款の変更，同法182条の2第1項に規定する株式の併合，事業譲渡等，組織変更，合併，会社分割，株式交換又は株式移転（以下「組織再編行為等」という。）を行う場合における振替株式等の買取請求の実効化を図るために，買取口座制度が創設された。

従前は，振替株式等について株主による買取請求がされた場合，株主が開設した口座に振替株式等が記載又は記録がされた状態のままで価格決定のための協議等が行われ，価格が合意ないし決定された後，株主が当該振替株式等について発行者である会社の口座を振替先口座とする振替の申請をする制度となっていた。この制度の下では，買取請求をした株主は，合意ないし決定された買取金額よりも市場で売却した方が高額となることが見込まれる場合，株主が自己の口座内に振替株式等が記載又は記録がされた状態のままであることを奇貨として，発行者である会社の承諾を得ることなく，振替株式等を市場で売却し，他の加入者の口座を振替先口座とする振替の申請をすることで，買取請求を撤回することが事実上できてしまい，買取請求の相手方である会社の承諾を得た場合に限り，買取請求を撤回することができる旨の規定（株式につき，会社法116条７項，469条７項，785条７項，797条７項，806条７項）が潜脱されてしまうとの指摘があった[(8)]。そこで，振替株式等の買取請求の撤回の制限を実効化するために買取口座制度が創設された。

社振法155条に基づく振替株式の買取請求を例に挙げて説明すると，まず，振替株式の発行者が組織再編行為等をしようとする場合には，当該発行者は，振替機関等に対し，買取請求に係る振替株式の振替を行うための口座（買取口座）の開設を申し出なければならない（社振法155条１項）。

そして，振替株式の株主は，振替株式について買取請求をしようとするときは，買取口座を振替先口座とする振替の申請をしなければならない（同条３項）。

他方，発行者は，買取口座に記載又は記録がされた振替株式について，組織再編行為等の効力発生日（新設合併，新設分割，株式移転の場合は，設立する会社の成立日）までは，発行者の口座を振替先口座とする振替の申請をすることができず（同条４項），株主による買取請求の撤回を承諾したときは，遅滞なく，当該株主の口座を振替先口座とする振替の申請をしなければならず（同条５項），発行者又は買取請求をした株主の口座以外の口座を振替先口座とする振替の申請をすることができない（同条６項）。

このように，買取口座に記載又は記録がされた振替株式等の振替の申請権は発行者にあるため，株主が発行者である会社の承諾を得ることなく，振替株式を市場で売却し，他の加入者の口座への振替を行うことはできない仕組みとなっている。

このような制度の創設を受けて，平成27年改正規則により所要の措置が講じられた。[9]

⑵　本条２項の趣旨

本条１項は，振替社債等に関する差押命令の名宛人となる「振替機関等」について，社振法２条５項に規定する振替機関等であって債務者が口座の開設を受けているものと定義しているが，買取口座は，振替株式等の買取請求の撤回の制限を実効化するために発行者の申出により開設されるものであるから，「債務者が口座の開設を受けているもの」とみることはできず，買取口座に記載又は記録がされている買取請求株式等については，本条１項の差押命令の対象とはならない。

そこで，これらの買取請求株式等についても，差押命令の対象とすべく，本条１項を一部読み替えて適用する旨の規定を本条２項として設けたものである。

本条２項１号は，振替株式（同項４号，６号，８号における振替株式等を除く。），振替投資口及び振替優先出資を対象とする差押命令について，同項２号は，振替新株予約権（同項５号，７号，９号における振替新株予約権を除く。）及び振替新投資口予約権を対象とする差押命令について，同項３号は，振替新株予約権付社債を対象とする差押命令について，同項４号及び５号は，合併する金融機関の振替株式及び振替新株予約権を対象とする差押命令について，同項６号及び７号は，合併する保険会社の振替株式及び振替新株予約権を対象とする差押命令について，同項８号及び９号は，合併する金融商品取引所の振替株式及び振替新株予約権を対象とする差押命令について，それぞれ規定している。

⑶　買取口座開設振替機関等

上記⑵のとおり，買取口座は発行者が口座の開設を受けているものであるから，買取口座に記載又は記録がされた買取請求株式等についても本条１項の差押命令の対象とするために，同項の「振替機関等」の定義部分のうち，

「債務者が口座の開設を受けているもの」とあるのを「振替社債等の発行者（以下「発行者」という。）が当該買取口座の開設を受けているもの」と読み替えることとし，また，買取口座を開設している振替機関等につき「買取口座開設振替機関等」との呼称を用いることとしている。

⑷　差押命令の名宛人

本条１項は，振替社債等を対象とする強制執行について，債務者及び振替機関等のみを差押命令の名宛人とし，発行者を名宛人とはしていないが，買取口座に記載又は記録がされた買取請求株式等の振替の申請権を有する者は，株主である債務者ではなく，発行者であることから，発行者をも差押命令の名宛人としなければ，強制執行の目的を達することができないおそれがある。そこで，買取請求株式等に関する強制執行においては，債務者及び買取口座開設振替機関等に加え，発行者をも差押命令の名宛人としている。

⑸　差押命令の内容

ア　発行者に対する差押命令の内容

買取請求株式等に関する強制執行の目的を達するためには，発行者に対し，組織再編行為等の効力発生日（新設合併，新設分割，株式移転の場合は，設立する会社の成立日）後の発行者の口座への振替の申請，債務者から買取請求の撤回があった場合における承諾，この承諾後の債務者の口座への振替の申請，買取請求の対象が新株予約権付社債である場合における社債の償還を禁止する必要がある。

これに対し，発行者が振替機関等に対し振替株式等の記載又は記録の抹消を申請するケースとしては，①自己の振替株式等を消却するとき（社振法158条１項，187条１項，219条１項），②吸収合併，株式交換を行い，存続会社となる場合に，自己の振替株式を消滅会社等の株主に移転させるとき（社振法138条６項，256条２項ないし４項）があるが，買取口座に記載又は記録がされた買取請求株式等は，いまだ株主が保有する株式であり，

「自己の振替株式」には当たらず，消却や消滅会社等の株主への移転の対象とはなり得ない。したがって，買取口座に記載又は記録がされた買取請求株式等について，発行者に抹消の申請権はないと解するのが相当である。

以上より，買取請求株式等に関する差押命令においては，発行者に対し，「振替の申請その他の処分」を禁止することとしている。

イ　債務者に対する差押命令の内容

債務者である株主は，発行者の承諾があれば，振替株式等の買取請求を撤回し，発行者の申請により，自己の口座への振替を受けられることから，買取請求株式等に関する強制執行の目的を達するためには，債務者に対し，振替株式等の買取請求の撤回を禁止する必要がある。

また，新株予約権付社債権者は，新株予約権部分の買取請求をする際には，別段の定めのある場合を除き，社債部分についても買取請求をしなければならないとされているところ（会社法118条２項，777条２項，787条２項，808条２項），上記別段の定めがある場合には，新株予約権部分の買取りが成立しても社債権者としての地位を失うわけではない。

さらに，社債部分について買取請求をしている場合であっても，組織再編行為等の効力発生日（新設合併，新設分割，株式移転の場合は，設立する会社の成立日）までは，新株予約権付社債権者の地位を失うものではない（会社法119条６項，778条６項，788条６項，809条６項）。

したがって，買取口座に記載又は記録がされた振替新株予約権付社債を対象とする強制執行の目的を達成するためには，債務者に対し，社債部分の取立てを禁止する必要がある。

これに対し，買取口座に記載又は記録がされた買取請求株式等の振替の申請権は，発行者にあり，債務者である株主にはなく，また，新株予約権を行使した場合や新株予約権付社債の社債部分の償還を受けた場合には，株主に抹消の申請権があるが（社振法170条２項，188条，199条２項，220

条)，買取口座は発行者が開設を受けている口座であり，株主が同口座からの抹消を申請することはできない。

以上より，買取請求株式等に関する差押命令においては，債務者に対し，「取立てその他の処分」を禁止することとしている。

ウ　買取口座開設振替機関等に対する差押命令の内容

買取請求株式等に関する強制執行の目的を達するためには，買取口座開設振替機関等に対し，発行者の申請に基づく，組織再編行為等の効力発生日（新設合併，新設分割，株式移転の場合は，設立する会社の成立日）後の発行者の口座への振替及び買取請求の撤回成立後の債務者の口座への振替を禁止する必要がある。

上記ア，イのとおり，買取口座に記載又は記録がされた買取請求株式等について，発行者又は債務者からの抹消の申請がされることはないことから，買取口座開設振替機関等に対し，発行者又は債務者からの申請に基づく買取口座からの抹消を禁止する必要はない。

以上より，買取請求株式等に関する差押命令においては，買取口座開設振替機関等に対し，発行者及び債務者への「振替」を禁止することとしている。

４　発令及び発令後の手続（３項，４項）

⑴　差押命令は，債務者，振替機関等（買取請求株式等に関する強制執行にあっては，買取口座開設振替機関等）及び発行者を審尋しないで発する（本条３項)。関係人が事前に差押えの目的となる振替社債等を処分するなどして執行免脱を図ることを防ぐ趣旨であるから，債務者のほか，振替機関等及び発行者を審尋の対象外とする必要がある。

⑵　差押命令は，債務者及び振替機関等に送達する（本条４項)。発行者に送達しないのは，前記２⑴のとおり，発行者に対する弁済禁止命令を発令するものとはしていないからである。

これに対し，買取請求株式等に関する強制執行においては，発行者も差押命令の名宛人であるので，債務者，買取口座開設振替機関等及び発行者に送達する必要がある。

差押命令が債務者及び振替機関等（買取請求株式等に関する強制執行にあっては，買取口座開設振替機関等及び発行者）に送達されたときは，裁判所書記官は，差押債権者に対し，その旨及び送達の年月日を通知する（150条の８，134条）。

５　差押えの効力発生時期（５項）

差押えの効力は，差押命令が振替機関等に送達されたときに生ずる（本条５項）。振替社債等に対する差押えと，債務者による当該振替社債等の取立てや振替等の処分との優劣は，差押命令の振替機関等への送達時と振替口座簿上の処分に係る振替又は抹消時との先後関係により決せられる。

したがって，振替機関等が，差押命令の送達後に債務者による振替申請に応じたとしても，差押債権者に対してこれを対抗することはできず，誤記載又は誤記録による振替がされた場合と同様の法律関係とな る(10)。

差押命令が振替機関等に送達されたときは，振替機関等は，債務者の振替口座簿にその旨の記載又は記録をする（社振法68条３項６号等，91条３項６号，129条３項７号等，社振法施行令７条等，15条，28条１号）。

６　発行者に対する差押えの通知（６項）

振替債（社振法278条１項），振替新株予約券付社債（社振法192条１項）であって社債の償還済みのものでないもの，振替転換特定社債（社振法250条），振替新優先出資引受権付特定社債（社振法253条）であって社債の償還済みのものでないものに対する差押命令の送達を受けた振替機関等は，直ちに，発行者に対し，事件の表示，差押債権者及び債務者の氏名又は名称及び住所，差し押さえられた振替社債等の銘柄及び額又は 数(11) 並びに差押命令が送達された旨及び送達の年月日を通知しなければならない（本条６ 項(12)）。

前記４⑵のとおり，振替社債等執行においては，差押命令は発行者に送達されないが，発行者は差押債権者から取立てを受けたり（150条の５），差押えの競合が生じた場合に供託義務を負う（150条の６第２項）ことを考慮すると，発行者に対し，差押えの事実を知る機会を与えるのが相当である。そこで，振替機関等から発行者に対し差押えがあった旨を通知することとしたものである。もっとも，前記の通知の趣旨に鑑み，通知義務を負うのは，取立て及び供託がされる可能性がある権利が差し押さえられた場合に限られている。なお，上記のような趣旨に照らすと，振替機関等に本項に基づく発行者への通知の遅滞又は懈怠があったとしても，当該振替社債等の差押えの効力には影響がない。

７　執行抗告（７項）

差押命令の申立てについての裁判に対しては，執行抗告をすることができる（本条７項）。差押命令に対し執行抗告ができる者の範囲は，債務者及び債権執行における第三債務者に準ずる立場にある振替機関等である。これに対し，発行者は，差押命令の相手方とはなっていない以上，執行抗告を申し立てることはできないと解される。

一方，買取請求株式等に関する強制執行にあっては，買取口座開設振替機関等に加えて発行者が差押命令の名宛人であることから，発行者においても執行抗告を申し立てることができると解される。

８　差押命令が債務者に送達されない場合の補正命令及び差押命令の取消し（８項，法145条７項，８項）

令和元年改正法により設けられた法145条７項及び８項は，債務者に対する差押命令の送達をすることができない場合に，差押命令を債務者に送達することができないときには，執行裁判所が，差押債権者に対し，相当の期間を定め，その期間内に送達をすべき場所の申出（又は公示送達の申立て）をすべきことを命ずることができることとし（同条７項），その上で，執行裁判所の定める相当の期間内に，差押債権者がこの申出（又は公示送達の申立て）をしないときは，執行裁判所は，職権で，差押命令を取り消すことができることとしている（同条8項）。

この趣旨は，差押命令を債務者に送達することができず，換価・満足の手続を進行することができないまま事件が放置されるのを防ぐことにあるところ，この趣旨は，振替社債等執行にも当てはまることから，令和元年改正規則により，振替社債等執行について，法145条7項及び8項の規定を準用することとしたものである。

注⑴　振替機関及び口座管理機関の総称である（社振法2条5項）。

⑵　短期社債等振替制度においては，投資家が直接振替機関に口座を開設する単層構造が採用されていたのに対し，社債等振替制度においては，最上位に位置する振替機関と末端投資家との中間に位置する口座管理機関によって構成するものとされた。そのため，短期社債等執行において「振替機関」に対する振替及び抹消を禁止していた同項が，「債務者がその口座の開設を受けている振替機関等」と改められた（榎本光宏外「社債等の振替に関する法律の施行に伴う民事執行規則及び民事保全規則の一部改正の概要」金法1667－53以下参照）。

⑶　なお，②の対価として，金銭等が交付される場合もあるが，振替社債等執行の手続は，振替口座簿において管理される権利について換価する手続であることから，振替口座簿において管理されていない金銭等には差押えの効力は及ばないと考えられる。

⑷　具体的には，社振法121条の2（振替投資信託受益権の分割），122条の2（振替貸付信託受益権の分割），124条の2（振替特定目的信託受益権の分割），127条の12（振替受益権の分割），137条（振替株式の分割），138条（合併等による他の銘柄の振替株式の交付）（これらにつき，228条（投資口），235条（協同組織金融機関の優先出資），239条（特定目的会社の優先出資）において準用する場合を含む。）がある。

⑸　例えば，株式会社証券保管振替機構の「株式等の振替に関する業務規程」参照

⑹　決済合理化法により廃止された株券等の保管及び振替に関する法律に基づく預託株券等につき佐藤＝三村・預託株券等解説88頁以下参照

⑺　債権執行実務（下）293頁【書式３】参照

⑻　法務省民事局参事官室「会社法制の見直しに関する中間試案の補足説明」商事法務1952-48参照

⑼　平成27年改正規則の概要については向井宣人「「会社法の一部を改正する法律の施行に伴う関係法律の整備等に関する法律」の施行に伴う民事執行規則及び民事保全規則の一部改正の概要（買取請求株式等に関する強制執行等の手続の概要）」金法2018－52参照

⑽　井下田英樹外「短期社債等の振替に関する法律の施行に伴う民事執行規則及び民事保全規則の一部改正〔上〕」商事法務1632－９参照

⑾　なお，投資信託受益権が差し押さえられた場合は「口数」（社振法121条）を，特定目的信託受益権が差し押さえられた場合は「持分の数」（社振法124条）を通知することになる。

⑿　この規定は，配当要求がされた旨の文書が振替機関等に送達された場合にも準用される（150条の８，法154条，本条６項）。

（振替機関等の届出及び振替社債等執行の手続の取消し）

第150条の４　差押えに係る振替社債等が振替機関によつて取り扱われなくなつたときは，振替機関等は，書面でその旨を執行裁判所に届け出なければならない。

２　差押えに係る振替社債等を取り扱う振替機関が社債，株式等の振替に関する法律第22条第１項の規定により同法第３条第１項の指定を取り消された場合若しくは同法第41条第１項の規定により当該指定が効力を失つた場合であつて当該振替機関の振替業を承継する者が存しないことが明らかとなつたとき，又は前項の規定による届出があつたときは，執行裁判所は，振替社債等執行の手続を取り消さなければならない。

〔解　説〕

1　本条の趣旨

本条は，差押えに係る振替社債等が振替機関によって取り扱われなくなったときの振替機関等による執行裁判所への届出義務及び振替機関が社振法３条１項の振替業の指定を取り消された場合等又は前記届出があった場合における振替社債等執行の取消しについて規定している。

２　振替機関等の届出（１項）

本条１項は，差押えに係る振替社債等が振替機関によって取り扱われなくなったときは，振替機関等は，書面でその旨を執行裁判所に届け出なければならない旨を規定している。

これは，後記３の①に該当する場合については，その旨官報に公示されるため（一般振替機関の監督に関する命令35条２項，社振法42条）執行裁判所はこれを知ることができるが，差押えに係る振替社債等が振替機関によって取り扱われなくなったことについて執行裁判所はこれを知る方法がないため，振替機関等に対し，このような事態が生じた場合には，執行裁判所に対し，その旨の届出をしなければならないこととしたものである。

３　振替社債等執行の手続の取消し（２項）

本条２項は，①差押えに係る振替社債等を取り扱う振替機関が社振法３条１項の指定を取り消された場合若しくはその指定が効力を失った場合であって当該振替機関の振替業を承継するものが存在しないことが明らかとなったとき，又は②振替機関等から，本条１項の規定による届出があったときは，振替社債等執行の手続を取り消さなければならない旨を規定している。

このような場合，権利の帰属は振替口座簿により定まることはなくなり，振替口座簿に関する差押えは意味がなくなる。また，振替口座簿上の振替ができず，振替社債等譲渡命令（150条の７第１項１号）又は振替社債等売却命令（同項２号）に基づく振替の手続（150条の７第４項，５項）ができなくなるので，振替社債等譲渡命令又は振替社債等売却命令に基づく振替の手続を進める意味もなくなる。さらに，振替社債等の権利者が発行者に対し社債券等の券面の発行を請求することができる場合には，強制執行手続として，発行者を第三債務者として社債券等の発行請求権を差し押さえる動産引渡請求権（債権）執行手続が可能であり，また，振替株式が差し押さえられている場合のように，券面の発行を請求することができない場合であっても，発行者を第三債務者として，当該権利自体を差し押さえること（その他の財産権執行手続）が可能であるから，既に係属している振替社債等執行の手続を取り消さないと，２つの異なる手続が競合し，混乱を生ずるおそれがある。以上のことから，本条２項は，上記のような場合には，振替社債等執行手続を取り消すこととしたものである。

（差押債権者の振替債等の取立て等）

第150条の５　振替債，振替新株予約権付社債，振替転換特定社債又は振替新優先出資引受権付特定社債を差し押さえた債権者は，債務者に対して差押命令が送達された日から１週間を経過したときは，当該振替債，第２号に掲げる振替転換特定社債若しくは第３号に掲げる振替新優先出資引受権付特定社債（以下「振替債等」という。）又は第１号に掲げる振替新株予約権付社債についての社債を取り立てることができる。ただし，差押債権者の債権及び執行費用の額を超えて支払を受けることができない。

一　当該振替新株予約権付社債（新株予約権の行使により社債が消滅するものその他の新株の取得により社債を失うものについては，新株予約権が消滅したものに限る。）

二　当該振替転換特定社債（転換を請求することができなくなつたものに限る。）

三　当該振替新優先出資引受権付特定社債（新優先出資の引受権が消滅したものに限る。）

２　前項の場合において，差押債権者は，差押命令に基づいて，債務者に属する権利であつて，取立てのために必要なものを行使することができる。

３　第１項の規定による取立ては，発行者が取立訴訟（法第157条第１項に規定す

る取立訴訟をいう。以下同じ。）の訴状の送達を受ける時までに，振替機関等に対して，差押えに係る第１項第１号に掲げる振替新株予約権付社債（次条第２項第１号に規定する新株予約権が消滅した振替新株予約権付社債を除く。）について，その社債の額から差押債権者の債権及び執行費用の額を控除した額を超えて発せられた差押命令若しくは仮差押命令又は配当要求があつた旨を記載した文書の送達があつたときは，することができない。

４　法第155条（第１項及び第２項を除く。）及び法第157条並びに第137条から第137条の３までの規定は，第１項の場合について準用する。この場合において，法第155条第３項並びに法第157条第１項及び第４項並びに第137条第２号及び第３号並びに第137条の２第１項第２号及び第３号並びに第２項中「第三債務者」とあるのは「発行者」と，法第155条第５項及び第６項中「第１項」とあるのは「民事執行規則第150条の５第１項」と，同条第５項中「金銭債権」とあるのは「振替債等（同項に規定する振替債等をいう。以下同じ。）又は同項第１号に掲げる振替新株予約権付社債」と，同条第６項中「金銭債権」とあるのは「振替債等又は同項第１号に掲げる振替新株予約権付社債」と，同条第７項中「金銭債権」とあるのは「振替債等又は民事執行規則第150条の５第１項第１号に掲げる振替新株予約権付社債」と，法第157条第４項中「前条第２項」とあるのは「民事執行規則第150条の６第２項」と，第137条中「法第155条第４項」とあるのは「第150条の５第４項において準用する法第155条第４項」と，第137条の２第１項中「法第155条第５項」とあるのは「第150条の５第４項において準用する法第155条第５項」と，第137条の３中「法第155条第６項」とあるのは「第150条の５第４項において準用する法第155条第６項」と，「同条第４項又は第５項」とあるのは「第150条の５第４項において準用する法第155条第４項又は第５項」と読み替えるものとする。

〔解　説〕

１　本条の趣旨

平成20年社振改正規則による改正前の振替社債等執行の手続においては，振替社債等の実質が発行者に対する金銭債権であったため，種類を問わず一律に取立てが認められていたが（同改正前の150条の11，法155条），同改正後においては，振替株式のように，取立てが観念できない権利も手続の対象となるため，金銭債権の性質を有している振替社債等，すなわち，①振替債，②振替新株予約権付社債についての社債（本条１号），③振替転換特定社債（本条２号），④振替新優先出資引受権付特定社債（本条３号）についての社債についてのみ取立てをすることができることとされた[(1)(2)]。もっとも，②ないし④の権利については，それぞれの権利の性質等に照らし，取立てが認められる場合が更に限定されている（下記２）。

2　取立てができる場合（１項）

振替債のほかに取立てができるものは以下のとおりである。

⑴　振替新株予約権付社債についての社債（１号）

振替新株予約権付社債のうち，「新株予約権の行使により社債が消滅するものその他の新株の取得により社債を失うもの」については，「新株予約権が消滅したもの」である場合に限り，社債部分の取立てが認められている。

これは，新株予約権付社債には，「新株予約権の行使により社債が消滅するもの」（いわゆる転換型。会社法280条４項参照）とそれ以外のものとがあり，後者の中には，新株予約権を行使する者の請求により，社債全額の償還に代えて払込があったものとするもの（いわゆる代用払込型。本条１項１号の「その他の新株の取得により社債を失うもの」）もあり得るところ，転換型及び代用払込型の新株予約権付社債については，新株予約権の行使により取得する株式の価値が，当該社債の償還額を上回る場合に利益を享受することも権利の内容となっているといえることからすると，新株予約権を行使することができる間に，社債部分について取立てを認めることは，債務者の権利を害することになりかねず，相当とはいえないことや，差押債権者としても，一体の権利として，振替社債等譲渡命令等により換価することができるため，新株予約権を行使することができる間の社債部分の取立てを認めないことにより，差押債権者の権利の実現が阻害されるものでもないという理由に基づくものである。

⑵ 振替転換特定社債（２号）

振替転換特定社債については，「転換を請求することができなくなったもの」に限って取立てが認められている。これは，転換を請求することができるものについては，純然たる金銭債権ではなく，また，仮に取立てを認めるとすると，転換型の振替新株予約権付社債の場合と同様，転換後の特定社債の価値が社債の償還額を上回る場合など，債務者の利益享受の権利が害される事態も生じ得るからである。

⑶ 振替新優先出資引受権付特定社債（３号）

振替新優先出資引受権付特定社債については，「新優先出資の引受権が消滅したもの」に限って，取立てが認められている。これは，新優先出資引受権付特定社債には，新優先出資の引受権のみを譲渡することができるもの（資産流動化法５条１項２号ニ⑷。いわゆる分離型）と，それ以外のもの（いわゆる一体型）とがあるところ，一体型については，代用払込型であることから（資産流動化法５条１項２号ニ⑸，139条１項），代用払込型の新株予約権付社債の場合と同様，「新優先出資の引受権が消滅したもの」に限って，取立てが認められたものである。

これに対し，分離型の場合は，新優先出資の引受権部分について新優先出資引受権証券が発行されるため（資産流動化法142条１項），振替制度の対象にはならない。ここで振替制度の対象となるのは特定社債の部分のみであり，その実質は特定社債（社振法２条１項６号）と異なるところはないから，「新優先出資の引受権が消滅したもの」（本条１項３号）として，差押債権者は，取立てをすることができる。

３　取立てのために必要な権利の行使（２項）

⑴　取り立てることのできる振替社債等を差し押さえた差押債権者は，債務者に対して差押命令が送達された日から１週間を経過したときは，差押命令に基づいて，債務者に属する権利であって，差し押さえた振替社債等の取立てのために必要なものを行使することができる（本条２項）。

債務者に属する権利であって取立てのために必要なものとして，社振法71条１項等又は同法96条１項に規定する「抹消の申請」が考えられる。振替社債等の償還手続においては，発行者は，振替社債等の償還をするのと引換えに社債権者等に対し，償還に係る振替社債等の金額と同額の抹消を振替機関等に対して申請することを請求することができるとされ（社振法71条７項等，96条７項），この抹消申請は，抹消により口座において減額の記載又は記録がされる加入者が行うものとされている（社振法71条２項等，96条２項）。差押債権者が取立権を行使する場合には，差押債権者が支払を受けると，債権及び執行費用は弁済されたものとみなされ（本条４項，法155条３項），振替社債等執行の手続は当然に終了するので，差押えの効力も消滅し，振替機関等による振替が可能となる。

したがって，発行者としては，振替によって償還済みの抗弁が切断されることを阻止するため，償還と同時に抹消を求める必要がある。そこで，差押債権者が加入者に代わって抹消申請を行うこととし，振替社債等執行における取立ての場面においても，償還と抹消との引換給付を実現することとすれば，差押債権者による簡易迅速な換価の実現と同時に，発行者の利益を図ることができる。

差押債権者が有効な差押命令を受けた者であるかは，差押命令の送達を受ける振替機関等において把握しているところである。振替機関等は，このほか，債務者に対して差押命令が送達されて１週間を経過していることを確認した上(3)で，差押債権者が取立権を行使し，抹消申請を行うことができる者であると把握することができる。発行者からすれば，振替機関等において，抹消申請を行うことができる取立権者として把握している差押債権者であれば，取立てに応じてよいと考えることができ，一般の償還手続と同様，償還と抹消との引換給付の関係を観念できる[(4)]。

具体的な実務上の手続としては，発行者は，振替社債等の社債権者等に対する償還に当たって，発行者が振替口座簿上の権利者に対して償還することと同様に，差押債権者の取立てに対する償還としても，必ず差押命令を受けた振替機関等の認識に従ってこれを行うこととして，償還と抹消との引換給付が実現されるようにする必要がある。

⑵　差押債権者について，いったん，取立権が発生した場合であっても，150条の６第２項により発行者に供託義務が発生した場合には，差押債権者が取立てを行うことはできないから，振替機関等は，差押債権者からの抹消申請に応じてはならない。

また，複数の差押債権者の申立てにより差押命令が送達されたが，先行差押債権者が取立訴訟を提起したために後行差押債権者が配当要求終期に後れ（150条の８，法165条１号），供託義務が生じない場合においては，先行差押債権者が取立訴訟提起後に発行者から償還を受ける場合には，振替機関等は抹消申請に応じてよいが，後行差押債権者から抹消申請がされた場合，振替機関等はこれに応じてはならない[(5)]。

4　取立ての制限（３項）

振替新株予約権付社債（転換型又は代用払込型を除く。）については，社債部分を取り立てることが認められているところ（本条１項），このうち新株予約権が消滅していないものについては，社債の額を超えて二重に差押え等がされた場合や，配当要求がされた場合には，取り立てることはできない。

これは，債権執行においては，このような場合には第三債務者が供託義務を負うが，新株予約権が消滅していない振替新株予約権付社債（転換型又は代用払込型を除く。）についての社債部分については，このような場合であっても，発行者は供託義務を負わないことから（150条の６の解説の３⑴を参照），取立てがされると，差押債権者ら間の公平が図られないこととなるためである。

5　債権執行の規定の準用（４項）

本条４項は，取り立てることのできる振替社債等について，以下のとおり，債権執行の規定を準用し，準用された規定中「第三債務者」とあるのを「発行者」と読み替える等の必要な読替えを定めている。

⑴　金銭債権の取立てに関する規定の準用

取り立てることのできる振替社債等について取立てがされたときは，差押債権者の債権及び執行費用は，支払を受けた額の限度で，弁済されたものとみなされ，差押債権者は，支払を受けたときは，直ちに，その旨を執行裁判所に届け出なければならない（法155条３項，４項)。取立届の方式等については137条が準用される。

⑵　差押命令の取消しに関する規定の準用

取り立てることのできる振替社債等については，令和元年改正法による改正後の法155条５項以下の差押命令の取消しに関する規定が準用される。これにより，取り立てることができることとなった日（本条４項により準用される137条の取立届又は137条の２の支払を受けていない旨の届出をした場合にあっては，最後に当該届出をした日）から２年を経過した後４週間以内に取立届（振替社債等の全部の支払を受けた旨の届出を除く。以下同じ。）又は支払を受けていない旨の届出をしないときは，執行裁判所は差押命令を取り消すことができることとなる。もっとも，差押債権者が取消決定の告知を受けてから１週間の不変期間内に一部取立届又は支払を受けていない旨の届出をしたときは，取消決定は効力を失う。

支払を受けていない旨の届出の方式等については137条の２が，差押命令の取消しの予告については137条の３が準用される。詳細については，これらの各条の解説を参照されたい。

⑶　取立訴訟の規定の準用

取り立てることのできる振替社債等については，取立訴訟の規定（法157条）が準用される。したがって，差押債権者が取立てにより任意の償還を受けられない場合，取立訴訟が可能であり，150条の6第2項の規定により，供託義務を負う発行者に対する取立訴訟において，原告の請求を認容するときは，受訴裁判所は，請求に係る金銭の支払は供託の方法によりすべき旨を判決の主文に掲げなければならず，強制執行又は競売において，供託判決の原告が配当等を受けるべきときは，その配当等の額に相当する金銭を供託しなければならない。

注⑴　①振替債，③振替転換特定社債のうち転換を請求することができなくなったもの及び④振替新優先出資引受権付特定社債のうち新優先出資の引受権が消滅したものを併せて「振替債等」という（本条1項）。

⑵　決済合理化法により廃止された株券等の保管及び振替に関する法律に基づく預託株券等に関する強制執行においては，新株予約権付社債，転換特定社債及び新優先出資引受権付特定社債のいずれについても取立ては認められていなかった。これは，差押えの対象が各証券の共有持分であり，金銭債権の性質を有していないためであった。これに対し振替社債等執行においては，当該権利自体が差押えの対象となるため，取立てが認められている。

⑶　実務上は，振替機関等において，差押債権者から，債務者に対する差押命令の送達通知書の提示を受けることが考えられる。

⑷　発行者は，差押命令の送達を受けた振替機関等から通知を受ける（150条の3第6項）ので，差押債権者の存在を認識できることは担保される。

⑸　井下田英樹外「短期社債等の振替に関する法律の施行に伴う民事執行規則及び民事保全規則の一部改正［下］」商事法務1633-15・14頁参照

（発行者の供託）

第150条の６　発行者は，差押えに係る振替債等の全額又は差押えに係る第150条の５第１項第１号に掲げる振替新株予約権付社債についての社債の全額に相当する金銭をその履行地の供託所に供託することができる。

２　発行者は，次の各号に掲げる場合には，当該各号に定める金銭を当該各号に規定する振替債等又は振替新株予約権付社債の履行地の供託所に供託しなければならない。ただし，元本の償還期限が到来するまでの間は，この限りでない。

一　発行者が取立訴訟の訴状の送達を受ける時までに，振替機関等に対して，差押えに係る振替債等又は差押えに係る振替新株予約権付社債であつて新株予約権が消滅したもの（以下「新株予約権が消滅した振替新株予約権付社債」という。）のうち差し押さえられていない部分を超えて発せられた差押命令又は仮差押命令の送達があつた場合　当該振替債等又は新株予約権が消滅した振替新株予約権付社債の全額に相当する金銭

二　発行者が取立訴訟の訴状の送達を受ける時までに，振替機関等に対して，差押えに係る振替債等又は新株予約権が消滅した振替新株予約権付社債について配当要求があつた旨を記載した文書の送達があつた場合　当該振替債等又は新株予約権が消滅した振替新株予約権付社債のうち差し押さえられた部分に相当する金銭

３　発行者は，前２項の規定による供託をしたときは，当該供託をしたことを執行裁判所に届け出なければならない。この場合においては，第138条の規定を準用する。

４　差し押さえられた振替債等又は振替新株予約権付社債について第１項又は第２項の供託があつたことを証する文書が提出されたときは，裁判所書記官は，当該供託に係る振替債等又は振替新株予約権付社債について，社債，株式等の振替に関する法律第71条第１項（同法第113条，第115条，第117条，第118条，第120条，第121条，第122条，第124条及び第127条において準用する場合を含

む。），第96条第１項又は第199条第１項（同法第251条第１項及び第254条第１項において準用する場合を含む。）の申請をしなければならない。

〔解　説〕

1　本条の趣旨

本条は，発行者による差し押さえられた振替社債等の供託について，債権執行における権利供託及び義務供託についての規定（法156条）と同趣旨の手続を定めた規定である。

振替社債等執行においては，発行者は差押命令の第三債務者とはされておらず，弁済禁止の命令は発せられていない。しかし，差押命令により振替機関等による抹消が禁止される結果，発行者は，債務者に対し，事実上償還をすることができなくなる(1)一方，差押債権者は発行者に対し取立権を取得する場合がある（150条の５(2)）。そこで，債権執行における権利供託と同様に，執行手続に巻き込まれることにより生ずる発行者の不利益を解消するため，弁済に代えて供託する権利を与え，執行手続における第三債務者の地位から離脱することを認める（１項）とともに，競合する差押命令，仮差押命令又は配当要求があった場合に，債権執行における義務供託と同様に，発行者に供託義務を課した（２項）ものである。

2　権利供託（１項）

権利供託は，①振替債等，②振替新株予約権付社債についての社債に限定して認められている。ただし，②のうち，転換型又は代用払込型であって新株予約権が消滅していないものについては，供託を認めると，取立てを認める場合と同様の弊害が生じ得ることなどから，権利供託は認められていない(3)。

上記①及び②の振替社債等が差し押さえられた場合，発行者は，たとえ競合する債権者がいない場合であっても，当該振替社債等の全額に相当する金銭を供託する権利が与えられる。

供託金額は，差押えに係る振替社債等の全額に相当する金銭であるが，差し押さえられた部分に相当する金額を供託することもできると解される。

供託の場所は，償還義務の履行地の供託所である。

3　義務供託（2項）

⑴　義務供託については，差押えに係る権利が，純然たる金銭債権の性質を有する①振替債等，②新株予約権が消滅した振替新株予約権付社債である場合には，発行者は供託義務を負うが，「新株予約権が消滅していない振替新株予約権付社債」が差し押さえられた場合については，発行者は供託義務を負わないこととされている。なお，新株予約権が消滅していない振替新株予約権付社債（転換型又は代用払込型のものを除く。）についての社債部分については，権利供託は認められているが，発行者に供託義務は生じないことになる。これは，新株予約権が消滅していない振替新株予約権付社債については，社債が先行して償還されることにより，全体としての価値が減少し，差押債権者，債務者らの権利を害する可能性も否定できないところ，これを考慮してもなお，権利供託については，発行者を執行手続から解放するために認める必要があるのに対し，発行者の意向にかかわらず供託を義務付ける形で常に前記弊害を生じさせることは相当でないことに加え，義務供託が問題となるような，執行債権の総額が社債の額を超えた場合については，各差押債権者が執行債権の満足を得るには，振替社債等売却命令により換価する必要があり，一体の権利の一部についてのみ義務供託を認める積極的必要性も見いだし難いことによるものである。

⑵　上記①及び②の振替社債等が差し押さえられた場合，発行者は，㋐取立訴訟の訴状の送達を受ける時までに，振替機関等に対して，差押えに係る権利のうち差し押さえられていない部分を超えて発せられた差押命令又は仮差押命令の送達があった場合は，当該権利の全額に相当する金銭を，㋑発行者が取立訴訟の訴状の送達を受ける時までに，振替機関等に対して，差押えに係る権利について配当要求があった旨を記載した文書の送達があった場合

は，当該権利のうち差し押さえられた部分に相当する金銭を，それぞれ供託しなければならない。もっとも，競合する差押命令，仮差押命令又は配当要求があっても，発行者が期限の利益を喪失する理由はないから，当該権利の元本の償還期限が到来するまでの間は，供託義務を負わない[4]。

⑶　発行者に供託義務が生じた場合，差押債権者は，150条の５に基づく個別の取立てができないこととなり，発行者は個別の取立てに応ずることもできない。また，取立て及び供託がされる可能性がある権利が差し押さえられた場合，発行者は，振替機関等から差押命令，仮差押命令又は配当要求があった旨を記載した文書が振替機関等に送達された場合に通知を受ける[5]ので，同様に供託義務の発生を認識し，供託義務を履行することができる。もっとも，この通知が遅れるなどしたために，発行者が取立てに応じた場合であっても，供託義務が生じないことにはならない[6]。

差押債権者が個別の取立てをすることができない場合には，150条の５第２項により抹消をする[7]こともできないから，仮に，差押債権者が抹消申請をしても，振替機関等は，これに応じて減額の記載又は記録をすることはできない。振替機関等は，差押命令，仮差押命令又は配当要求があった旨を記載した文書の送達を受ける立場にあるから，発行者における供託義務の発生を直接認識することができ，差押債権者からの抹消申請への諾否を判断することができる[8]。

４　供託がされた場合の手続

⑴　発行者が権利供託又は義務供託の規定により供託をしたときは，その事情を執行裁判所に届け出なければならない（本条３項）。この事情届は，①事件の表示，②差押債権者及び債務者の氏名又は名称，③供託の事由及び供託した金額を記載した書面でしなければならず，この書面には，供託書正本を添付しなければならない。また，振替機関等が差し押さえられた振替社債等について更に差押命令又は仮差押命令の送達を受けたときは，事情届は，先に

送達された差押命令を発した裁判所に対してしなければならない（138条の準用）。

⑵　事情届が提出されたときは，裁判所書記官は，当該供託に係る振替社債等について，振替機関等に対し，社振法71条１項等96条１項又は199条１項（251条１項及び254条１項において準用する場合を含む。）に規定する抹消の申請をしなければならない（本条４項）。発行者は，供託により，振替社債等に係る債務を免れることになるが，発行者自身に抹消申請の権限を付与することは相当でないため，執行裁判所において，供託書正本が添付された事情届を受理することにより，発行者のために上記抹消の申請をする必要があるからである。

ただ，抹消の申請を行う時期は，取立ての場合と異なり，供託と抹消とが引換給付の関係に立つわけではなく，また，差押えにより振替が禁止されている以上，直ちに抹消しなくても発行者に人的抗弁の切断・善意取得による不利益が生ずるわけでもないので，配当等の段階で行うことでも差し支えない。

注⑴　150条の３の解説の２⑴を参照

⑵　150条の５の解説を参照

⑶　もっとも，転換型又は代用払込型の新株予約権付社債であっても，いわゆるコールオプション型新株予約権付社債（一定の条件を満たした場合に，発行者の任意で繰上償還が可能とされているもの）についてコールオプションが行使された場合は，発行者は権利供託をすることが可能であると考えられる。

⑷　法156条２項には同様の文言はないが，同条の解釈上，第三債務者は供託義務を課せられる場合であっても，期限の利益を失わないと解されている（柳田幸三，立花宣男・注釈民執法⑹505頁参照）。

⑸　150条の３の解説の６を参照

⑹　150条の３の解説の６を参照

⑺　150条の５の解説の３を参照

⑻　井下田英樹外「短期社債等の振替に関する法律の施行に伴う民事執行規則及び民事保全規則の一部改正〔上〕」商事法務1632－12注９参照

（振替社債等譲渡命令等）

第150条の７　執行裁判所は，差押債権者の申立てにより，差押えに係る振替社債等について，次に掲げる命令を発することができる。ただし，当該振替社債等が振替債等又は新株予約権が消滅した振替新株予約権付社債である場合には，元本の償還期限前であるとき又は当該振替社債等の取立てが困難であるときに限る。

一　当該振替社債等を執行裁判所が定めた価額で支払に代えて差押債権者に譲渡する命令（以下「振替社債等譲渡命令」という。）

二　執行官その他の執行裁判所が相当と認める者に対して，当該振替社債等を執行裁判所の定める方法により売却することを命ずる命令（以下「振替社債等売却命令」という。）

２　前項の申立てについての決定に対しては，執行抗告をすることができる。

３　第一項の規定による決定は，確定しなければその効力を生じない。

４　裁判所書記官は，振替社債等譲渡命令が効力を生じたときは，社債，株式等の振替に関する法律第70条第１項（同法第113条，第115条，第117条，第118条，第120条，第121条，第122条，第124条及び第127条において準用する場合を含む。），第95条第１項，第127条の７第１項，第132条第１項（同法第228条第１項，第235条第１項及び第239条第１項において準用する場合を含む。），第168条第１項（同法第247条の３第１項及び第249条第１項において準用する場合を含む。）又は第197条第１項（同法第251条第１項及び第254条第１項において準用する場合を含む。）の申請をしなければならない。

５　第１項第２号に規定する者は，振替社債等売却命令による売却をし，代金の支払を受けたときは，前項の申請をしなければならない。

6　第139条の規定は振替社債等譲渡命令及び振替社債等売却命令について，法第159条第２項及び第３項並びに法第160条並びに第140条の規定は振替社債等譲渡命令について，法第159条第７項の規定は振替社債等譲渡命令に対する執行抗告について，法第68条並びに第141条第１項及び第４項の規定は振替社債等売却命令について，法第65条の規定は振替社債等売却命令に基づく執行官の売却について準用する。この場合において，第139条第１項中「法第161条第１項」とあるのは「第150条の７第１項」と，法第159条第２項中「債務者及び第三債務者」とあるのは「債務者及び振替機関等（買取請求株式等に関する強制執行にあつては，債務者，買取口座開設振替機関等及び発行者）」と，同条第三項及び法第160条中「第三債務者」とあるのは「振替機関等」と，第141条第四項中「執行官」とあるのは「執行官その他の執行裁判所が相当と認める者」と，「調書」とあるのは「調書又は報告書」と読み替えるものとする。

〔解　説〕

1　本条の趣旨

本条は，振替社債等執行における換価方法として，振替社債等を執行裁判所が定めた価額で支払に代えて差押債権者に譲渡する振替社債等譲渡命令と，執行官その他の執行裁判所が相当と認める者に対して，当該振替社債等を執行裁判所の定める方法により売却することを命ずる振替社債等売却命令の２種類の換価方法を定めたものである。これは，債権執行における取立ての困難な債権の換価方法について定めた法161条に対応するものであるが，社債等振替制度における振替社債等の流通制度の特殊性を考慮して，その換価方法を定めたものである。

2　換価のための命令

⑴　本条に規定する換価方法のうちいずれの方法によるかは，差押債権者[(1)]の申立てにより，執行裁判所が決定することになる（本条１項）。

⑵　差し押さえられた振替社債等について以下のような事情がある場合には，

本条に規定する命令を発令するに当たっては注意を要する。

滞納処分による差押えが先行する場合は，執行裁判所は，滞納処分による差押えがされている部分については，本条の命令を発することができない（滞調法20条の11第１項，20条の８第１項，13条１項)。没収保全の執行が先行する場合も同様である（組織犯罪法35条４項，３項，１項)。

仮処分の執行が先行する場合は，執行裁判所が強制執行の手続を進行させることができるかどうかについては見解が分かれるが，実務上は，差押えをするにとどめ，仮処分執行の取下げ又は取消しを待って強制執行の手続をさせるのが相当であろう[(2)]。

他の債権者による差押え又は仮差押えの執行が先行する場合は，振替社債等譲渡命令は効力を生じないから（本条６項，法159条３項)，振替社債等売却命令を発令することになる。

他の債権者による差押えが先行する場合において振替社債等売却命令を発令するときは，本条の命令による換価を二重に行うことのないように注意する必要がある。

⑶　取り立てることのできる権利のうち，①振替債等及び②新株予約権が消滅した振替新株予約権付社債について，これらの換価方法を発令することができるのは，「振替社債等が元本の償還期限前であるとき又は当該振替社債等の取立てが困難であるとき」に限られる。これらの権利以外の権利については，特にこのような要件は設けられていない。

取り立てることができる権利としては，新株予約権が消滅していない振替新株予約権付社債（転換型又は代用払込型を除く。）もあるが（150条の５第１項)，これについては，①差押えに係る権利はあくまでも振替新株予約権付社債という一体の権利であり，換価も一体の権利としてされて然るべきであること，②仮に，取立てが困難でない場合には振替社債等譲渡命令等による換価ができないとすると，差押債権者は社債部分を先に取り立てなければならなくなるが，(ア)社債を償還することにより権利全体としての価値が減少する可能性も否定できず，これを義務付けることは相当でないこと，(イ)執行債権額が社債部分の額を上回る場合には，差押債権者は社債部分について取り立てた後にさらに振替社債等譲渡命令等の申立てをしなければならず二度手間を強いられることになること等の理由から，特に取立てが困難であるとき等の要件は設けられていない。

(4)　本条１項の各命令の発令の時期については，差押命令が確定していることは必要ではない。ただ，これらの命令の発令後に差押えの効力が生じないことが明らかになる事態は避けるべきである。そして，執行裁判所が本条の命令の発令の可否を判断するに当たっては，例えば，振替社債等譲渡命令については，先行の差押え，仮差押え等の執行等の存否等の事項を知る必要があり（前記(2)），また，命令の内容を決定するために差押えの目的である振替社債等の銘柄，銘柄ごとの金額等を知る必要があるので，運用としては，これらの事情が振替機関等の陳述（150条の８，法147条１項）により，判明した上で，本条の命令を発令することが相当である。

(5)　執行裁判所は，これらの換価方法を発する場合において，必要があると認めるときは，評価人を選任し，振替社債等の評価を命ずることができる（本条６項，139条１項）。この場合において，評価人は，振替社債等の評価をしたときは，評価書を所定の日までに執行裁判所に提出しなければならない（同条２項）。

(6)　本条に規定する命令を発するに当たっては，債務者を審尋することを要しない（法161条２項の準用はない。）。これらの命令は，いずれも権利の性質に即した通常の換価方法であり，換価方法の選択により債務者に不利益を生じることはないためである[(3)]。

(7)　本条の申立てについての決定に対しては，執行抗告をすることができる（本条２項）。

⑻　本条の命令は，確定しなければ効力を生じない（本条３項）。

３　振替社債等譲渡命令（本条１項１号）

⑴　振替社債等譲渡命令は，債権執行における譲渡命令（法161条１項）に対応するものである。

⑵　振替社債等譲渡命令を発令するに当たっては，執行裁判所は，命令の対象となる振替社債等の範囲（金額）及び命令における譲渡価額を決定しなければならない。

振替社債等譲渡命令において定める譲渡価額が差押債権者の債権及び執行費用の額を超えるときは，執行裁判所は振替社債等譲渡命令を発する前に，差押債権者にその超える額に相当する金銭を納付させなければならない（本条６項，140条１項）。

⑶　振替社債等譲渡命令は，債務者及び振替機関等に送達しなければならない（本条６項，法159条２項）。振替機関等に送達されるときまでにこの命令に係る振替社債等について，他の債権者が差押え，仮差押えの執行又は配当要求（交付要求も同様）をしたときは，振替社債等譲渡命令は効力を生じない（本条６項，法159条３項）。振替機関等に送達されるときまでに滞納処分による差押えがされたときも，振替社債等譲渡命令は効力を生じない（滞調法36条の14第１項，36条の５）。

また，買取請求株式等に関する強制執行においては，発行者も差押命令の名宛人となることから，債務者及び買取口座開設振替機関等に加え，発行者に対しても振替社債等譲渡命令を送達しなければならない。

⑷　振替社債等譲渡命令は，確定しなければその効力を生じない（本条３項）。

差押命令及び振替社債等譲渡命令が効力を生じた場合においては，差押債権者の債権及び執行費用は，振替社債等譲渡命令に係る振替社債等が存する限り，執行裁判所の定めた譲渡価額で，振替社債等譲渡命令が振替機関等に送達された時に弁済されたものとみなされる（本条６項，法160条）。

振替社債等譲渡命令において定めるべき価額が差押債権者の債権及び執行費用の額を超えるために，差押債権者にその超える額に相当する金銭を納付させていた場合において，振替社債等譲渡命令が効力を生じたときは，執行裁判所はこの金銭を債務者に交付しなければならない（本条6項，140条2項)。

⑸　裁判所書記官は，振替社債等譲渡命令が効力を生じたときは，振替機関等に対し，差押債権者の口座に増額の記載又は記録をする旨の振替の申請をしなければならない（本条4項)。振替社債等執行においては，振替社債等の権利の移転は，振替口座簿の振替によって効力が生じるので，不動産執行における裁判所書記官による登記の嘱託（法82条）等と同様に，執行機関側が権利移転のために必要な行為を行うことになる。

差押債権者の口座への振替には，差押債権者が振替機関等において，振替社債等の振替を行うための口座を開設していることが前提になるから，これを有していない差押債権者は，振替社債等譲渡命令の申立てに当たり，自己名義の口座を開設しておく必要がある。

裁判所書記官からの振替申請を受けた振替機関等は，振替社債等譲渡命令の送達前に，他の債権者の差押え，仮差押えの執行若しくは配当要求（交付要求も同様）又は滞納処分による差押えがされていないかどうかを調査し，送達前に他の債権者の差押え等がされておらず，振替社債等譲渡命令が効力を生じていることを確認した上で，裁判所書記官の振替申請に応じて，必要な措置を執ることとなる。(4)

4　振替社債等売却命令（本条1項2号）

⑴　執行裁判所は，執行官その他の執行裁判所が相当と認める者に対し，当該振替社債等の売却方法を定めて，売却命令を発令する。(5)

⑵　執行裁判所は，差し押さえた振替社債等の売得金で差押債権者の債権に優先する債権及び手続費用を弁済して剰余を生ずる見込みがないと認めると

きは，売却命令を発してはならない（本条６項，141条１項)。

⑶　債務者及び第三債務者に送達する旨を定める法159条２項は，振替社債等売却命令には準用されない。ただ，執行抗告をすることができる裁判である（本条３項）から，申立人である差押債権者及び相手方である債務者に告知しなければならない（２条１項２号)。

⑷　振替社債等売却命令は，確定しなければその効力を生じない（本条３項）ので，売却手続は確定後に開始する。

振替社債等売却命令が確定したときには，その性質上，執行裁判所の書記官から命令の内容が売却を命じた執行官その他の執行裁判所が相当と認める者に対して通知されることとなる。

執行官が売却の担当者となった場合には，執行裁判所により具体的な売却方法が指示されている場合にはそれに従うことになるが，具体的な売却方法が指定されていない場合には，債権執行（法161条１項）及び電話加入権等のその他の財産権執行（法167条１項）における売却命令の場合と同様，入札，競り売りによる売却を行うことになろう[(6)]。その場合，執行官は，売却に際し，法65条各号に規定する者に対し，売却の場所に入ることを制限し，若しくはその場所から退場させ，又は買受けの申出をさせないことができる（本条６項，法65条)。

⑸　債務者は，買受けの申出をすることができない（本条６項，法68条)。

⑹　振替社債等売却命令による売却をした者は，振替機関等に対し，買受人の口座への振替を申請しなければならない（本条５項，４項)。社振法70条２項等，95条２項及び132条２項等においては，振替の申請は，振替によりその口座において減額の記載又は記録がされる加入者が行うこととされている。しかし，差押命令により，債務者である加入者は，振替の申請をすることができないので，振替社債等売却命令により執行裁判所から振替の申請をする権限を付与された担当者が，買受人のために権利移転を実現する趣旨である。

振替申請を行う時期について特段の規定はないが，買受人から代金の支払を受けた後に行えばよいと解される。

振替申請を受けた振替機関等は，申請に従い，買受人の口座への振替を行う。その上で，振替を終了したときは，その旨を執行官その他の執行裁判所が相当と認める者に対して書面により通知することが望ましい。

⑺　執行官その他の執行裁判所が相当と認める者は，売却の手続を終了したときは，速やかに，売得金（具体的には，売却代金から売却に要した費用を控除した残額）及び売却に係る調書又は報告書を執行裁判所に提出しなければならない（本条６項，141条４項）。

注⑴　配当要求債権者は，差押債権者と異なり他人の手続に便乗する地位にあるにすぎないことから，本条の申立てをすることはできない。競合する差押債権者は，いずれも本条の申立てをすることができると解される。

⑵　147条の解説の３⑵を参照

⑶　債権執行実務（下）287頁

⑷　井下田英樹外「短期社債等の振替に関する法律の施行に伴う民事執行規則及び民事保全規則の一部改正〔上〕」商事法務1632－14参照

⑸　振替機関等が証券会社である場合には，振替社債等の換価手段としては，振替機関等に対する振替社債等売却命令によることが最も合理的であるといえる。一方，振替機関等が証券会社以外の信託銀行であるような場合は，当該銀行が証券業を行うことができないことから，振替社債等譲渡命令の方法によるか，執行官に対する振替社債等売却命令によることが相当である。債権執行実務（下）289頁参照

⑹　決済合理化法により廃止された株券等の保管及び振替に関する法律に基づく預託株券等につき佐藤＝三村・預託株券等解説173頁参照

（債権執行等の規定の準用）

第150条の８　法第144条（第２項ただし書を除く。），法第146条，法第147条，法第149条，法第154条，法第158条及び法第166条第１項（第３号を除く。）並びに

第26条，第27条，第133条，第134条から第136条まで及び第147条第２項の規定は振替社債等執行について，第150条の３第６項の規定は振替機関等（買取請求株式等に関する強制執行にあつては，買取口座開設振替機関等）が配当要求があつた旨を記載した文書の送達を受けた場合について，法第84条，法第85条，法第88条から法第92条まで及び法第165条（第４号を除く。）並びに第59条から第62条までの規定は振替社債等執行につき執行裁判所が実施する配当等の手続について準用する。この場合において，法第144条第２項中「その債権の債務者（以下「第三債務者」という。)」とあり，並びに法第147条及び法第154条第２項並びに第134条及び第135条中「第三債務者」とあるのは「振替機関等（買取請求株式等に関する強制執行にあつては，買取口座開設振替機関等)」と，法第147条第１項中「差押債権者の申立てがあるときは，裁判所書記官は」とあるのは「裁判所書記官は」と，法第166条第１項第１号及び法第165条第１号中「第156条第１項」とあるのは「民事執行規則第150条の６第１項」と，法第166条第１項第１号中「第157条第５項」とあるのは「同規則第150条の５第４項において準用する第157条第５項」と，第133条第１項及び第136条中「第三債務者」とあるのは「振替機関等（買取請求株式等に関する強制執行にあつては，買取口座開設振替機関等及び発行者)」と，第135条中「法第147条第１項」とあるのは「第150条の８において準用する法第147条第１項」と，同条第１項第２号中「弁済の意思」とあるのは「振替又は抹消の申請（買取請求株式等に関する強制執行にあつては，振替の申請）等」と，「弁済する」とあるのは「振替若しくは抹消（買取請求株式等に関する強制執行にあつては，振替）を行う」と，「弁済しない」とあるのは「振替若しくは抹消（買取請求株式等に関する強制執行にあつては，振替）を行わない」と，同項第４号中「仮差押え」とあるのは「仮差押え若しくは仮処分」と，「差押命令，差押処分又は仮差押命令」とあるのは「差押命令又は仮差押命令若しくは仮処分命令」と，第147条第２項中「前項」とあるのは「第150条の８において準用する法第147条第１項」と，法第84条第１項

中「代金の納付があつた」とあり，第59条第１項中「不動産の代金が納付された」とあり，及び同条第２項中「代金が納付された」とあるのは「配当等を実施すべきこととなつた」と，法第85条第１項中「第87条第１項各号に掲げる各債権者」とあるのは「民事執行規則第150条の８において準用する第165条に規定する債権者」と，法第165条第１号及び第２号中「第三債務者」とあるのは「発行者」と，同条第３号中「執行官」とあるのは「執行官その他の執行裁判所が相当と認める者」と読み替えるものとする。

〔解　説〕

1　本条は，振替社債等執行について，債権及びその他の財産権に対する強制執行に関する規定並びに債権及びその他の財産権に対する強制執行に準用されている不動産の強制競売に関する規定を準用し，所要の読替えをしたものである。

2　準用される規定

⑴　執行裁判所

第１次的には，債務者の普通裁判籍の所在地を管轄する地方裁判所が，第２次的に，この普通裁判籍がないときには，差し押さえるべき振替社債等の所在地を管轄する地方裁判所が管轄執行裁判所となる（法144条（２項ただし書を除く。）の準用）。この振替社債等の所在地は，同条２項本文により，振替機関等の普通裁判籍の所在地となる。

⑵　申立書の記載事項

申立書には，21条各号に掲げる事項のほか，債務者の振替口座簿を管理する振替機関等を表示し，差し押さえるべき振替社債等を特定するに足りる事項及び一部差押えの場合にあってはその範囲を明らかにしなければならない（133条の準用，同条１項は，「第三債務者」が「振替機関等」に読み替えられている（買取請求株式等に関する強制執行においては，発行者も差押命令の名宛人となることから，「買取口座開設振替機関等及び発行者」と読み替えられる。)。)。

社振法においては，強制執行の申立てをしようとする一般債権者は，振替口座簿を閲覧したりその写しを交付することが認められていない（社振法277条，社振法施行令84条，社債，株式等の振替に関する命令61条参照)。したがって，申立書に差し押さえるべき振替社債等の詳細な事項までを記載させることは，債権者に不可能を強いることにもなる。しかし，一方で，差押命令の送達を受けた振替機関等が差押命令の対象となっている振替社債等の存否等を判断できるようにするためには，申立ての段階で，差押目的物の表示として，ある程度の事項の記載が必要である[(1)(2)]。令和元年改正法による改正後の法207条１項２号により，振替機関等から債務者の有する振替社債等に関する情報を得られることとなったが，振替社債等執行の申立前に同号の規定により情報を得ることが必要的とされているわけではないことから，引き続き，ある程度概括的な表記による特定が許容されると解される。

⑶　差押命令の送達の通知

差押命令が債務者及び振替機関等に送達されたときは，裁判所書記官は，差押債権者に対し，その旨及び送達の年月日を通知する（134条の準用)。

この趣旨は，差押えの効力は，差押命令が振替機関等に送達された時に生ずるものとされている（150条の３第５項）ことから，差押えの効力発生の事実を差押債権者に知らせるものである。

⑷　差押えの範囲

執行裁判所は，差し押さえるべき振替社債等の全部について差押命令を発することができる（法146条１項の準用)。また，差し押さえた振替社債等の価額が差押債権者の債権及び執行費用の額を超えるときは，執行裁判所は，他の振替社債等を差し押さえてはならない（同条２項の準用)。

社振法上，振替口座においては，銘柄及び銘柄ごとの金額又は数が記載又は記録されることとされ（社振法68条３項等，91条３項，129条３項等)，この銘柄が振替社債等を特定できる最小単位になると解されることからすると，振替社債の全部とは，同一銘柄として特定できる振替社債等全部のことを指すと解される。また，超過差押えとなる場合には，他の銘柄の振替社債等を差し押さえてはならない。

同一銘柄に属する振替社債等の一部を差し押さえることも可能である。例えば，ある銘柄の振替社債等が５億円振替口座に記載又は記録がされている場合，そのうちの２億円に限り差押えを行うことも可能である[(3)]。

⑸　振替機関等に対する陳述の催告

裁判所書記官は，差押命令を送達するに際し，差押債権者の申立てを待つことなく，職権で，振替機関等に対し，差押命令から２週間以内に一定の事項について陳述すべき旨を催告する（本条において，法147条１項を，同条の差押債権者の申立てに係る部分を除いた上で準用している[(4)]。）。

そして，振替機関等への陳述催告事項の一つとして，「弁済の意思の有無及び弁済する範囲又は弁済しない理由」を定める規定の準用（135条１項２号）に際し，「弁済の意思」とあるのを「振替又は抹消の申請等」と，「弁済する」とあるのを「振替若しくは抹消を行う」と，「弁済しない」とあるのを「振替若しくは抹消を行わない」と，それぞれ読み替えることとしている。これは，①振替機関等は，発行者から振替又は抹消の申請がされた場合はこれに応じなければならないので，陳述を求めるべき内容は，振替機関等の「意思」ではなく，発行者からの申請の有無であること，②新株予約権付社債についての社債の償還をする場合，新株予約権付社債権者から当該新株予約権付社債の抹消の申請がされるとともに（社振法199条），発行者は当該償還があった後の振替新株予約権付社債についての増加の記載又は記録に係る措置の通知をしなければならない（社振法203条）ところ，差押対象権利を把握するという陳述催告の趣旨に鑑みると，前記増加の記載又は記録に係る措置の通知があったことも陳述する必要があることなどによるものである。

なお，買取請求株式等に関する強制執行においては，発行者による抹消の申請及び買取口座開設振替機関等による抹消は，差押命令による禁止の対象となっていないことから，「弁済の意思」を「振替の申請」と，「弁済する」を「振替を行う」と，「弁済しない」を「振替を行わない」とそれぞれ読み替えることとしている。

陳述その他の資料により差押えに係る振替社債等が存在しないことが明らかとなったときは，執行裁判所は，強制執行の手続を取り消さなければならない（147条２項の準用[(5)]）。この取消決定は，差押債権者及び債務者に告知され（２条１項２号），振替機関等に対しても通知される（136条３項の準用。買取請求株式等に関する強制執行においては，「第三債務者」が「買取口座開設振替機関等及び発行者」と読み替えられ，買取口座開設振替機関等及び発行者に対して通知が必要となる。）。

また，差押債権者は，取消決定に対して，執行抗告をすることができる（法12条１項）。差押え時に目的物が存在しなかった場合だけでなく，差押え時には目的物が存在したが，その後に優先する担保権の実行等により差押えに係る振替社債等が消滅した場合にも，強制執行の手続を取り消すこととなろう。

⑹　差押えが一部競合した場合の効力

振替社債等の一部が差し押さえられ，又は仮差押えの執行を受けた場合において，その残余の部分を超えて差押命令が発せられたときは，各差押え又は仮差押えの執行の効力は，その振替社債等の全部に及ぶ（法149条前段の準用）。振替社債等の全部が差し押さえられ，又は仮差押えの執行を受けた場合において，その振替社債等の一部について差押命令が発せられたときのその差押えの効力も，同様である（同条後段の準用）。

⑺　申立ての取下げ等の通知

振替社債等執行の申立てが取り下げられたときは，裁判所書記官は，差押命令の送達を受けた振替機関等に対し，その旨を通知しなければならない

（136条１項の準用）。債務者に対しては，14条により通知がされる。

振替社債等執行の手続を取り消す旨の決定がされたときは，裁判所書記官は，差押命令の送達を受けた振替機関等に対し，その旨を通知しなければならない（136条３項の準用）。差押債権者及び債務者に対しては，２条１項２号又は３号により告知される。

差押命令が振替機関等に送達された場合において，法39条１項７号又は８号に掲げる文書が提出されたときは，裁判所書記官は，差押債権者及び振替機関等に対し，これらの文書が提出された旨及びその要旨並びにこれらの文書の提出による執行停止が効力を失うまで，差押債権者は差し押さえた振替社債等について取立てをしてはならず，振替機関等は差し押さえられた振替社債等について振替又は抹消をしてはならない旨を通知しなければならない（136条２項の準用）。

買取請求株式等に関する強制執行においては，上記いずれの場合においても，買取口座開設振替機関等及び発行者に通知が必要である（上記⑸参照）。

通知の方法については適宜の方法で行い，通知をしたときは，裁判所書記官は，その旨及びその方法を記録上明らかにする（３条１項，民訴規４条２項）。

⑻　配当要求

執行力のある債務名義の正本を有する債権者及び文書により先取特権を有することを証明した債権者は，配当要求をすることができる（法154条１項の準用）。配当要求があったときは，その旨を記載した文書は振替機関等（買取請求株式等に関する強制執行においては，買取口座開設振替機関等）に送達しなければならない（法154条２項の準用）。配当要求の終期については法165条３号が，配当要求の方式については26条が，配当要求があったときの差押債権者及び債務者に対する通知については27条が，それぞれ準用されている。

⑼　債権者の損害賠償

差押債権者は，債務者に対し，差し押さえた振替社債等につき換価のための権限の行使を怠ったことによって生じた損害を賠償する責めに任ずる（法158条の準用）。

⑽　配当等の実施

発行者が，権利供託（150条の６第１項）若しくは義務供託（同条２項）をした場合又は供託判決に基づき供託した場合（150条の５，法157条５項）には，執行裁判所は，配当等を実施しなければならない（法166条１項１号の準用）。

配当等を受けるべき債権者の範囲は，権利供託又は義務供託がされた場合には当該供託時までに差押え，仮差押えの執行又は配当要求（交付要求も同様）をした債権者であり（法165条１号の準用），供託判決に基づく供託がされた場合には取立訴訟の訴状が振替機関等に送達された時までに，差押え，仮差押えの執行又は配当要求（交付要求も同様）をした債権者である（法165条２号の準用）。

振替社債等売却命令により執行官その他の執行裁判所が相当と認める者が売却を行った場合には，執行裁判所は，配当等を実施しなければならない（法166条１項２号の準用）。配当等を受けるべき債権者の範囲は，振替社債等売却命令により執行官その他執行裁判所が相当と認める者が売得金の交付を受けた時までに，差押え，仮差押えの執行又は配当要求（交付要求も同様）をした債権者である（法165条３号の準用）。

そのほか，配当等の実施の手続については，債権及びその他の財産権に対する強制執行における執行裁判所の配当等の手続に準用されている不動産の強制執行の規定（法84条，法85条及び法88条から法92条まで並びに59条から62条）が同様に準用されている。

3　準用されない規定

振替社債等執行においては，差押禁止債権の範囲の変更に関する法153条の規定は準用されていない。したがって，裁判所書記官が，差押命令を送達するに際し，債務者に対し，法153条１項又は２項の規定による当該差押命令の取消しの申立てをすることができる旨等を教示しなければならないとする法145条４項の規定は準用されず，これに関する133条の２の規定も準用されない。

また，給与等の債権を差し押さえた場合において，取立権の発生や転付命令又は譲渡命令等の効力が生じるのが差押命令が債務者に送達されてから４週間を経過したときとなる法155条２項又は法161条５項の規定も，その性質上準用されない。

注⑴　差押えの対象となる振替社債等を特定するための振替社債等目録の具体的な記載方法については，債権執行実務（下）293頁〔書式３〕参照

⑵　差押えに当たっては，振替株式を除く振替社債等については，償還期限が到来すれば，当該振替社債等の金額相当の金銭が償還され，これを差押債権者において取り立てることができることに照らすと，市場の変動に伴う価額の変動を考慮する必要はほとんどないであろう。振替株式については，換価までの株価の変動を考慮すべきであることから，実務上，差押えの限度を請求債権額の１．５倍程度の金額に相当するまで許容する取扱いである（債権執行実務（下）284頁参照）。

⑶　なお，井下田英樹外「短期社債等の振替に関する法律の施行に伴う民事執行規則及び民事保全規則の一部改正〔下〕」商事法務1633－15以下注16から注18まで参照

⑷　振替社債等の存否は振替口座簿上の記載又は記録により明確になることから，職権で必ず陳述催告することとし，その回答を得た上で，執行裁判所による換価方法の適否や目的物不存在による取消しの判断を容易にできるようにしたものである。

⑸　差押えの目的物の存否は，振替口座簿上の記載又は記録と対照することによって明確になるという点において，電話加入権執行の場合と共通することから，同条を準用することとしたものである。

第９款　電子記録債権に関する強制執行

（電子記録債権執行の開始）

第150条の９　電子記録債権（電子記録債権法（平成19年法律第102号）第２条第１項に規定する電子記録債権をいう。以下同じ。）に関する強制執行（以下「電子記録債権執行」という。）は，執行裁判所の差押命令により開始する。

〔解　説〕

1　本条の趣旨

本条から150条の16までの８か条は，電子記録債権に関する強制執行について規定している。

金銭債権について，その取引の安全を確保することによって事業者の資金調達の円滑化等を図る観点から，電債法（平成20年12月１日施行）によって，電子記録債権制度が創設された。電子記録債権とは，その発生又は譲渡について電子記録を要件とする金銭債権をいう（電債法２条１項）[(1)]。電子記録債権は，主務大臣の指定を受けた株式会社である電子債権記録機関（同条２項）が，当事者の請求又は官庁若しくは公署の嘱託に基づき（電債法４条），その調製する磁気ディスク等の記録原簿（電債法２条３項）に発生記録をすることによって生じる（電債法15条）。そして，その譲渡は，電子債権記録機関が，記録原簿に譲渡記録をしなければ，効力を生じない（電債法17条）。

電子記録債権の内容は，債権記録（発生記録により発生する電子記録債権又は電子記録債権から分割をする電子記録債権ごとに作成される電磁的記録。電債法２条４項）の記録により定まる（電債法９条１項）。また，債権記録に電子記録債権の債権者又は質権者として記録されている電子記録名義人（電債法２条６項）は，電子記録に係る電子記録債権についての権利を適法に有するものと推定される（電債法９条２項）。そして，譲渡記録の請求により電子記録債権の譲受人として記録された者は，悪意又は重大な過失がない限り，当該電子記録債権を取得する（善意取得。電債法19条１項)。また，電子記録債務者は，電子記録債権の債権者が当該電子記録債務者を害することを知って当該電子記録債権を取得した場合でない限り，当該債権者に当該電子記録債権を譲渡した者に対する人的関係に基づく抗弁をもって当該債権者に対抗することができない（人的抗弁の切断。電債法20条１項)。そのため，電子記録債権について支払をした者が，支払済みの抗弁を第三者にも当然に対抗するためには，支払等記録（電債法24条）をする必要がある。[(2)]

このように，電子記録債権は金銭債権である一方で，磁気ディスク等をもって電子債権記録機関が調製する記録原簿への電子記録が債権の発生，譲渡等の効力要件であるといった特殊性を有している。そこで，電子記録債権に関する民事執行手続については，債権執行の手続を基本としつつも，このような特殊性に応じた執行手続の規定の整備が必要となったことから，電債法49条３項の委任を受けて平成20年電債改正規則により，本条から150条の16までの規定が設けられた。[(3)]

2　電子記録債権に関する強制執行の開始

本条は，電子記録債権に関する強制執行手続の開始の仕組みを定める規定である。電子記録債権に関する強制執行（電子記録債権執行）は，執行裁判所が執行機関となり，執行裁判所の差押命令により開始されることが明らかにされている。

注(1)　電子記録債権法の詳細については，一問一答電債法を参照

(2)　一問一答電債法106頁参照

(3)　平成20年電債改正規則の概要については，岩井一真外「電子記録債権法の施行に伴う民事執行規則及び民事保全規則の一部改正の概要（電子記録債権に関する強制執行等の手続の概要)」金法1874－４を参照

（差押命令）

第150条の10　執行裁判所は，差押命令において，電子記録債権に関し，債務者に

対し取立てその他の処分又は電子記録（電子記録債権法第２条第１項に規定する電子記録をいう。以下同じ。）の請求を禁止し，当該電子記録債権の債務者（以下この款において「第三債務者」という。）に対し債務者への弁済を禁止し，及び当該電子記録債権の電子記録をしている電子債権記録機関（同条第２項に規定する電子債権記録機関をいう。以下同じ。）に対し電子記録を禁止しなければならない。

2　差押命令は，債務者，第三債務者及び電子債権記録機関を審尋しないで発する。

3　差押命令は，債務者，第三債務者及び電子債権記録機関に送達しなければならない。

4　差押えの効力は，差押命令が電子債権記録機関に送達された時に生ずる。ただし，第三債務者に対する差押えの効力は，差押命令が第三債務者に送達された時に生ずる。

5　債務者は，前項の規定により差押えの効力が生じた場合であつても，次に掲げる電子記録の請求をすることができる。

一　支払等記録（電子記録債権法第24条第１号に規定する支払等であつて差押債権者に対抗することができるものに係るものに限る。）

二　変更記録

三　根質権の担保すべき元本の確定の電子記録

四　差押えに係る電子記録債権のうち差し押さえられていない部分の分割（電子記録債権法第43条第１項に規定する分割をいう。）をする分割記録

五　前各号に掲げるもののほか，差押えに係る電子記録債権のうち差し押さえられていない部分についての電子記録

6　電子債権記録機関は，第４項の規定により差押えの効力が生じた場合であつても，次に掲げる電子記録をすることができる。

一　差押債権者が第150条の15第１項において準用する法第155条第３項の支払

を受けたことによる支払等記録

二　質権の順位の変更の電子記録

三　転質の電子記録

四　前項第１号から第４号までに掲げる電子記録

五　前各号に掲げるもののほか，差押えに係る電子記録債権のうち差し押さえられていない部分についての電子記録

7　電子債権記録機関は，差押命令に抵触する電子記録がされているときは，当該電子記録の訂正をしなければならない。ただし，電子記録上の利害関係を有する第三者がある場合にあつては，当該第三者の承諾があるときに限る。

8　電子記録債権法第10条第３項から第５項までの規定は，前項の規定による電子記録の訂正について準用する。

9　電子債権記録機関は，第７項の規定により電子記録の訂正をするときは，当該訂正の年月日をも記録しなければならない。

10　差押命令の申立てについての裁判に対しては，執行抗告をすることができる。

11　法第145条第７項及び第８項の規定は差押命令について，同条第４項及び第133条の２の規定は差押命令を送達する場合について準用する。この場合において，法第145条第４項中「第153条第１項又は第２項」とあるのは「民事執行規則第150条の15第１項において準用する第153条第１項又は第２項」と，第133条の２中「法第145条第４項」とあるのは「第150条の10第11項において準用する法第145条第４項」と，同条第２項中「法第153条第１項又は第２項」とあるのは「第150条の15第１項において準用する法第153条第１項又は第２項」と読み替えるものとする。

〔解　説〕

1　本条の趣旨

本条は，前条が電子記録債権執行は執行裁判所の差押命令により開始する旨を規定しているのを受けて，執行裁判所が発令する差押命令の内容，発令手続，差押命令の効力発生時期，差押えにより禁止されない電子記録等，差押命令の申立てについての裁判に対する不服申立て，差押命令が債務者に送達されない場合の補正命令及び差押命令の取消し並びに債務者に対する差押禁止債権の範囲変更の申立てをすることができる旨の教示等について規定したものである。

2　差押命令の内容（１項）

本条１項は，債権執行における法145条１項に相当する規定であり，電子記録債権に対する差押命令の内容を定めている。

債権執行においては，債務者に対する取立てその他の処分禁止及び第三債務者に対する弁済禁止が命令の内容とされている（同項）。しかし，電子記録債権執行においては，①債務者に対する取立てその他の処分又は電子記録（電債法２条１項に規定する電子記録）の請求の禁止，②当該電子記録債権の債務者（第三債務者）に対する弁済の禁止及び③当該電子記録債権の電子記録をしている電子債権記録機関に対する電子記録の禁止が命令の内容とされている[(1)]。

差押命令の内容が，このようにされた理由は，前述のとおり，電子記録債権の内容は，債権記録の記録により定まり，また，例えば，電子記録債権の譲渡についていえば，譲渡記録が効力要件であり（電債法17条），電子記録の請求により電子記録債権の譲受人として記録された者には，善意取得が認められる等，電子記録は，その請求に係る事項の効力要件となり，又は，公示としての機能を果たすことなどから，電子記録債権に対する差押命令においては，債権執行の場合と同様に，債務者に対して差し押さえられた電子記録債権の処分を禁止し，第三債務者に対して債務者に対する弁済を禁止するのみならず，債務者による譲渡記録等の電子記録の請求を禁止し，さらに，電子記録自体を禁止する必要がある。そして，電子記録の請求等に係る電子記録をする義務を負うのは当該電子記録債権の電子記録をしている電子債権記録機関である（電債法７条１項）ことから，当該電子債権記録機関に対し，電子記録の禁止を命ずる必要があることによるものである。

3　発令及び発令後の手続（２項，３項）

差押命令は，債務者，第三債務者及び電子債権記録機関を審尋しないで発する（本条２項）。関係人が事前に差押えの目的となる電子記録債権を処分するなどして執行免脱を図ることを防止する趣旨である。

差押命令は，債務者，第三債務者及び電子債権記録機関に送達する[(2)]（本条３項）。差押命令が債務者，第三債務者及び電子債権記録機関に送達されたときは，裁判所書記官は，差押債権者及び電子債権記録機関に対し，その旨及び送達の年月日を通知しなければならない（150条の15第１項，134条）。差押えの効力発生の事実及び取立権が行使可能となる時期を差押債権者及び電子債権記録機関に知らせるためである[(3)]。債務者への送達の日時等を電子債権記録機関にも通知するのは，差押えの効力が生じた後も，差押債権者が適法に取立権を行使したことによる支払等記録をすることは禁止されない（本条６項１号）ため，取立権の行使が可能となる時期を把握させる必要があるためである。

4　差押えの効力発生時期（４項）

差押えの効力は，差押命令が電子債権記録機関に送達された時に生じるが，第三債務者に対する差押えの効力は，差押命令が第三債務者に送達された時に生じる。

差押えの効力の発生時期については，これ以外にも，①電子債権記録機関に差押命令が送達された時に一律に差押えの効力が生じるとすることや，②第三債務者に差押命令が送達された時に一律に差押えの効力が生じるとすること，③電子債権記録機関に対する送達と第三債務者に対する送達のうち，いずれか早い時に差押えの効力が生じるとすること，④電子債権記録機関に対する送達及び第三債務者に対する送達のいずれもがされた時に差押えの効力が生じるとすること等が考えられるところであるが，第三債務者の二重払いの危険の防止や，電子債権記録機関が差押えの事実を知らずに譲渡記録をすることにより善意取得が生じる可能性，迅速性の要請や明確性等の観点から，差押えの効力は，電子債権記録機関に差押命令が送達された時に生じるが，第三債務者に対する差押えの効力は，第三債務者に送達された時に生じるとするのが最も合理的と考えられたものである[(4)]。

5　差押えにより禁止されない電子記録の請求（5項）

前記2のとおり，差押えにより債務者は電子記録の請求をすることが禁止されるが（1項），電子記録債権執行は差押債権者の執行債権の満足のための制度であることからすると，差押債権者の権利を害さない電子記録の請求については，差押命令により禁止されないので，これを明文化したのが本条5項である[(5)]。

⑴　支払等記録（電債法24条1号に規定する支払等[(6)]であって，差押債権者に対抗することができるものに係るものに限る。）（1号）

前記4のとおり，第三債務者に対する差押えの効力は，差押命令が第三債務者に送達された時に生じる。したがって，第三債務者が送達を受ける前に債務者に弁済した場合，第三債務者は当該弁済を差押債権者に対抗することができる。また，送達を受けた後の相殺についても，第三債務者が債務者に対して，差押え前に取得した反対債権を有していた場合又は差押え後に取得した反対債権が差押え前の原因に基づいて生じたものであるとき（差押え後に他人の債権を取得したときを除く。）には，当該相殺は有効である（民法511条1項，2項)。このように，差押債権者に対抗することができる支払等がされ，その旨の支払等記録がされても，差押債権者の権利を害することにはならないから，このような支払等記録の請求は，差押えにより禁止されない。

⑵　変更記録（2号）

変更記録には，例えば，発生記録に記録された債務者（電子記録債権の債権者）の住所（電債法16条1項3号）に変更が生じた場合のように，これを変更する変更記録（電債法27条）がされたとしても，差押債権者の権利が害されないものと，電子記録債権の額を減額するなど，変更記録がされることにより差押債権者の権利が害されることとなる場合とがある。しかし，後者の場合においても，変更記録の請求は，当該変更記録につき電子記録上の利害関係を有する者の全員がしなければならず（電債法29条１項），差押債権者はこの「利害関係を有する者」に該当するため，差押債権者が自ら権利を放棄して，変更記録の請求をしない限りは，当該変更記録がされることはない。したがって，債務者により変更記録の請求がされたとしても，差押債権者の意思に反して変更記録がされ，差押債権者の権利が害されることは制度上あり得ないため，変更記録の請求は，差押えにより禁止されない。

⑶　根質権の担保すべき元本の確定の電子記録（３号）

根質権の担保すべき元本の確定の電子記録[7]がされることによって，差押債権者の権利が害されることはないから，当該電子記録の請求は，差押えにより禁止されない。

⑷　差し押さえられていない部分の分割をする分割記録（４号）

差押えに係る電子記録債権のうち差し押さえられていない部分については，差押えの効力は及んでいない（本項５号参照）から，これを分割し，分割記録をすることは可能であり，差押債権者を害することもない。分割記録においては，分割債権記録（分割により新たに作成する債権記録）とともに原債権記録（分割をする電子記録債権が記録されている債権記録）にも分割した旨等を記録する必要がある（電債法44条）ところ，本号は，このような分割記録を請求することは，差押えにより禁止されていないことを明らかにしたものである。

⑸　差し押さえられていない部分についての電子記録（５号）

本項５号は，差押えに係る電子記録債権のうち差し押さえられていない部分については，差押えの効力が及んでいないことを明らかにする規定である。

6　差押えにより禁止されない電子記録（６項）

前記５のとおり，債務者が請求することが禁止されない電子記録については電子債権記録機関が電子記録をすることも禁止されない[8]（本項４号）。

また，その他の電子記録についても，差押債権者の権利を害さないものについては，電子債権記録機関が電子記録をすることは，差押命令により禁止されない。このような電子記録としては，①差押債権者が取立権を行使したことによる支払等記録[(9)]（本項１号），②質権の順位の変更の電子記録（本項２号）及び③転質の電子記録（本項３号）が挙げられる。

本項においても，前項同様，差押えに係る電子記録債権のうち差し押さえられていない部分については，差押えの効力が及んでいないことを明らかにするため，本項５号が設けられている。

7　電子記録の訂正（７項～９項）

例えば，電子債権記録機関に差押命令が送達されるまでの間に，差押命令の送達を受けた第三債務者が差押命令に反して債務者に弁済をし，これによる支払等記録がされた場合や，差押命令が電子債権記録機関に送達された後に電子記録がされる場合もあり得る。このように差押命令に抵触する電子記録がされた場合，電子債権記録機関は，当該電子記録の訂正をしなければならない（本条７項本文）。

もっとも，差押命令に抵触する電子記録に基づき，第三者が善意取得（電債法19条１項）をすることもあり得るため，電子債権記録機関は，電子記録上の利害関係を有する第三者がある場合には，同人の承諾があるときのみ，前記訂正をすることができる（本条７項ただし書。電債法10条１項参照）。

電子債権記録機関は，当該訂正後の電子記録の内容と矛盾する電子記録について，電子記録の訂正をしなければならず（本条８項，電債法10条３項），その内容を電子記録権利者（電子記録をすることにより，電子記録上，直接に利益を受ける者。電債法２条７項）及び電子記録義務者（電子記録をすることにより，電子記録上，直接に不利益を受ける者。同条８項）（電子記録権利者及び電子記録義務者がない場合は，電子記録名義人）及び他人に代わって電子記録の請求をした者（ただし，二人以上あるときは，その一人で足りる。）に通知しなければならない（本条8項，電債法10条4項，5項）。

なお，電子債権記録機関は，電子記録の訂正をするときには，訂正の年月日を記録しなければならない（本条9項）。

8　執行抗告（10項）

差押命令の申立てについての裁判に対しては，執行抗告をすることができる。

9　債権差押命令に関する規定の準用（11項）

⑴　差押命令が債務者に送達されない場合の補正命令及び差押命令の取消し

令和元年改正法により設けられた法145条7項及び8項は，債務者に対する差押命令の送達をすることができない場合には，執行裁判所が，差押債権者に対し，相当の期間を定め，その期間内に送達をすべき場所の申出（又は公示送達の申立て）をすべきことを命ずることができることとし（同条7項），その上で，執行裁判所の定める相当の期間内に，差押債権者がこの申出（又は公示送達の申立て）をしないときは，執行裁判所は，職権で，差押命令を取り消すことができることとしている（同条8項）。この趣旨は，差押命令を債務者に送達することができず，換価・満足の手続を進行することができないまま事件が放置されるのを防ぐことにあるところ，この趣旨は，電子記録債権執行にも当てはまることから，令和元年改正規則により，電子記録債権執行について法145条7項及び8項の規定を準用することとしたものである。

⑵　債務者に対する差押禁止債権の範囲変更の申立てをすることができる旨の教示

令和元年改正法による改正後の法145条4項は，裁判所書記官が，差押命令を送達するに際し，債務者に対し，最高裁判所規則で定めるところにより，法153条1項又は2項の規定による差押え禁止債権の範囲変更の申立てをすることができる旨その他最高裁判所規則で定める事項を教示しなければならない旨を定め，これを受けて，令和元年改正規則により，債務者に対する教示の方式等に関する133条の2が置かれた。

電子記録債権執行については，差押禁止債権の範囲変更の申立てをすることが可能であることから（150条の15，法153条），令和元年改正規則により，法145条４項及び133条の２の規定を準用することとしたものである。詳細については，133条の２の条の解説を参照されたい。

注⑴　国徴法62条の２第２項においても，「徴収職員は，電子記録債権を差し押さえるときは，第三債務者に対しその履行を，電子債権記録機関に対し電子記録債権に係る電子記録を，滞納者に対し電子記録債権の取立てその他の処分又は電子記録の請求を禁じなければならない。」とされている。

⑵　なお，電子債権記録機関は，電子記録債権に関する強制執行の処分の制限に係る書類の送達を受けたときは，遅滞なく，強制執行等の電子記録をしなければならない（電債法49条１項，２項，電債法施行令６条）。

⑶　134条の解説の２を参照

⑷　なお，滞納処分における電子記録債権の差押えの効力については，債権差押通知書が電子債権記録機関に送達された時に生じるが，第三債務者に対する差押えの効力は，債権差押通知書が第三債務者に送達された時に生じるとされているところ（国徴法62条の２第３項），電子記録債権執行と滞納処分とが競合した場合に手続の混乱が生じないよう，これと同様の規定とする必要もある。

⑸　本項は，限定列挙である。

⑹　支払，相殺その他の債務の全部若しくは一部を消滅させる行為又は混同をいう。

⑺　なお，根質権の設定自体は，本条第１項の「その他の処分」に該当し，差押命令により禁止されているため，ここでいう根質権とは，差押命令が電子債権記録機関に送達される前に根質権の質権設定記録（電債法37条３項，４項）がされているものに限られる。

⑻　本号に掲げる電子記録には，債務者からの請求に係る電子記録のほか，債務者以外の者からの請求に係る電子記録も含まれる。

⑼　差押債権者からの取立てに応じて支払をした第三債務者が，差押債権者から承諾（電

債法25条１項３号）を得て，支払等記録の請求をした場合に，当該請求に基づき支払等記録をすることも本項１号の支払等記録に含まれ，差押命令により禁止されない。

（支払等記録の届出等）

第150条の11　電子債権記録機関は，前条第６項第１号の支払等記録をしたときは，直ちに，その旨を執行裁判所に届け出なければならない。

２　前項の規定による届出は，次に掲げる事項を記載した書面でしなければならない。

一　事件の表示

二　差押債権者，債務者及び第三債務者の氏名又は名称

三　当該支払等記録において記録されている事項

３　第１項の規定による届出又は第150条の15第１項において準用する法第155条第４項の規定による届出により差押債権者の債権及び執行費用の総額に相当する金銭の支払があつたことが明らかになつたときは，裁判所書記官は，電子債権記録機関に対し，当該支払があつた旨を通知しなければならない。

〔解　説〕

本条は，電子債権記録機関が150条の10第６項１号の支払等記録をしたときの届出義務等について規定している。

電子債権記録機関は，差押債権者による取立て（150条の15第１項，法155条１項）がされたことによる支払等記録（150条の10第６項１号）をしたときは，その旨及び当該支払等記録において記録されている事項等を執行裁判所に書面で届け出なければならない（本条１項，２項)。

裁判所書記官は，前記届出又は差押債権者から提出される取立届（150条の15第１項，法155条４項）により，差押債権者の債権及び執行費用の総額に相当する金銭について取立てがされたことが明らかになったときは，執行手続が終了することから，その旨を電子債権記録機関に通知しなければならない[(1)]（本条３項)。

注(1)　前記通知を受けた電子債権記録機関は，強制執行等の電子記録を削除する旨の変更

記録をしなければならない（電債法施行令7条）。

（第三債務者の供託）

第150条の12　第三債務者は，差押えに係る電子記録債権の全額に相当する金銭を債務の履行地の供託所に供託することができる。

2　第三債務者は，取立訴訟の訴状の送達を受ける時までに，差押えに係る電子記録債権のうち差し押さえられていない部分を超えて発せられた差押命令又は仮差押命令の送達を受けたときはその電子記録債権の全額に相当する金銭を，配当要求があつた旨を記載した文書の送達を受けたときは差し押さえられた部分に相当する金銭を債務の履行地の供託所に供託しなければならない。ただし，電子記録債権の元本の支払期日が到来するまでの間は，この限りでない。

3　第三債務者は，前二項の規定による供託をしたときは，当該供託をしたことを執行裁判所に届け出なければならない。この場合においては，第138条の規定を準用する。

4　差押えに係る電子記録債権について第1項又は第2項の供託があつたことを証する文書が提出されたときは，裁判所書記官は，当該供託をしたことによる支払等記録を嘱託しなければならない。

〔解　説〕

1　本条の趣旨

本条は，第三債務者による差押えに係る電子記録債権の供託について，債権執行における権利供託及び義務供託についての規定（法156条）と同趣旨の手続を定めた規定である。

2　権利供託（1項）

第三債務者は，差押えに係る電子記録債権の全額に相当する金銭をその債務の履行地の供託所に供託することができる。これは，債権執行における権利供託と同様の趣旨，すなわち，執行手続に巻き込まれることによって生じる第三債務者の不利益を救済する見地から，第三債務者に対し，弁済に代えて供託する権利を与え，執行手続から離脱することを認めたものである。

3　義務供託（２項）

第三債務者は，取立訴訟の訴状の送達を受ける時までに，①差押えに係る電子記録債権のうち差し押さえられていない部分を超えて発せられた差押命令又は仮差押命令の送達を受けた場合は，当該電子記録債権の全額に相当する金銭を，②差押えに係る電子記録債権について配当要求があった旨を記載した文書の送達を受けた場合は，当該電子記録債権のうち差し押さえられた部分に相当する金銭を債務の履行地の供託所に供託しなければならない[(1)]。もっとも，第三債務者は，当該電子記録債権の元本の支払期日が到来するまでの間は，供託義務を負わないこととされている（本項ただし書）。法156条２項にはその旨の明文の定めがないが，同条の解釈上も第三債務者は供託義務を課せられる場合であっても期限の利益は失わないとされているところであり，本項ただし書は，これを明確にしたものである[(2)]。

4　供託がされた場合の手続（３項，４項）

第三債務者が権利供託又は義務供託の規定による供託をしたときは，その旨を執行裁判所に届け出なければならない（本条３項）。この届出は，①事件の表示，②差押債権者及び債務者の氏名又は名称，③供託の事由及び供託した金額を記載した書面（事情届）でしなければならず，事情届には，供託書正本を添付しなければならない。また，差し押さえられた電子記録債権について，第三債務者がさらに差押命令又は仮差押命令の送達を受けた場合[(3)]は，前記の届出は，先に送達された差押命令を発した裁判所に対してしなければならない（本条３項，138条）。

前記届出がされた時は，裁判所書記官は，当該供託に係る電子記録債権について，電子債権記録機関に対し，電債法24条に規定する支払等記録の嘱託（電債法４条）をしなければならない[(4)]（本条４項）。

支払等記録の嘱託は，当該支払等記録がされることとなる債権記録の記録番号のほか，供託により消滅した債務を特定するために必要な事項(5)，供託をした金額その他の当該供託の内容（利息，遅延損害金，違約金又は費用が生じている場合にあっては，消滅した元本の額を含む。），供託がされた日，供託をした者の氏名又は名称及び住所を電子債権記録機関に提供して行わなければならない（電債法４条２項，６条，24条１号から４号まで，電債法施行令11条，１条，別表３項）。

注⑴　①について，電子債権記録機関ではなく，第三債務者に対して後行の差押命令等の送達があった場合に供託義務が生じるとされているのは，第三債務者に対する差押えの効力は，第三債務者に送達された時に生じること（150条の10第４項ただし書），仮に電子債権記録機関に対し後行の差押命令等が送達された時に供託義務が生じるとすると，第三債務者は供託義務が生じたことを認識しないままに差押債権者からの取立てに応じる可能性があり，二重弁済を強いられることになるためである。②については，債権執行の場合（法154条２項）と同様，電子記録債権執行において配当要求があった時は，配当要求があった旨を記載した文書が送達されることにより（150条の15第１項，法154条２項），第三債務者は供託義務が生じたことを認識できることから，同送達があった場合に供託義務が発生することとされている。

⑵　柳田幸三，立花宣男・注釈民執法⑹505頁参照

⑶　なお，少額訴訟債権執行（法167条の２）は，純然たる金銭債権を差押処分の対象とするものであり，電子記録債権は，その対象とならないため，差し押さえられた電子記録債権について，差押処分の送達を受けることはない。

⑷　なお，支払等記録をするに当たって，電子債権記録機関に対し手数料（費用）を支払う必要がある場合，当該手数料は，債務者が負担することとなる（法42条１項）。そのほか，費用負担について定めがない場合も同様に，債務者の負担となる（同項）。

⑸　例えば，分割払の電子記録債権の場合の支払期日がある（一問一答電債法107頁参照）。

（配当要求があつた旨を記載した文書の送達の通知）

第150条の13　**配当要求があつた旨を記載した文書が第三債務者に送達されたと**

きは，裁判所書記官は，電子債権記録機関に対し，当該文書が送達された旨及びその年月日を通知しなければならない。

〔解　説〕

本条は，配当要求があった旨を記載した文書が第三債務者に送達された場合の裁判所書記官の措置について規定している。

配当要求があった旨を記載した文書が第三債務者に送達されると，第三債務者は供託義務を負い（150条の12第２項），以後，差押債権者は第三債務者から適法に取立てをすることができなくなる。したがって，この送達がされた時以降に差押債権者が第三債務者から取立てをしたことによる支払等記録は，150条の10第６項１号に規定する支払等記録（差押債権者が取立権を行使したことによる支払等記録）には該当せず，電子債権記録機関が支払等記録をすることは，差押命令により禁止されていることとなる。そこで，差押債権者が適法に取立てをすることができなくなった日を明らかにするため，裁判所書記官は，電子債権記録機関に対し，前記送達の事実及びその年月日を通知しなければならないこととされている。

（電子記録債権譲渡命令等）

第150条の14　差押えに係る電子記録債権の元本が支払期日前であるとき，又は当該電子記録債権の取立てが困難であるときは，執行裁判所は，差押債権者の申立てにより，次に掲げる命令を発することができる。

一　当該電子記録債権を執行裁判所が定めた価額で支払に代えて差押債権者に譲渡する命令（以下「電子記録債権譲渡命令」という。）

二　執行官その他の執行裁判所が相当と認める者に対して，当該電子記録債権を執行裁判所の定める方法により売却することを命ずる命令（以下「電子記録債権売却命令」という。）

２　執行裁判所は，前項の規定による決定をする場合には，債務者を審尋しなければならない。ただし，債務者が外国にあるとき，又はその住所が知れないと

きは，この限りでない。

3　第１項の申立てについての決定に対しては，執行抗告をすることができる。

4　第１項の規定による決定は，確定しなければその効力を生じない。

5　裁判所書記官は，電子記録債権譲渡命令が効力を生じたときは，当該電子記録債権譲渡命令に係る電子記録債権が記録されている債権記録（電子記録債権法第２条第４項に規定する債権記録をいう。以下同じ。）に債権者として記録されている者の変更（当該電子記録債権譲渡命令による変更に係る部分に限る。）を内容とする変更記録を嘱託しなければならない。

6　第１項第２号に規定する者は，電子記録債権売却命令による売却をし，代金の支払を受けたときは，当該電子記録債権売却命令に係る電子記録債権が記録されている債権記録に債権者として記録されている者の変更（当該売却による変更に係る部分に限る。）を内容とする変更記録を嘱託しなければならない。

7　第139条の規定は電子記録債権譲渡命令及び電子記録債権売却命令について，法第159条第２項及び第３項並びに法第160条並びに第140条の規定は電子記録債権譲渡命令について，法第159条第７項の規定は電子記録債権譲渡命令に対する執行抗告について，法第68条並びに第141条第１項，第２項及び第４項の規定は電子記録債権売却命令について，法第65条の規定は電子記録債権売却命令に基づく執行官の売却について準用する。この場合において，第139条第１項中「法第161条第１項」とあるのは「第150条の14第１項」と，第141条第２項及び第４項中「執行官」とあるのは「執行官その他の執行裁判所が相当と認める者」と，同項中「調書」とあるのは「調書又は報告書」と読み替えるものとする。

〔解　説〕

1　本条の趣旨

本条は，取立てによる換価が困難である場合のために，電子記録債権執行における特別な換価方法として，①電子記録債権を執行裁判所が定めた価額で支払に代えて差押債権者に譲渡する命令（電子記録債権譲渡命令。本条１項１号）

と，②執行官その他の執行裁判所が相当と認める者に対して，当該電子記録債権を執行裁判所の定める方法により売却することを命ずる命令（電子記録債権売却命令。同項２号）の２種類の換価方法を定めたものである。

これは，債権執行における取立ての困難な債権の換価方法について定めた法161条に相当するものであるが，電子記録債権制度における電子記録債権の流通制度の特殊性を考慮して，その換価方法を定めたものである。

２　換価のための命令

⑴　換価方法の選択

電子記録債権執行においては，取立て（150条の15第１項，法155条）及び転付命令（150条の15第１項，法159条）による換価が原則であり，電子記録債権譲渡命令及び電子記録債権売却命令は，取立てが困難な場合に認められる例外的な換価方法である。

本条に規定する換価方法のうちいずれの方法によるかは，差押債権者の申立てにより，執行裁判所が決定する（本条１項）。

⑵　発令の要件等

これらの特別な換価方法を発令することができるのは，法161条１項と同様に，取立てが困難であるときに限られており，「元本が支払期日前であるとき」はその例示である[⑴]。差押命令が確定していることは必要ではないが，これらの命令の発令後に差押えの効力が生じないことが明らかになる事態は避けるべきであろう。

また，滞納処分による差押えが先行する場合は，執行裁判所は，滞納処分による差押えがされている部分については，本条の命令を発することができない（滞調法20条の11第１項，20条の８第１項，13条１項）。没収保全の執行が先行する場合も同様である[⑵]（組織犯罪法35条４項，３項，１項）。

他の債権者による差押え，仮差押えの執行等が先行する場合は，電子記録債権譲渡命令は効力を生じないから（本条７項，法159条３項），電子記録債権売却命令を発令することになる。さらに，他の債権者による差押えが先行する場合において電子記録債権売却命令を発令するときは，本条の命令による換価を二重に行うことのないように注意する必要がある。

⑶ 発令の手続

発令に当たっては，債権執行の場合（法161条２項）と同様，債務者審尋を経ることが必要とされている（本条２項)。その理由は，債務者は，いかなる換価方法が採用されるかについて重大な利害関係を有しているので，申立ての適否，換価方法の当否を明らかにするためである。

執行裁判所は，本条１項の命令を発する場合において，必要があると認めるときは，評価人を選任し，電子記録債権の評価を命ずることができる（本条７項，139条１項)。この場合において，評価人は，電子記録債権の評価をしたときは，評価書を所定の日までに執行裁判所に提出しなければならない（本条７項，139条２項)。

⑷ 不服申立て

電子記録債権譲渡命令及び電子記録債権売却命令の申立てについての決定に対しては，執行抗告をすることができる（本条３項)。

3 電子記録債権譲渡命令（本条１項１号）

債権執行における譲渡命令（法161条１項）に対応するものである。

⑴ 発令の手続等

電子記録債権譲渡命令の発令に当たっては，執行裁判所は，命令の対象となる電子記録債権の範囲（金額）及び命令における譲渡価額を決定しなければならない。

電子記録債権譲渡命令において定める価額が差押債権者の債権及び執行費用の額を超えるときは，執行裁判所は電子記録債権譲渡命令を発する前に，差押債権者にその超える額に相当する金銭を納付させなければならない（本条７項，140条１項)。

⑵　送達

電子記録債権譲渡命令は，債務者及び第三債務者に送達しなければならない（本条７項，法159条２項）。電子債権記録機関には送達を要しないこととなるが，これは電子債権記録機関には電子記録債権譲渡命令について不服を申し立てる実益が認め難いことに加え，電子債権記録機関は，電子記録債権譲渡命令の確定後，債権者として記録されている者の変更記録をしなければならないところ，裁判所書記官からの変更記録の嘱託（本条５項）を受けて変更記録をするため，事前に送達を受ける必要がないためである。

⑶　執行抗告

前記２⑷のとおり，電子記録債権譲渡命令に対しては，執行抗告をすることができる。電子記録債権譲渡命令が発せられた後に，強制執行の一時の停止を命ずる旨を記載した裁判の正本（法39条１項７号），又は債権者が債務名義の成立後に弁済を受け，若しくは弁済の猶予を承諾した旨を記載した文書（同項８号）を提出したことを理由として執行抗告がされたときは，抗告裁判所は，他の理由により電子記録債権譲渡命令を取り消す場合を除き，執行抗告についての裁判を留保しなければならない（本条７項，法159条７項）。

⑷　効力

電子記録債権譲渡命令は，確定しなければその効力を生じない（本条４項）。

電子記録債権譲渡命令が効力を生じた場合においては，差押債権者の債権及び執行費用は，電子記録債権譲渡命令に係る電子記録債権が存する限り，執行裁判所が定めた譲渡価額で，電子記録債権譲渡命令が第三債務者に送達された時に弁済されたものとみなされる（本条７項，法160条）。

電子記録債権譲渡命令において定めるべき価額が差押債権者の債権及び執行費用の額を超えるために，差押債権者にその超える額に相当する金銭を納付させていた場合において，電子記録債権譲渡命令が効力を生じたときは，執行裁判所はこの金銭を債務者に交付しなければならない（本条７項，140条

２項)。

⑸　変更記録の嘱託と他の差押え等との競合

裁判所書記官は，電子記録債権譲渡命令が効力を生じたときは，電子債権記録機関に対し，電子記録債権の債権記録に債権者として記録されている者[(3)]の変更を内容とする変更記録[(4)]の嘱託をしなければならない[(5)]（本条５項)。なお，一部が差し押さえられた電子記録債権について電子記録債権譲渡命令が発せられた場合や，可分債権の場合（電債法16条１項４号）に電子記録債権譲渡命令に係らない部分（金額又は債権者）についてまで前記変更記録がされることのないよう，変更するのは「当該電子記録債権譲渡命令による変更に係る部分に限る」と規定されている[(6)]。

変更記録の嘱託は，①当該変更記録がされることとなる債権記録の記録番号のほか，②変更前の電子記録債権の債権者（電子記録名義人）の氏名又は名称及び住所（並びに電子記録債権の一部について電子記録債権譲渡命令が発令された場合は金額)，③当該記録事項を変更する旨及びその原因（電子記録債権譲渡命令の確定)，④変更後の電子記録債権の債権者の氏名又は名称及び住所を電子債権記録機関に提供して行わなければならない（電債法４条２項，６条，27条１号から３号まで，電債法施行令11条，１条，別表４項)。

第三債務者に電子記録債権譲渡命令が送達されるときまでに，電子記録債権譲渡命令に係る電子記録債権について，他の債権者が差押え，仮差押えの執行又は配当要求（交付要求も同様）をしたときは，電子記録債権譲渡命令は効力を生じない[(7)]（本条７項，法159条３項)。また，第三債務者に送達されるときまでに滞納処分による差押えがされたときも，電子記録債権譲渡命令は効力を生じない（滞調法36条の14第１項，36条の５)。

そのため，裁判所書記官からの変更記録の嘱託を受けた電子債権記録機関は，電子記録債権譲渡命令の第三債務者に対する送達の前に，他の債権者の差押え，仮差押えの執行若しくは配当要求（交付要求も同様）又は滞納処分による差押えがされていないかどうかを確認する必要があることになろう。

4　電子記録債権売却命令（本条１項２号）

執行裁判所は，執行官その他の執行裁判所が相当と認める者に対し，当該電子記録債権の売却方法を定めて，電子記録債権売却命令を発令する（本条１項２号）。

⑴　無剰余の場合の換価の禁止

執行裁判所は，差し押さえた電子記録債権の売得金で差押債権者の債権に優先する債権及び手続費用を弁済して剰余を生じる見込みがないと認めるときは，電子記録債権売却命令を発してはならない（本条７項，141条１項）。

また，執行官その他の執行裁判所が相当と認める者は，手続費用及び差押債権者の債権に優先する債権の額の合計額以上の価額でなければ，債権を売却してはならない（本条７項，141条２項）。

⑵　命令の告知

債務者及び第三債務者に送達する旨を定める法159条２項は，電子記録債権売却命令には準用されない。ただし，執行抗告をすることができる裁判である（本条３項）から，申立人である差押債権者，相手方である債務者，第三債務者に告知しなければならない（２条１項２号）。

⑶　命令の確定と売却の実施

電子記録債権売却命令は，確定しなければその効力を生じない（本条４項）。売却手続は確定後に開始する。

電子記録債権売却命令が効力を生じたときには，執行裁判所の裁判所書記官から命令の内容が売却を命じた執行官その他の執行裁判所が相当と認める者に対して通知されることとなる。

執行官が売却の担当者となった場合には，執行裁判所により具体的な売却方法が指示されている場合にはそれに従うことになるが，具体的な売却方法が指定されていない場合には，債権執行（法161条１項）及び電話加入権等のその他の財産権執行（法167条１項）における売却命令の場合と同様，入札，競り売りによる売却を行うことになろう(8)。その場合，執行官は，売却に際し，法65条各号に規定する者に対し，売却の場所に入ることを制限し，若しくはその場所から退場させ，又は買受けの申出をさせないことができる（本条７項，法65条）。

執行官その他の執行裁判所が相当と認める者は，売却の手続を終了したときは，速やかに，売得金及び売却に係る調書又は報告書を執行裁判所に提出しなければならない（本条７項，141条４項）。

債務者は，買受けの申出をすることができない（本条７項，法68条）。

⑷　変更記録の嘱託

電子記録債権売却命令による売却をした者は，代金の支払を受けた後，電子債権記録機関に対し，電子記録債権の債権記録に債権者として記録されている者の変更を内容とする変更記録の嘱託をしなければならない（本条６項）。なお，電子記録債権譲渡命令の場合と同様，変更するのは当該電子記録債権売却命令による変更に係る部分に限られている。

変更記録の嘱託は，①当該変更記録がされることとなる債権記録の記録番号のほか，②変更前の電子記録債権の債権者（電子記録名義人）の氏名又は名称及び住所（並びに電子記録債権の一部について売却がされた場合は金額），③当該記録事項を変更する旨及びその原因（電子記録債権売却命令に基づく売却），④変更後の電子記録債権の債権者の氏名又は名称及び住所を電子債権記録機関に提供して行わなければならない（電債法４条２項，６条，27条１号から３号まで，電債法施行令11条，１条，別表４項）。また，執行官ではない者が嘱託をする際には，嘱託者の氏名又は名称及び住所のほか，嘱託者が法人であるときは代表者の氏名についても電子債権記録機関に情報を提供しなければならない（電債法施行令１条１号，２号）。

変更記録の嘱託を受けた電子債権記録機関は，嘱託に従い，変更記録を行う。その上で，変更記録を終了したときは，その旨を執行官その他の執行裁判所が相当と認める者に対して書面により通知することが望ましい。

注(1)　なお，法161条１項においては，取立てが困難であるときの例示として「差し押さえられた債権が，条件付若しくは期限付であるとき」が挙げられているが，電子記録債権は，発生記録において「支払期日」を記録しなければならず（電債法16条１項２号），電子債権記録機関の業務規程によりこれを記録しないこととすることも許されないから，常に「期限付」であり，「条件付」である場合は考えられないため，「元本の支払期日前であるとき」（150条の14第１項）が例示として挙げられている。

(2)　仮処分の執行が先行する場合は，執行裁判所が強制執行の手続を進行させることができるかどうかについては見解が分かれるが，実務上は，差押えをするにとどめ，仮処分執行の取下げ又は取消しを待って強制執行の手続をさせるのが相当であろう（147条の解説の３(2)を参照）。

(3)　譲渡記録がされている場合は譲受人（電債法18条１項３号），譲渡記録がされていない場合は発生記録の債権者（電債法16条１項３号）をいう。

(4)　電子記録債権譲渡命令による電子記録債権の移転は，裁判に基づく移転であり，当事者の意思表示によって移転する「譲渡」ではないため，裁判所書記官は「変更記録」の嘱託をすることとされている。転付命令が確定した場合や，電子記録債権売却命令に基づく売却が完了した場合も同様である。

(5)　なお，電子債権記録機関は業務規程において譲渡記録の回数を制限することができる（電債法７条２項）ため，差押債権者は，電子記録債権譲渡命令により権利の移転を受けても，第三者に譲渡することができない場合がある（取立ては可能である）ことに留意する必要がある。

(6)　なお，電子記録債権の一部につき変更記録を受けた譲受人は，当該譲り受けた部分を譲渡するためには，分割記録（電債法43条）を経なければならない（一問一答電債法162頁）。

(7)　このように定められているのは，競合する債権者等が存在するにもかかわらず，電子記録債権譲渡命令により譲受人（差押債権者）に当該電子記録債権を移転させるとすると，債権者の平等が害されるためである。したがって，「差押え又は仮差押えの執行をしたとき」とは，競合する債権者が生じたときをいうと解されるところ，電子記録債権に対する差押えの効力は，電子債権記録機関に差押命令等が送達されたときに生じる（150の10第４項，民保規42条の２第２項）ことからすると，後行の差押命令等が電子債権記録機関に送達され，差押え等の効力が生じたときをいうと解するのが合理的であろう。

⑻　150条の７の解説の４⑷を参照

（債権執行等の規定の準用等）

第150条の15　法第144条（第２項ただし書を除く。），法第146条，法第147条，法第149条，法第150条，法第153条から法第155条まで（同条第２項を除く。），法第157条から法第160条まで（法第159条第６項を除く。），法第164条及び法第166条第１項（第３号を除く。）並びに第26条，第27条，第133条，第134条から第137条の３まで，第144条及び第147条第２項の規定は電子記録債権執行について，前条第５項の規定は転付命令が効力を生じた場合について，法第84条，法第85条，法第88条から法第92条まで及び法第165条（第４号を除く。）並びに第59条から第62条までの規定は電子記録債権執行につき執行裁判所が実施する配当等の手続について準用する。この場合において，法第144条第２項中「その債権の債務者（以下「第三債務者」という。）」とあるのは「当該電子記録債権の電子記録をしている電子債権記録機関」と，法第147条並びに第133条第１項，第135条並びに第136条第１項及び第３項中「第三債務者」とあるのは「第三債務者及び電子債権記録機関」と，法第147条第１項中「差押債権者の申立てがあるときは，裁判所書記官は」とあるのは「裁判所書記官は」と，法第157条第４項中「前条第２項」とあるのは「民事執行規則第150条の12第２項」と，法第164条第１項及び第５項中「第150条」とあるのは「民事執行規則第150条の15第１項において準用する第150条」と，同条第２項及び第３項並びに法第165条第３号中「執

行官」とあるのは「執行官その他の執行裁判所が相当と認める者」と，法第166条第１項第１号及び法第165条第１号中「第156条第１項」とあるのは「民事執行規則第150条の12第１項」と，法第166条第１項第１号中「第157条第５項」とあるのは「同規則第150条の15第１項において準用する第157条第５項」と，第27条中「差押債権者及び債務者」とあるのは「差押債権者，債務者及び電子債権記録機関」と，第134条中「債務者及び第三債務者」とあるのは「債務者，第三債務者及び電子債権記録機関」と，「差押債権者」とあるのは「差押債権者及び電子債権記録機関」と，第135条中「法第147条第１項」とあるのは「第150条の15第１項において準用する法第147条第１項」と，同条第１項中「次に掲げる事項」とあるのは「次に掲げる事項（電子債権記録機関にあつては，第２号に掲げる事項を除く。）」と，同項第１号中「その種類及び額（金銭債権以外の債権にあつては，その内容）」とあるのは「その金額，支払期日及び記録番号（電子記録債権法第16条第１項第７号に規定する記録番号をいう。）その他当該電子記録債権を特定するために必要な事項」と，同項第４号中「仮差押え」とあるのは「仮差押え若しくは仮処分」と，「差押命令，差押処分又は仮差押命令」とあるのは「差押命令又は仮差押命令若しくは仮処分命令」と，第136条第２項中「第三債務者に送達された場合」とあるのは「第三債務者及び電子債権記録機関に送達された場合」と，「差押債権者及び第三債務者」とあるのは「差押債権者，第三債務者及び電子債権記録機関」と，「第三債務者は差し押さえられた債権について支払又は引渡しをしてはならない」とあるのは「第三債務者は差し押さえられた電子記録債権について支払をしてはならず，電子債権記録機関は差し押さえられた電子記録債権について電子記録をしてはならない」と，第137条中「法第155条第４項」とあるのは「第150条の15第１項において準用する法第155条第４項」と，第137条の２第１項中「法第155条第５項」とあるのは「第150条の15第１項において準用する法第155条第５項」と，第137条の３中「法第155条第６項」とあるのは「第150条の15第１項において準用する法第155条第６

項」と，「同条第４項又は第５項」とあるのは「第150条の15第１項において準用する法第155条第４項又は第５項」と，第144条中「法第164条第１項」とあるのは「第150条の15第１項において準用する法第164条第１項」と，第147条第２項中「前項」とあるのは「第150条の15第１項において準用する法第147条第１項」と，前条第５項中「電子記録債権譲渡命令」とあるのは「第150条の15第１項において準用する法第159条第１項に規定する転付命令」と，法第84条第１項中「代金の納付があつた」とあり，同条第３項及び第４項中「代金の納付」とあり，第59条第１項中「不動産の代金が納付された」とあり，並びに同条第２項中「代金が納付された」とあるのは「配当等を実施すべきこととなつた」と，法第85条第１項中「第87条第１項各号に掲げる各債権者」とあるのは「民事執行規則第150条の15第１項において準用する第165条に規定する債権者」と読み替えるものとする。

２　前項において準用する法第153条第１項又は第２項の規定による差押命令の一部を取り消す決定が効力を生じたときは，裁判所書記官は，その旨の変更記録を嘱託しなければならない。

〔解　説〕

１　本条の趣旨

本条は，電子記録債権執行について，債権及びその他の財産権に対する強制執行に関する規定並びに債権及びその他の財産権に対する強制執行に準用されている不動産の強制競売に関する規定を準用し，所要の読替えをするなどしたものである。

２　準用される規定（１項）

⑴　執行裁判所

第一次的には，債務者の普通裁判籍の所在地を管轄する地方裁判所が，この普通裁判籍がないときは，差し押さえるべき電子記録債権の所在地を管轄する地方裁判所が，管轄執行裁判所となる（法144条１項の準用）。電子記録債権の所在地は，当該電子記録債権の電子記録をしている電子債権記録機関の普通裁判籍の所在地である（同条２項本文の準用)。

(2) 申立書の記載事項

差押命令の申立書には，21条各号に掲げる事項のほか，第三債務者及び電子債権記録機関を表示し，差し押さえるべき電子記録債権を特定するに足りる事項及び電子記録債権の一部を差し押さえる場合にあっては，その範囲を明らかにしなければならない（133条の準用)。

電債法においては，強制執行の申立てをしようとする一般債権者は，原則として，記録原簿を閲覧したり，記録事項証明書（電債法87条１項）の交付を求めることが認められていない（同条参照)。したがって，申立書に差し押さえるべき電子記録債権の詳細な事項までを記載させることは，債権者に不可能を強いることにもなる。しかし，一方で，差押命令の送達を受けた第三債務者及び電子債権記録機関が差押命令の対象となっている電子記録債権の存否等を判断できるようにするためには，申立ての段階で，差押目的債権の表示として，特定に足りる程度の事項の記載が必要である。そこで，申立書においては，債務者及び第三債務者の特定に加え，差し押さえるべき電子記録債権に順序をつける等の抽象的な特定方法を取ることも考えられよう[(1)]。

(3) 差押えの範囲等

ア　執行裁判所は，差し押さえるべき電子記録債権の全部について差押命令を発することができる（法146条１項の準用)。また，差し押さえた電子記録債権の価額が差押債権者の債権及び執行費用の額を超えるときは，執行裁判所は，他の電子記録債権を差し押さえてはならない（同条２項の準用)。なお，差押えの効力は，差押命令に元本債権のみ表示してあっても，従たる権利（利息債権等）にも及ぶ。したがって，将来発生する利息及び遅延損害金にもその効力が及ぶが，逆に，既に発生している利息及び遅延損害金は別個独立の債権なので，差押命令に表示されない限り[(2)]，当然にはその効力は及ばない。

イ　電子記録債権執行においても，債務者及び債権者の生活の状況その他の事情から差押命令の全部又は一部を取り消す必要が生じ得る。そこで，このような場合には，債務者は，差押命令の全部又は一部の取消しの申立てをすることができ，執行裁判所は，債務者及び債権者の生活の状況その他の事情を考慮して差押命令の全部又は一部の取消しをすることができる[(3)(4)(5)]（法153条１項の準用）。差押命令の全部又は一部の取消決定は，執行抗告をすることができる裁判であるから（法12条１項），申立人及び相手方に対し告知しなければならない（２条１項２号）。第三債務者及び電子債権記録機関に対しては，裁判所書記官から通知がされる（136条３項の準用）。また，裁判所書記官は，一部取消決定が確定したときは，その旨の変更記録を嘱託しなければならない（本条２項）[(6)]。

全部又は一部取消決定後，事情の変更があった場合は，申立てにより，執行裁判所は，差押命令が取り消された債権を差し押さえることができる（法153条２項の準用）。

全部又は一部取消しの申立てを却下する決定に対しては，執行抗告をすることができる（同条４項の準用）。同決定は申立人に告知しなければならず（２条２項），仮の支払禁止命令（法153条３項の準用）が発せられている場合は，相手方にも告知しなければならない（２条１項４号）。

⑷　第三債務者及び電子債権記録機関に対する陳述の催告

裁判所書記官は，差押命令を送達するに際し，差押債権者の申立てを待つことなく，職権で，第三債務者及び電子債権記録機関に対し，差押命令の送達の日から２週間以内に，差押えに係る電子記録債権の存否，存在するときはその金額，支払期日及び記録番号その他当該電子記録債権を特定するために必要な事項[(7)]等について陳述すべき旨を催告しなければならない（法147条１項を差押債権者の申立てに係る部分を除き，所要の読替えをした上で準用している[(8)]。)。第三債務者及び電子債権記録機関は，催告に対して，故意又は過失により，陳述をしなかったとき，又は不実の陳述をしたときは，これによって生じた損害を賠償する責任を負う（本条１項，法147条２項)。

陳述その他の資料により差押えに係る電子記録債権が存在しないことが明らかになったときは，執行裁判所は，強制執行の手続を取り消さなければならない（147条２項の準用）[(9)]。この取消決定は，差押債権者及び債務者に告知され（２条１項２号)，第三債務者及び電子債権記録機関に対しても通知される（136条３項の準用)。また，差押債権者は，取消決定に対して，執行抗告をすることができる（法12条１項)。なお，差押え時に電子記録債権が存在しなかった場合だけでなく，差押え時には電子記録債権が存在したが，その後に優先する担保権の実行等により差押えに係る電子記録債権が消滅した場合にも，強制執行の手続を取り消すこととなろう。

⑸　差押えが一部競合した場合の効力

電子記録債権の一部が差し押さえられ，又は仮差押えの執行を受けた場合において，その残余の部分を超えて差押命令が発せられたときは，各差押え又は仮差押えの執行の効力は，その電子記録債権の全部に及ぶ（法149条前段の準用)。電子記録債権の全部が差し押さえられ，又は仮差押えの執行を受けた場合において，その電子記録債権の一部について差押命令が発せられたときのその差押えの効力も，同様である（同条後段の準用)。

⑹　質権等によって担保される電子記録債権の差押えの登記等の嘱託

被担保債権が差し押さえられれば，従たる権利である担保権にも差押えの効力が及ぶ。そこで，登記若しくは登録（以下「登記等」という）のされた先取特権，質権又は抵当権によって担保される電子記録債権に対する差押命令が効力を生じたときは，裁判所書記官は，申立てにより，その電子記録債権について「差押えがされた旨の登記等」を嘱託しなければならない（法150条の準用)。当該電子記録債権につき転付命令若しくは電子記録債権譲渡命令が効力を生じたとき，又は電子記録債権売却命令による売却が終了したときは，裁判所書記官は，申立てにより，当該電子記録債権を取得した差押債権者又は買受人のために，先取特権，質権又は抵当権の移転の登記等を嘱託し，及び「差押えがされた旨の登記等」の抹消を嘱託しなければならない（法164条１項の準用）。嘱託書には，転付命令若しくは電子記録債権譲渡命令の正本又は電子記録債権売却命令に基づく売却について執行官その他の執行裁判所が相当と認める者が作成した文書の謄本を添付しなければならず（同条２項の準用），また，オンライン申請システム（不登法16条２項，18条）を使用して嘱託をする場合には，嘱託情報と併せて，転付命令若しくは電子記録債権譲渡命令があったことを証する情報又は電子記録債権売却命令に基づく売却について執行官その他の執行裁判所が相当と認める者が作成した文書の内容を証する情報を提供しなければならない（法164条３項の準用）。前記申立てをするときは，記録上明らかな場合を除き，転付命令又は電子記録債権譲渡命令が第三債務者に送達された時までに，他の差押え及び仮差押えの執行がないことを証する文書を提出しなければならず（144条の準用），嘱託に要する費用は差押債権者又は買受人の負担とされている（法164条４項の準用）。

差し押さえられた電子記録債権について，①支払若しくは供託があったことを証する文書が提出されたとき，②電子記録債権執行の申立てが取り下げられたとき，又は③差押命令の取消決定が確定したときは，裁判所書記官は，申立てにより，「差押えがされた旨の登記等」の抹消を嘱託しなければならない（法164条５項の準用）。この際の，嘱託に要する費用は，①については債務者の負担とされ，②及び③については差押債権者の負担とされている（法164条６項の準用）。

⑺　申立ての取下げ等の通知

電子記録債権執行の申立てが取り下げられたときは，裁判所書記官は，差押命令の送達を受けた第三債務者及び電子債権記録機関に対し，その旨を通知しなければならない（136条１項の準用）。債務者に対しては，14条により通知がされる。

電子記録債権執行の手続を取り消す旨の決定がされたときは，裁判所書記官は，差押命令の送達を受けた第三債務者及び電子債権記録機関に対し，その旨を通知しなければならない（136条３項の準用）。差押債権者及び債務者に対しては，２条１項２号又は３号により告知される。

差押命令が第三債務者及び電子債権記録機関に送達された場合において，強制執行の一時の停止を命ずる旨を記載した裁判の正本（法39条１項７号），又は，債権者が債務名義の成立後に弁済を受け若しくは弁済の猶予を承諾した旨を記載した文書（同項８号）が提出されたときは，裁判所書記官は，差押債権者，第三債務者及び電子債権記録機関に対し，これらの文書が提出された旨及びその要旨並びにこれらの文書の提出による執行停止が効力を失うまで，差押債権者には差し押さえた電子記録債権について取立てをしてはならない旨を，第三債務者には差し押さえられた電子記録債権について支払をしてはならない旨を，電子債権記録機関には差し押さえられた電子記録債権について電子記録[10]をそれぞれしてはならない旨をそれぞれ通知しなければならない（136条２項の準用）。

通知の方法については適宜の方法で行い[11]，通知をしたときは，裁判所書記官は，その旨及びその方法を記録上明らかにする（３条１項，民訴規４条１項，２項）。

⑻　配当要求

執行力のある債務名義の正本を有する債権者及び文書により先取特権を有することを証明した債権者は，配当要求をすることができる（法154条１項の準用）。配当要求は，債権の原因及び額を記載した書面でしなければならない（26条の準用）[12]。

配当要求があったときは，その旨を記載した文書を第三債務者に送達しなければならない（法154条２項の準用）。また，その場合には，差押債権者，債務者及び電子債権記録機関に対しても，裁判所書記官から通知がされる（27条の準用）。さらに，裁判所書記官は，前記配当要求があった旨を記載した文書が第三債務者に送達された旨及びその年月日を，電子債権記録機関に通知しなければならない（150条の13の解説参照）。

⑼　取立て

ア　差押債権者は，債務者に対して差押命令が送達された日から１週間を経過したときは，差し押さえた電子記録債権を取り立てることができる（法155条１項の準用）[13]。電子記録債権も金銭債権であり，換価手段の段階においては，差押債権者が直接電子記録債権を取り立てて自らの債権の満足に充てることができるようにすることが合理的であることから，債権執行と同様の換価手続を整備したものである。

差押債権者が第三債務者から支払を受けたときは，その債権及び執行費用は，支払を受けた額の限度で，弁済されたものとみなされる（同条３項の準用）。差押債権者は，第三債務者から支払を受けたときは，直ちにその旨を執行裁判所に届け出なければならず（同条４項の準用），取立届には，事件の表示，債務者及び第三債務者の氏名又は名称並びに第三債務者から支払を受けた額及び年月日を記載しなければならない（137条の準用）。

イ　第三債務者から支払を受けた差押債権者は，電子記録義務者（電債法２条８項）として，電子債権記録機関に対し支払等記録の請求をすることができる[14]（電債法25条１項１号）。また，第三債務者は，差押債権者に対し，支払をするのと引換えに，第三債務者が支払等記録の請求をすることについての承諾を請求することができ[15]（同条３項），これを得た上で電子債権記録機関に対し第三債務者だけで支払等記録の請求をすることとなる（同条１項３号）。

ウ　電子債権記録機関としては，差押債権者について，いったん取立権が発生した場合であっても，複数の差押えの競合等により第三債務者に供託義務が発生した場合（150条の12第２項）には，差押債権者が取立てを行うことはできないから，差押債権者に対し支払がされたことによる支払等記録の請求に応じてはならない(16)。したがって，電子債権記録機関は，前記支払等記録の請求がされた場合には，前記支払がされた日より前に，第三債務者に対し，当該電子記録債権について，①差し押さえられていない部分を超えて発せられた差押命令又は仮差押命令が送達されていないかどうか（150条の12第２項），②配当要求があった旨を記載した文書が送達されていないかどうか(17)（同項）を確認した上で，前記請求に応じる必要があることになろう。

⑽　差押命令の取消し

電子記録債権は金銭債権であるから，令和元年改正法による改正後の法155条５項以下の差押命令の取消しに関する規定が準用される。これにより，取り立てることができることとなった日（本条１項により準用される137条の取立届又は137条の２の支払を受けていない旨の届出をした場合にあっては，最後に当該届出をした日）から２年を経過した後４週間以内に取立届（電子記録債権の全部の支払を受けた旨の届出を除く。以下同じ。）又は支払を受けていない旨の届出をしないときは，執行裁判所は差押命令を取り消すことができることとなる。もっとも，差押債権者が取消決定の告知を受けてから１週間の不変期間内に一部取立届又は支払を受けていない旨の届出をしたときは，取消決定は効力を失う。

支払を受けていない旨の届出の方式等については137条の２が，差押命令の取消しの予告については137条の３が準用される。詳細については，これらの各条の解説を参照されたい。

⑾　取立訴訟

差押債権者は，取立により任意の支払を受けられない場合，取立訴訟を提起することができる。関連する規定は，基本的に債権執行と同様である（法157条１項から５項までの準用)。

⑿ 債権者の損害賠償

差押債権者は，債務者に対し，差し押さえた電子記録債権につき換価のための権限の行使を怠ったことによって生じた損害を賠償する責めに任ずる（法158条の準用)。

⒀ 転付命令

ア 執行裁判所は，差押債権者の申立てにより，支払に代えて券面額で差し押さえられた電子記録債権を差押債権者に転付する命令（転付命令）を発することができる（法159条１項の準用)。

転付命令は，債務者及び第三債務者に送達しなければならない（同条２項の準用)。転付命令が第三債務者に送達される時までに，転付命令に係る電子記録債権について，他の債権者が差押え若しくは仮差押えの執行又は配当要求（交付要求も同様）をしたときは，転付命令は効力を生じない[18]（同条３項の準用)。また，転付命令が第三債務者に送達される時までに滞納処分による差押えがされたときも，転付命令は効力を生じない（滞調法36条の14第１項，36条の５)。

イ 転付命令は，確定しなければその効力を生じない（法159条５項の準用[19])。

転付命令が効力を生じた場合においては，差押債権者の債権及び執行費用は，転付命令に係る電子記録債権が存する限り，その券面額で，転付命令が第三債務者に送達された時に弁済されたものとみなされる（法160条の準用)。

ウ 裁判所書記官は，転付命令が効力を生じたときは，電子債権記録機関に対し，電子記録債権の債権記録に債権者として記録されている者の変更を内容とする変更記録の嘱託をしなければならない（150条の14第５項の準用)。変更記録の嘱託の際に電子債権記録機関に対して提供しなければならない情報は，電子記録債権譲渡命令の場合と同様である（150条の14の解説の3⑸参照)。

裁判所書記官からの変更記録の嘱託を受けた電子債権記録機関は，電子記録債権譲渡命令の場合と同様,転付命令の第三債務者に対する送達前に,他の債権者の差押え,仮差押えの執行若しくは配当要求(交付要求も同様)又は滞納処分による差押えがされていないかどうかを確認する必要があることになろう。

エ　転付命令の申立てについての決定に対しては，執行抗告をすることができる（法159条4項の準用)。

転付命令が発せられた後に強制執行の一時の停止を命ずる旨を記載した裁判の正本（法39条1項7号)，又は，債権者が債務名義の成立後に弁済を受け若しくは弁済の猶予を承諾した旨を記載した文書（同項8号）を提出したことを理由として執行抗告がされたときは，抗告裁判所は，他の理由により転付命令を取り消す場合を除き，執行抗告についての裁判を留保しなければならない（法159条7項の準用)。

⒁　配当等の実施

第三債務者が,権利供託(150条の12第1項)若しくは義務供託(同条2項)をした場合又は供託判決に基づき供託した場合（法157条5項の準用）には,執行裁判所は,配当等を実施しなければならない(法166条1項1号の準用)。配当等を受けるべき債権者の範囲は，権利供託又は義務供託がされた場合には当該供託時までに差押え，仮差押えの執行又は配当要求（交付要求も同様）をした債権者であり（法165条1号の準用)，供託判決に基づく供託がされた場合には取立訴訟の訴状が第三債務者に送達された時までに，差押え，仮差押えの執行又は配当要求（交付要求も同様）をした債権者である（同条2号の準用)。

電子記録債権売却命令により執行官その他の執行裁判所が相当と認める者が売却を行った場合には，執行裁判所は，配当を実施しなければならない（法166条１項２号の準用）。配当等を受けるべき債権者の範囲は，電子記録債権売却命令により執行官その他の執行裁判所が相当と認める者が売得金の交付を受けた時までに，差押え，仮差押えの執行又は配当要求（交付要求も同様）をした債権者である（法165条３号の準用）。

そのほか，配当等の実施の手続については，債権及びその他の財産権に対する強制執行における執行裁判所の配当等の手続に準用されている不動産の強制執行の規定（法84条，法85条及び法88条から法92条まで並びに59条から62条）が同様に準用されている。

注⑴　債権執行実務（下）319頁【書式５】参照

⑵　既発生の利息債権を差し押さえる場合について，債権手引69頁参照

⑶　差押命令の一部を取り消す場合の主文としては，「当裁判所が平成○年（ル）第○号電子記録債権差押命令申立事件について，平成○年○月○日に決定した電子記録債権差押命令の電子記録債権につき，別紙電子記録債権目録（注：一部取消し後の差押えの範囲を記載。）記載の範囲を超える部分を取り消す」とすることが考えられる（債権手引182頁参照）。

⑷　なお，電子記録債権は，その発生の原因となった原因債権とは別個の債権であるから（一問一答電債法85頁），差押禁止債権に関する法152条は準用されておらず，「差し押さえてはならない債権の部分」（150条の15第１項，法153条１項）は観念できない。もっとも，差押禁止債権の支払に代えて電子記録債権を発生させたような場合には，「債務者の生活の状況その他の事情」（前記各項）として考慮し，差押命令の一部を取り消すことはあり得よう（宇佐見隆男・注釈民執法⑹399頁参照）。

⑸　法153条が準用されることから，差押禁止債権の範囲変更の申立てをすることができる旨の教示等に関する法145条４項及び133条の２の規定も準用される。150条の10の解説の９⑵を参照

⑹　これに対し，差押命令が全部取り消された場合は，裁判所書記官からその旨の通知（150条の15第１項，136条３項）を受けた電子債権記録機関は，強制執行等の電子記録を削除する旨の変更記録をする（電債法施行令７条)。

⑺　「その他当該電子記録債権を特定するために必要な事項」としては，①分割払いの方法により債務を支払う場合の各支払期日（電債法16条１項２号)，②債権者が複数の場合は，可分債権か不可分債権か，可分債権である場合は債権者ごとの債権の金額（同項４号)，③債務者が複数の場合は，可分債務か不可分債務又は連帯債務か，可分債務である場合は債務者ごとの債務の金額（同項６号）が挙げられる。

⑻　電子記録債権の存否は記録原簿上の記録の有無で明確になることから，職権で必ず陳述を催告することとし，その回答を得た上で，執行裁判所による換価方法の適否や目的物不存在による取消しの判断を容易にしたものである。

⑼　前記注⑻記載の趣旨をかんがみると，第三債務者から電子記録債権が存在しない旨の陳述があったことのみをもって執行手続を取り消すのは相当ではなく，電子債権記録機関からの陳述を待って，手続を取り消すこととなろう。

⑽　電子記録が禁止されるのは，強制執行が停止されること等によるものであるから，この場合に禁止される電子記録は，差押債権者が取立権を行使したことによる支払等記録など，強制執行の手続の一環としてされる電子記録である。なお，あくまでも強制執行の「停止」であり，差押命令の効力を消滅させるものではないから，差押命令により禁止された電子記録は禁止されたままである。

⑾　ただし，電子記録債権に対する差押命令の申立ての取下げ，電子記録債権執行手続の取消決定がされた場合については，強制執行等の電子記録を削除する旨の変更記録をする必要があるため，書面をもって通知する必要がある（電債法施行令７条)。

⑿　配当要求の終期については，後記⒁参照

⒀　なお，電子記録債権は，その発生の原因となった原因債権とは別個の債権であり，法152条１項各号に掲げる債権又は同条２項に規定する債権であることはないから，これらの債権について取り立てることができる日を債務者に送達された日から４週間を

経過したときとする法155条2項の規定は，準用されていない。

⒁ 振替社債等執行においては，差押債権者は，「債務者に属する権利であつて，取立てのために必要なもの」の行使（150条の5第2項）として，抹消の請求をすることができる（150条の5解説3参照)。これに対し，電子記録債権執行においてこのような規定が置かれていないのは，本文記載のとおり，電子記録債権における差押債権者は電子記録義務者であり，支払等記録の請求権を固有の権利として有していること，支払等記録の請求は支払と引換給付の関係になく，「取立てのために必要なもの」ではないこと，差押債権者は電子記録義務者として第三債務者が支払等記録をすることについて承諾する義務を負うものであり，前記承諾は権利ではないことなどによるものである。

⒂ なお，債務者は，差押命令により「その他の処分」が禁止されていることから（150条の10第1項)，第三債務者が支払等記録の請求をすることについて承諾することは認められない。

⒃ なお，差押債権者が有効な差押命令を受けた者であるかは，差押命令の送達を受ける電子債権記録機関及び第三債務者において把握しているところである。第三債務者は，①自らが供託義務を負っていないこと（150条の12第2項)，②債務者に対して差押命令が送達されて1週間を経過していること（本条1項，法155条1項）を確認することによって，差押債権者が取立権を行使することができる者であることを把握することができる。また，電子債権記録機関は，第三債務者から支払等記録の請求があった場合には，これらに加え，③差押債権者が第三債務者に対し，単独で支払等記録の請求をすることを承諾したことを確認することにより，第三債務者が支払等記録の請求をすることができる者であると把握することができる。

⒄ 配当要求があった旨を記載した文書が第三債務者に送達された日は，電子債権記録機関に通知される（150条の13)。

⒅ 「差押え又は仮差押えの執行をしたとき」については，150条の14注⑺参照

⒆ 注⒀と同様の趣旨から，法159条6項は準用されていない。

（債権執行の手続への移行）

第150条の16　第150条の10第１項の差押命令が発せられている場合において，電子記録債権法第77条第１項の規定により差押えに係る電子記録債権が記録されている債権記録がその効力を失つたときは，事件は，当該電子記録債権の内容をその権利の内容とする債権に対する債権執行の手続に移行する。

2　前項の規定により債権執行の手続に移行したときは，既にされた執行処分その他の行為はなお効力を有する。

3　第三債務者に差押命令が送達されている場合において，電子債権記録機関に差押命令が送達されていないときは，第１項に規定する債権に対する差押えの効力は，同項の規定による移行の時に生ずる。

〔解　説〕

電子債権記録機関が電債法76条１項の業務移転命令を受けた場合において，当該命令において定められた期限内にその電子債権記録業を移転することなく当該期限を経過したときは，当該期限を経過した日にその備える記録原簿に記録されている債権記録は効力を失い（電債法77条１項），当該債権記録に記録された電子記録債権の内容をその権利の内容とする債権(1)として存続することとなる（同条２項）。電子記録債権執行は，債権記録に記録された電子記録債権を対象とするものであるから，債権記録が効力を失う以上，電子記録債権執行の手続により，転付命令，電子記録債権譲渡命令又は電子記録債権売却命令による換価をすることができない。そこで，前記事情により債権記録が効力を失ったときは，電子記録債権執行に係る事件は債権執行の手続へ移行し，既にされた執行処分その他の行為はなお効力を有することとされた（本条１項，２項）。

なお，第三債務者には差押命令が送達されたが，電子債権記録機関には送達されていない段階で，債権記録が効力を失い，債権執行手続に移行した場合，第三債務者への差押命令の送達時に適用されていた電子記録債権執行に関する規定（150条の10第４項）によれば，移行の時点において，第三債務者への差押えの効力は生じているものの，債務者に対する差押えの効力は生じていない。しかし，債権執行手続移行後に，新たに差押命令が送達されることはない。そこで，前記移行のときに差押えの効力が生じることとされている（本条３項）。

注⑴　令和元年改正規則による改正前の本条１項においては，「電子記録債権の内容をその権利の内容とする指名債権に対する債権執行の手続に移行する」と規定されていたが，いわゆる債権法改正に関する民法の一部を改正する法律の施行に伴う関係法律の整備等に関する法律（平成29年法律第45号）の施行により，電債法77条１項の規定中「指名債権」が「債権」に改められたことを受けて，令和元年改正規則同改正により，「指名債権」が「債権」に改められた。本条３項についても同様である。

第３節　金銭の支払を目的としない請求権についての強制執行

（不動産の引渡し等の強制執行の際に採つた措置の通知）

第151条　執行官は，不動産等（法第168条第１項に規定する不動産等をいう。以下この節において同じ。）の引渡し又は明渡しの強制執行をした場合において，不動産等の中に差押え又は仮差押え若しくは仮処分の執行に係る動産があつたときは，これらの執行をした執行官に対し，その旨及び当該動産について採つた措置を通知しなければならない。

〔解　説〕

1　本条の趣旨

執行官が不動産等[1]の引渡し又は明渡しの強制執行（法168条）をした場合に，これらの物の中に執行の目的物でない動産があるときは，執行官は，これを除いて債務者等に引き渡すか，売却するか，又は自らこれを保管しなければならない（同条５項，６項，154条の２）。

本条は，この目的外動産が差押え又は仮差押え若しくは仮処分の執行（以下「差押え等）という。）に係る物である場合，目的外動産の所在等を明らかにするため，不動産等の引渡し又は明渡しの強制執行を担当した執行官が，目的外動産に対する差押え等をした執行官に対し，差押え等に係る動産がある旨及び執行官が当該動産について採った措置（保管場所の変更等）を通知する義務があることを定めたものである。

もっとも，差押え等をした執行官が引渡し等の執行をする執行官と同じ地方裁判所に所属しているときは，引渡し等の執行をする執行官が保管替え等の適宜の措置を採ることができる[2]ので，本条は，両執行官が別の地方裁判所に所属する場合に特に意味がある規定である。

2　徴収職員等に対する通知

本条は，滞納処分等の民事執行外の手続と民事執行の手続との調整を直接目的とするものではないので，徴収職員等執行官以外の公務員に対する通知は規定していない。しかし，差押え等をした執行官に目的外動産の所在等を明らかにするという本条の趣旨は，滞納処分として動産を差し押さえた（国徴法56条参照）徴収職員にも妥当すると考えられる（滞調法３条３項参照）から，取扱いとしては，目的外動産の差押えをした徴収職員等に対しても通知をすべきである。

注⑴　平成15年改正法により，法168条１項所定の「不動産又は人の居住する船舶等」が「不動産等」と定義されたことを受けて，平成15年改正規則において，本条，152条から153条までの「不動産又は人の居住する船舶その他の物」が「不動産等」に改められた。

⑵　鈴木重信・注解民執法⑸56頁

（職務執行区域外における不動産の引渡し等の強制執行）

第152条　執行官は，所属の地方裁判所の管轄区域の内外にまたがる不動産等について引渡し又は明渡しの強制執行をするときは，所属の地方裁判所の管轄区域外で職務を行うことができる。

〔解　説〕

執行官が不動産等の引渡し又は明渡しの強制執行（法168条）をする場合において，これらの物がその執行官の所属する地方裁判所の管轄区域の内外にまたがっているときは，管轄区域外においても職務を行う必要がある。

そこで，本条は，執行官法４条に規定する職務執行区域の特則として，この場合に執行官が所属の地方裁判所の管轄区域外で職務を行うことができることを規定している。

明渡しの対象となる不動産等のうち人の居住する船舶が管轄区域の内外にまたがっているという事態は稀有であるが，そのような事態は絶対にあり得ないわけではなく，殊更にこれを除外する理由はない。そこで，本条は，法168条１項に規定する強制執行の全てについて，執行官の職務執行区域の特則を規定している。

（不動産の引渡し等の執行調書）

第153条　不動産等の引渡し又は明渡しの強制執行をしたときに作成すべき調書には，第13条第１項各号に掲げる事項のほか，次に掲げる事項を記載しなければならない。

一　強制執行の目的物でない動産を法第168条第５項前段に規定する者に引き渡したときは，その旨

二　前号の動産を売却したときは，その旨

三　第１号の動産を保管したときは，その旨及び保管した動産の表示

〔解　説〕

1　本条の趣旨

執行官が不動産等の引渡し等の強制執行をした場合には，13条１項及び２項の規定が適用されるので，執行官は，これらの規定に基づいて調書を作成しなければならない。

本条は，この場合の調書の記載事項について，13条１項[(1)]の特則を規定しているところ，平成15年改正規則により，強制執行の目的物でない動産（以下「目的外動産」という。）の売却の手続に関する平成15年改正法による改正（法168条５項，６項）等を踏まえた整備がされたものである。

2　目的外動産の処理に関する事項等

執行官は，不動産の引渡し等の強制執行において，目的外動産を取り除いて，債務者，その代理人又は同居の親族若しくは使用人その他の従業者で相当のわきまえのあるもの（以下「債務者等」という。）に引き渡さなければならないとされ（法168条５項前段），これができないときは，執行官は，保管を要しないで売却をすることができる（同項後段）。そして，目的外動産のうち，債務者等への引渡し又は売却をしなかったものがあるときは，その動産を保管しなければならず（同条６項前段），保管後にその動産を債務者等に引き渡すことができないときは，執行官はその動産を売却することができる（同項後段）。このような執行官による目的外動産の引渡し，売却又は保管がされたことは，不動産の引渡し等の強制執行における「実施した民事執行の内容」（13条１項４号）とはいえないが，これらを明らかにしておくため，調書の記載事項として以下のものが掲げられている。

⑴　目的外動産を法168条５項前段に規定する者に引き渡したときは，その旨（１号）

⑵　目的外動産を売却したときは，その旨（２号）

⑶　目的外動産を保管したときは，その旨及び保管した動産の表示（３号）

注⑴　債権者又はその代理人が出頭した旨は，「民事執行に立ち会った者の表示」（13条１項３号）として，強制執行の目的物に対する債務者の占有を解き，債権者又はその代理人にその占有を取得させた旨は，「実施した民事執行の内容」（13条１項４号）として，いずれも調書の記載事項となる。

（不動産の引渡し等の執行終了の通知）

第154条　前条の強制執行が終了したときは，執行官は，債務者に対し，その旨を通知しなければならない。

〔解　説〕

本条は，不動産等の引渡し又は明渡しの強制執行（法168条）が終了したときに，執行官がその旨を債務者に通知すべきことを規定している。

執行の終了について，一般的な通知の規定を設ける必要がないことは，15条の解説に詳述したとおりである。

しかし，不動産等の引渡し等の強制執行が終了したことは，債務者には当然には分からないので，その旨を債務者に通知する必要がある。債務者が立ち会っていたときは，口頭で通知すれば足りる（３条１項，民訴規４条１項）。

不動産の引渡し等の強制執行は，債権者又はその代理人が執行の場所に出頭したときに限り，することができる（法168条３項）ので，債権者に対する通知を義務付ける必要はない。

（強制執行の目的物でない動産の売却の手続等）

第154条の２　法第168条第５項後段（同条第６項後段において準用する場合を含む。）の規定による売却の手続については，この条に定めるもののほか，動産執行の例による。

２　執行官は，不動産等の引渡し又は明渡しの強制執行の申立てがあつた場合において，法第168条の２第１項に規定する明渡しの催告を実施したときは，これと同時に，当該申立てに基づく強制執行の実施予定日を定めた上，当該実施予定日に強制執行の目的物でない動産であつて法第168条第５項の規定による引渡しをすることができなかつたものが生じたときは，当該実施予定日にこれを同項後段の規定により強制執行の場所において売却する旨を決定することができる。この場合において，執行官は，売却すべき動産の表示の公告に代えて，当該実施予定日において法第168条第５項の規定による引渡しをすることができなかつた動産を売却する旨を公告すれば足りる。

３　執行官は，不動産等の引渡し又は明渡しの強制執行を行つた日（以下この項において「断行日」という。）において，強制執行の目的物でない動産であつて法第168条第５項の規定による引渡しをすることができなかつたものが生じ，かつ，相当の期間内に当該動産を同項前段に規定する者に引き渡すことができる見込みがないときは，即日当該動産を売却し，又は断行日から１週間未満の日を当該動産の売却の実施の日として指定することができる。この場合において，即日当該動産を売却するときは，第115条（第120条第３項において準用する場合を含む。）各号に掲げる事項を公告することを要しない。

４　前項の規定は，高価な動産については，適用しない。

５　執行官は，不動産等の引渡し又は明渡しの強制執行の申立てをした債権者に対し，明渡しの催告の実施又は強制執行の開始の前後を問わず，債務者の占有の状況，引渡し又は明渡しの実現の見込み等についての情報の提供その他の手続の円滑な進行のために必要な協力を求めることができる。

〔解　説〕

1　本条の趣旨

本条は，不動産等の引渡し又は明渡しの強制執行における目的外動産の売却の手続及び債権者の協力義務について，規定している。

平成15年改正法により，不動産等の引渡し等の強制執行の実効性向上の観点から，目的外動産を債務者等に引き渡すことができないときは，その保管を要しないで即時に売却することも許容されることが明らかにされた[(1)]（法168条５項）。本条は，法168条５項及び６項の委任を受けて，目的外動産について，即時に又は保管した後に売却するための手続を規定したものである。

2　目的外動産の売却手続（１項）

本条１項は，目的外動産の売却の手続について，本条で定めるもののほか，動産執行の例によることを規定している。

平成15年改正前の法168条では，執行官は，目的外動産を債務者等に引き渡すことができないときは，その動産を保管しなければならず（同条４項），この場合には，動産執行の例により売却することができる旨規定されていた（同条６項）。動産執行の売却方法には，競り売り（114条），入札（120条），特別売却（121条）及び委託売却（122条）があるが，目的外動産をいかなる方法で売却するかについては，執行官の裁量に委ねられる。実務上，目的外動産の売却については，簡便な競り売りの方法によることが多いようであるが，この手続によれば，執行官は，やむを得ない事由がある場合を除き，保管の日から１週間以上１月以内の日を競り売り期日又は入札期日（以下「売却期日」という。）として指定し（114条１項後段），115条各号に掲げる事項を公告[(2)]した上，債権者及び債務者に対し，売却期日を開く日時及び場所を通知[(3)]しなければならない（115条）。

平成15年改正前の法168条６項が，目的外動産について，搬出・保管を要しないで即時に売却することを許容する趣旨であるかどうかは必ずしも明確ではなく，解釈上の疑義があったことから，平成15年改正法により，目的外動産を即時に又は一旦保管[(4)]した後，最高裁判所規則で定めるところにより売却できることが明示的に定められた[(5)]（法168条５項後段，６項）。

これを受けて，本条１項は，目的外動産の売却の手続については，この条に定めるもののほかは，従来どおり動産執行の例によることとした上で，本条２項及び３項において，売却期日の指定（114条１項後段）及び公告（115条）に関する特則を定めている[(6)]。

このように，平成15年改正規則により，様々な売却の手続が規定されたものであるが，執行官は，事案に適した売却方法を選択する必要がある。例えば，目的外動産が大量に残置されており，動産目録作成のために長時間を要する事案や，目的外動産の処理をめぐってトラブルが予想される事案においては，一旦目的外動産を保管した上，売却期日を指定するのが相当であろう。

３　明渡しの催告を実施した場合の売却手続（２項）

本条２項は，執行官が明渡しの催告を実施した場合における目的外動産の売却の手続について，不動産の引渡し等の強制執行の実効性向上の観点から，売却期日の指定（114条１項後段）及び公告（115条）の特則を規定している。

⑴　売却期日の指定

執行官は，引渡し期限を定めて明渡しの催告をすることができる（法168条の２第１項）が，この場合に，不動産の引渡し等の強制執行を行った日（以下「断行日」という。）に残置された目的外動産を，一定期間の保管を要しないで即時に売却することができれば，不動産の引渡し等の強制執行の迅速な処理が図れるものと考えられる。他方，この場合には，執行官は，目的外動産の種類，数量，引取りの意思等を勘案して強制執行の実施予定日を指定し，その引取りを促すとともに，これを公示する措置が採られる（同条３項）ことから，当該実施予定日に即時に目的外動産の売却を実施することとしても，債務者等の利益を害することにはならないものと考えられる[(7)]。

そこで，本条２項は，執行官が，明渡しの催告を実施したときは，これと同時に，不動産の引渡し等の強制執行の実施予定日に目的外動産を売却する旨を決定することができることとしたものである。

⑵　公告

執行官は，売却期日を指定した場合には公告をしなければならないが，債務者等が断行日までに引き取った動産は売却の対象にはならないから，公告の時点では売却対象動産が不確定にならざるを得ない。

そこで，本条２項は，売却すべき動産の表示の公告（115条２号）に代えて，当該実施予定日において債務者等に引渡しをすることができなかった動産を売却する旨を公告すれば足りることとしたものである。

4　目的外動産を債務者等に引き渡すことができる見込みがない場合の特則（３項）

本条３項は，執行官が断行日又はこれと近接した日時において目的外動産の売却を実施する手続について，売却期日の指定（114条１項後段）及び公告（115条）の特則を規定している[8]。

⑴　売却期日の指定

動産執行において，売却期日は，やむを得ない事由がある場合を除き，差押えの日から１週間以上後の日にしなければならない（114条１項，120条３項）とされた理由は，売却期日を公告等により一般に周知させ，多数の買受希望者を募る必要があること，債務者や関係人に対して任意弁済や執行手続に関する各種の異議申立ての機会を与えること等にあるものと解される[9]。

ところで，目的外動産の売却は，動産執行のような換価手続とは異なり，不動産の引渡し等の強制執行に付随する事後処理にすぎないから，多数の買受希望者を募るために売却期日まで一定の期間を設ける必要性が高いわけではなく，むしろ迅速に売却できる方が強制執行の実効性向上に資するものと考えられる。しかも，債務者等が，動産を受領する意思がないことを表明したときや，長期間所在不明であり動産を受領する意思を示すとは認め難いとき等，債務者等に目的外動産を引き渡すことができる見込みがないときには，直ちにこれを売却しても，債務者等の引取りの機会を不当に奪うものとはいえない。

そこで，本条３項は，執行官は，断行日において，相当の期間内に目的外動産を債務者等に引き渡すことができる見込みがないときは，即日又は断行日から１週間未満の日であっても売却を実施することができることとしたものである。このような売却方法を実施するに当たっては，債務者等の引取りの意思等を十分に把握し，事後的に目的外動産の処理をめぐる紛争が生じないよう配慮する必要があろう。

⑵　公告

115条が動産執行の売却の手続において公告を要することとした趣旨は，差押物を売却することを一般公衆に周知させ，多数の人に対し高価な買受けの申出を誘引し，これによって執行当事者の利益を保護するためであると解される[10]。

しかし，目的外動産の売却は，不動産の引渡し等の強制執行に付随する事後処理にすぎないから，可及的に高価で売却する要請が動産執行ほど高いわけではないし，債権者及び債務者に対しては売却期日等が通知されるから（115条），これらの利害関係人を通じて買受希望者を募ることは可能である。しかも，公告後１，２時間で売却するような場合であっても公告をしなければならないとしても，実質的に公告の機能を果たすものとはいい難く，かえって公告が形骸化したものになりかねない。

そこで，本条３項は，即日売却を実施する場合には，公告を不要としたものである。

もっとも，断行日に即日売却を実施するのではなく，これに近接した日において売却を実施する場合には，売却の実施までに公告を行う時間的余裕があり，その意義も認められるから，公告を不要とはしないこととしたものである。

5　高価な動産についての適用除外（４項）

本条４項は，高価な動産については，本条３項の規定を適用しないことを規定している。

これは，本条３項による売却は，本条１項又は２項による売却の場合に比べて債務者の引取りの機会が少なくならざるを得ないことに鑑み，適正な価格による売却を実現するための手続を保障し，債務者等の利益を害することがないよう配慮したものである。

この規定は，高価な動産について一定の手続保障を重視するという観点からは，執行官は，高価な動産を売却するときには，評価人を選任して動産を評価させなければならないとする111条１項と同趣旨のものであるともいえよう[11]。

高価な動産に当たるかどうかは，社会通念に照らして判断されることとなるが，例えば，宝石，書画骨とう，精密機械等がこれに当たるものと解される。

6　債権者の協力義務（５項）

本条５項は，不動産の引渡し等の強制執行の実効性を向上させ，その手続の円滑な遂行を図るため，債権者の協力義務について規定している。

不動産の引渡し等の強制執行においては，目的物の引渡しや目的外動産の搬出等について，債権者の積極的な関与が不可欠であり，債権者の果たすべき役割が高いものというべきである。

執行官が，この強制執行を円滑に遂行するためには，不動産の占有の状況，債務者の態度等を把握し，他の執行官や警察等に対する援助請求の要否，解錠の可能性等を判断して適切に対処し，補助者（労務作業員，運送業者，倉庫業者等）を手配するなど，十分な事前準備を行う必要がある。

また，執行官は，執行の手順について，あらかじめ債権者と十分な打合せを行い[12]，明渡しの催告における適切な占有認定のために債権者の立会いを求めたり，債権者に必要な準備を求めることが運用上相当である。

そこで，本条５項は，債権者の自覚を促し，一層の協力を期待するため，執行官は，不動産の引渡し等の強制執行の申立てをした債権者に対し，情報の提供その他の手続の円滑な遂行のために必要な協力を求めることができることとしたものである。

注⑴　谷口外・解説124頁参照

⑵　公告の方法等については，４条に規定がある。

⑶　通知の方法等については，３条に規定がある。

債権者及び債務者に対して売却期日を通知する趣旨は，債権者に自ら動産を買い受ける機会を与えると同時に，売却について重大な利害関係を有する債権者及び債務者を通じて広く買受希望者を募ることにあるものと解される（柳田幸三・注解民執法⑷262頁参照）。

⑷　保管の方法は，執行官の裁量に委ねられている。実務上，債権者の同意等，一定の条件の下で，目的外動産を現場で保管する等の工夫もされているが（山﨑恒外「不動産執行の諸問題－明渡執行を中心に」平成11年度秋季弁護士研修講座75頁（商事法務研究会）参照），目的外動産の搬出・保管費用の低減を図るためにも合理的なものと考えられる。

⑸　谷口外・解説124頁参照

⑹　本条２項又は３項による売却の手続においても，債権者及び債務者に対する売却期日等の通知は必要である（115条）。

⑺　谷口外・解説125頁参照

⑻　法168条５項は，明渡しの催告が行われる場合に限定しないで，残置された目的外動産を直ちに売却することができることとした上で，その具体的な要件，手続等を最高裁判所規則に委ねたものと解される（谷口外・解説125頁参照）。

⑼　114条の解説の２，柳田幸三・注解民執法⑷257頁参照

⑽　柳田幸三・注解民執法⑷262頁参照

⑾　111条所定の「高価な動産」については，容積に比べて価額の高いもの又は通常人において時価を知り難く鑑定料を支払っても正確な評価が望ましいものをいうものと解

されている（111条の解説２，協議要録347頁〔638〕参照）

⑿　運用上，多くの庁で，執行官と債権者との事前の面接が行われているが，これによる参考事項の聴取が一層重要となろう。

（明渡しの催告等）

第154条の３　法第168条の２第１項に規定する明渡しの催告は，やむを得ない事由がある場合を除き，不動産等の引渡し又は明渡しの強制執行の申立てがあつた日から２週間以内の日に実施するものとする。

２　第27条の３の規定は，法第168条の２第３項の規定による公示をする場合について準用する。

〔解　説〕

１　本条の趣旨

本条は，明渡しの催告等の実施に関する細目的な事項について規定している。

平成15年改正前の実務において，不動産の引渡し等の強制執行の申立てを受けた執行官が，強制執行の断行実施予定日を債務者に事前に告げて，当該実施予定日までに任意に明渡しをするよう促すこと（明渡しの催告）が広く行われていた。このような実務慣行は，債務者の任意の退去により円滑な明渡しを実現するものであり，債務者にとって利益となるのみならず，債権者にとっても，断行に要する費用，労力等の面で利益となり，また，目的外動産を搬出するための費用や執行に必要な補助者の人数を見積もり，断行の準備をすることができることからも，合理的なものであると解される。しかし，明渡しの催告後，断行日までの間に，不動産の占有が第三者に移転された場合には，不動産の引渡し等の強制執行の手続を続行することができなくなり，再度，承継執行文の付与を受けた上で，手続を初めからやり直さなければならないという不都合を生じていた。

そこで，平成15年改正法により，この実務慣行の安定性を確保するため，「明渡しの催告」が法律上の制度として構成され，催告後断行日までに占有者の変更があった場合であっても承継執行文を要しないで即時に断行をすることが可能とされた[(1)]（法168条の２第１項，第６項）。

なお，明渡しの催告には，このように強力な効果が認められることから，催告後に不動産を占有した第三者の利益を不当に害することがないようにするため，承継執行文の付与を要しないで明渡しの断行を行うことができる期限（引渡し期限）を原則として明渡しの催告のあった日から１か月を経過する日とする[(2)]とともに（同条２項），執行官は，明渡しの催告をした旨，引渡し期限等を不動産の所在する場所に公示しなければならないこととされた（同条３項）。そして，この引渡し期限を伸張又は延長するためには，執行裁判所の許可を得なければならないものとされた[(3)][(4)]（同条２項，４項）。

２　強制執行の申立てから明渡しの催告実施までの期間（１項）

本条１項は，不動産の引渡し等の強制執行から明渡しの催告を実施するときまでの期間について規定している。

明渡しの催告（法168条の２第１項）は，不動産の引渡し等の強制執行の開始には当たらないと解される[(5)]から，明渡しの催告を実施する日時については，執行官が民事執行を開始する日時の指定について定めた11条２項は適用されない[(6)]。しかし，明渡しの催告に一定の効果が付与されることに伴い，不動産の引渡し等の強制執行の実効性を向上させる観点から，強制執行の申立て後，速やかに催告が実施されることが望ましい[(7)]。

そこで，明渡しの催告は，やむを得ない事由がある場合を除き，強制執行の申立てがあった日から２週間以内の日に実施することとしたものである。

３　公示の方法等（２項）

本条２項は，執行官が明渡しの催告において行う公示の方法等について規定している。

執行官は，明渡しの催告をしたときは，その旨，引渡し期限及び債務者が不動産等の占有を移転することを禁止されている旨を公示する[(8)]ものとされ（法

168条の２第３項），明渡しの催告後に占有の移転があっても，引渡し期限の経過前には，その者に対する承継執行文を要しないで強制執行をすることができる（同条６項）。この公示は，悪意の推定（同条８項）の根拠となるという重要な機能を有するものであり，公示書その他の標識の損壊に対し，刑事罰が設けられている（法212条２号）。

そこで，不動産の引渡し等の強制執行が行われるまで公示を継続するため，執行官が明渡しの催告において行う公示の方法について，公示保全処分の執行方法に関する27条の３を準用したものである。

具体的には，次のとおりである。

⑴　執行官は，滅失又は破損しにくい方法により公示書その他の標識を掲示しなければならない(同条１項の準用)。

⑵　執行官は，公示書その他の標識に，標識の損壊に対する法律上の制裁その他の執行官が必要と認める事項を記載することができる（同条２項の準用)。

注⑴　谷口外・解説117頁参照

⑵　引渡し期限とは，明渡しの催告に基づき承継執行文を要しないで承継人等に対する不動産の引渡し等の強制執行を行うことができる期限を意味するものであり（法168条の２第２項），具体的な断行予定日は，適宜の日を定めれば足りる（谷口外・解説121頁注（128）参照)。もっとも，不動産の引渡し等の強制執行の実効性向上の観点から明渡しの催告が制度化されたことに鑑みると，できるだけその期限内に断行が実施されることが望ましいものというべきである。

⑶　引渡し期限の伸張（法168条の２第２項）又は延長（同条４項）は，当事者恒定効が及ぶ期間を延期するものであるから，執行裁判所の許可に当たっては，具体的な事情に基づき，その必要性を判断すべきである。

例えば，目的不動産を寝たきりの高齢者，身体障害者等が占有していて，これを引き受ける親族がいなかったり，転居先の確保が必要な場合，建物の収去を伴う場合，目的不動産が大規模であったり，目的不動産の内部に大量の産業廃棄物が残置されているなど，目的外動産の処理手続に時間を要する場合等には，引渡し期限の伸張又は延長をする必要があるものと解されよう。

(4) 断行日において，急遽新たな断行日を指定する必要が生じる場合も考えられないわけではない。このような場合に，執行裁判所の許可を円滑に取得するため，執行官と執行裁判所との連絡態勢についても工夫する必要があろう。

(5) 谷口外・解説122頁注（133）参照

(6) 執行官が不動産の引渡し等の強制執行を開始する日時の指定については，11条２項が適用されるが，申立てがあった日から１週間以内の日には開始できないことについて「やむを得ない事情」が認められることが多いものと解される。

(7) 明渡しの催告を実施するためには，不動産の引渡し等の強制執行の開始要件が充足され，かつ，債務者が不動産を占有していることが必要となる（法168条の２第１項）。

(8) 執行官の行う公示の方法については，４条３項に規定があるが，明渡しの催告による公示は，当該不動産等の所在する場所にしなければならない。

（動産の引渡しの強制執行）

第155条　執行官は，動産（法第169条第１項に規定する動産をいう。以下この条において同じ。）の引渡しの強制執行の場所に債権者又はその代理人が出頭しない場合において，当該動産の種類，数量等を考慮してやむを得ないと認めるときは，強制執行の実施を留保することができる。

２　執行官は，動産の引渡しの強制執行の場所に債権者又はその代理人が出頭しなかつた場合において，債務者から動産を取り上げたときは，これを保管しなければならない。

３　第101条及び第153条から第154条の２（同条第２項を除く。）までの規定は，動産の引渡しの強制執行について準用する。

〔解　説〕

1　本条の趣旨

本条は，動産の引渡しの強制執行（法169条）について，債権者又はその代理人が執行の場所に出頭しない場合の措置並びに動産執行及び不動産の引渡し等の執行の規定の準用について規定している(1)。

2　強制執行の実施の留保（1項）

法は，動産の引渡しの強制執行においては，不動産の引渡し等の強制執行と異なり（法168条3項参照），債権者又はその代理人が執行の場所に出頭することを要件としていない。

しかし，引渡執行の対象となる動産の種類，数量等は千差万別であり，債権者又はその代理人が執行の場所に出頭していないときは，執行官が債務者から動産を取り上げた後債権者に引き渡すまでの間の目的動産の運搬及び保管に困難が伴う場合がある。

そこで，本条1項は，執行官は，執行の場所に債権者又はその代理人が出頭しない場合において，動産の種類，数量等を考慮してやむを得ないと認めるときは，強制執行の実施を留保することができるものとしている。やむを得ないかどうかは，当該動産の種類，数量等に照らし，その運搬及び保管に伴う困難がどの程度のものであるかによって決すべきである(2)。

執行官が本条1項により強制執行の実施を留保したことについて執行異議が申し立てられると，執行裁判所は，本条1項の要件の有無を審査する。その要件が備わっていれば，是正されるべき執行処分の遅怠（法11条1項後段）とはならない。

執行官は，本条1項により強制執行の実施を留保したときは，次に執行を実施する日時を債権者に通知する際に（11条の解説の3を参照），債権者又はその代理人の出頭を求めるべきである。執行開始前からその事情が判明しているときは，あらかじめ，債権者又はその代理人の出頭を求めればよい。

3　強制執行を実施した場合の措置（2項）

執行の場所に債権者又はその代理人が出頭しなかった場合にも，執行官は，債務者から動産を取り上げることができる。そして，これを債権者に引き渡す

（法169条１項参照）まで執行官が保管すべきことは当然である。本条２項は，これを規定したものである。

執行官は，債権者に動産を引き渡す義務を負う[(3)]が，債権者方に持参又は送付する必要はなく，債権者が引取りに来たときに保管の場所で引き渡せば足りる。

動産の運搬及び保管に要する費用は，あらかじめ，債権者に予納させることができる（執行官法10条１項６号，同法15条１項参照）。これは，債権者又はその代理人が執行の場所に出頭した場合には不要な費用であるから，執行費用にはならない（法42条１項参照）。この費用を要するのに債権者がこれを予納しないときは，執行官は，本条１項により強制執行の実施を留保することができる。

4　準用される動産執行及び不動産の引渡し等の執行の規定

本条３項は，101条及び153条から154条の２（同条２項を除く。）までの規定を動産の引渡執行について準用している。

⑴　職務執行区域外における引渡執行

執行官は，同時に数個の動産の引渡執行をする場合において，その数個の動産の所在する場所が所属の地方裁判所の管轄区域の内外にまたがっているときは，管轄区域外にある動産についても，引渡執行をすることができる（101条の準用）。執行官法４条に規定する職務執行区域の特則である。１個の動産が管轄区域の内外にまたがっているとき（152条参照）も，これに準じて解すべきである。

⑵　動産の引渡しの執行調書

動産の引渡執行においても，目的外動産があるときは，執行官は，これを取り除いて，債務者に引き渡すか，売却するか，自らこれを保管しなければならない（法169条２項，法168条５項，６項）。したがって，目的外動産に関するこれらの事項を執行調書に記載すべきことは，不動産の引渡し等の執行調書の場合と同じである（153条の準用）。

⑶　動産の引渡しの執行終了の通知

動産の引渡執行が終了したときは，執行官は，その旨を債務者に通知しなければならない（154条の準用）。その趣旨については，同条の解説を参照されたい。

債権者又はその代理人が執行の場所に出頭しなかったときは，債権者が執行の結果を執行官に問い合わせるべきであるから，債権者に対する通知は義務づけられていない。

⑷　目的外動産の売却の手続等

動産の引渡しの強制執行の目的物である動産の中に目的外動産がある場合には，執行官は，不動産の引渡し等の強制執行における目的外動産の処理と同様に，当該動産を取り除いて債務者に引き渡す等の措置を採らなければならない（法169条２項による法168条５項から８項までの準用）。そして，この目的外動産の売却の手続等については，不動産等の引渡し等の強制執行における目的外動産の売却の手続等（154条の２）が準用される[(4)]。

なお，動産の引渡しの強制執行については，明渡しの催告（法168条の２）の規定は準用されていない（法169条２項）ので，これに関する154条の２第２項及び154条の３の準用は除外されている。

注⑴　平成15年改正規則により，154条の２及び154条の３が新設されたことに伴い，本条３項につき所要の整備がされた。

⑵　高世三郎・注釈民執法⑺244頁参照

⑶　執行官提要311頁参照

⑷　平成15年改正前の法では，不動産の引渡し等の強制執行における目的外動産の処理と同様に，目的物でない動産を取り除いて債務者に引き渡す等の措置をとらなければならないこととされていた（平成15年改正前の法169条２項による同法168条４項から７項までの準用。高世三郎・注釈民執法⑺244頁参照）。

（目的物を第三者が占有する場合の引渡しの強制執行）

第156条　第133条，第134条及び第135条の規定は，第三者が強制執行の目的物を

占有している場合における物の引渡しの強制執行について準用する。

〔解　説〕

1　本条の趣旨

第三者が強制執行の目的物を占有している場合においてその物を債務者に引き渡すべき義務を負っているときの物の引渡しの強制執行について，法は，執行裁判所が，債務者の第三者に対する引渡請求権を差し押さえ，請求権の行使を債権者に許す旨の命令を発する方法により行うものとし（法170条１項），執行の具体的方法については，債権執行の差押え，取立て等の規定を準用するにとどめている（同条２項）。

これらの引渡執行に関する規則事項も，債権執行に関する規則の規定の一部を準用することでまかなうことができるので，本条において，133条，134条及び135条の３か条の規定が準用されている[(1)]。

2　準用される債権執行の規定

(1)　差押命令の申立書の記載事項

第三者が強制執行の目的物を占有している場合における物の引渡しの強制執行についての差押命令の申立書には，21条各号に掲げる事項のほか，その第三者を表示しなければならない（133条１項の準用）。

この申立書に強制執行の目的とする財産を表示するときは（21条３号），差し押さえるべき引渡請求権の種類及び引渡請求権を特定するに足りる事項並びに引渡請求権の一部を差し押さえる場合（目的物が可分である場合に限る。）にあっては，その範囲を明らかにしなければならない（133条２項の準用）。

(2)　差押命令の送達の通知

差押命令が債務者及び第三者に送達されたときは（法170条２項，法145条３項），裁判所書記官は，その旨及び送達の年月日を債権者に通知しなければならない（134条の準用）。

⑶　第三者に対し陳述を催告すべき事項等

第三者が強制執行の目的物を占有している場合における物の引渡しの強制執行においても，債権者の申立てがあるときは，差押命令を送達するに際し，第三者に対し，最高裁判所規則で定める事項について陳述すべき旨を催告しなければならない（法170条２項，法147条１項）。陳述を催告すべき事項については，債権執行において第三債務者に対し陳述を催告すべき事項に関する135条１項が準用されている。もちろん，「債権」とあるのを「引渡請求権」と読み替えるなど，適宜の読替えを施す必要がある。

また，この催告に対する第三者の陳述は，書面でしなければならない（135条２項の準用）。

⑷　法170条１項の強制執行の手続は，差押命令が確定すると終了する[2]ので，債権執行に関する他の規定を準用する必要はない。

注⑴　令和元年改正規則により，133条の２が新設されたことに伴い，本条１項に所要の整備がされた。

⑵　田中・解説370頁

（子の引渡しの強制執行の申立書の記載事項及び添付書類）

第157条　子の引渡しの強制執行（法第174条第１項に規定する子の引渡しの強制執行をいう。以下同じ。）の申立書には，第21条第１号，第２号及び第５号に掲げる事項のほか，次に掲げる事項を記載しなければならない。

一　子の氏名

二　法第174条第１項第１号に掲げる方法による子の引渡しの強制執行を求めるときは，その理由及び子の住所

三　法第174条第２項第２号又は第３号に該当することを理由として同条第１項第１号に掲げる方法による子の引渡しの強制執行を求めるときは，同条第２項第２号又は第３号に掲げる事由に該当する具体的な事実

２　前項の申立書には，次に掲げる書類を添付しなければならない。

一　執行力のある債務名義の正本

二　法第174条第２項第１号に該当することを理由として同条第１項第１号に掲げる方法による子の引渡しの強制執行を求めるときは，法第172条第１項の規定による決定の謄本及び当該決定の確定についての証明書

〔解　説〕

1　本条の趣旨

令和元年改正法による改正前の法には，子の引渡しの強制執行に関する明文の規定はなく，子の引渡しの強制執行には争いがあったが，近時の実務上は，間接強制（法172条）の方法によるほか，動産の引渡しの強制執行に関する法169条を類推適用して，執行官が，債務者による子の監護を解いて債権者に子を引き渡す直接強制の方法によって行われていた(1)。このような現状に対しては，子の引渡しを命ずる裁判の実効性を確保するとともに，子の心身に十分な配慮をするなどの観点から，明確な規律を整備すべきであるとの指摘がされていた。これを受けて，令和元年改正法により，子の引渡しの強制執行に関する規定が設けられた（法174条から法176条まで)。これらの規定によれば，子の引渡しの強制執行の手続の概要は，①債権者から，執行裁判所（債務名義を作成した裁判所等（法174条第５項又は法172条６項において準用する法171条２項））に対し，間接強制又は直接的な強制執行の申立てがされ，②（直接的な強制執行の申立ての場合,）これを受けた執行裁判所が，執行官に，債務者による子の監護を解くために必要な行為をすることができる旨の決定をし，③執行官が，この決定に基づき，債権者の申立てにより，執行の場所に赴き，債務者による子の監護を解いて，その場所に出頭している債権者（又はその代理人）に子を引き渡すということになる。

法に子の引渡しの強制執行に関する規定が設けられたことを受けて，令和元年改正規則により，本規則においても，これに関係する規定が設けられた（本条から164条まで)。なお，これらの規定の内容は，令和元年改正規則による改正前のハーグ条約実施規則（84条，85条，87条，89条，90条）を参考にしたものとなっている。

本条は，執行裁判所に対する子の引渡しの強制執行の申立書の記載事項及び添付書類について規定している。強制執行の申立書の記載事項及び添付書類については，21条に通則規定があるが，子の引渡しの強制執行の申立書に特有の記載事項や添付書類があることから，本条が設けられた。

2　申立書の記載事項（１項）

本条及び21条によれば，執行裁判所に対する子の引渡しの強制執行の申立書の記載事項は次のとおりとなる。

⑴　債権者及び債務者の氏名又は名称及び住所並びに代理人の氏名及び住所（柱書，21条１号）

「債権者及び債務者」とは，執行債権者及び執行債務者のことである。債権者及び債務者を表示するには，自然人であるときは氏名及び住所を，法人[(2)]であるときは名称及び主たる事務所又は本店の所在地を記載する必要がある。住所がない場合には居所を記載すれば足りる。

また，代理人によって申し立てるとき又は債務者に代理人があるときには，その代理人の氏名及び住所も記載する必要がある。代理人には，手続代理人（引渡実施申立事件における債権者代理人をいう。以下この節において同じ。）及び法定代理人の双方が含まれる。

⑵　債務名義の表示（柱書，21条２号）

子の引渡しの強制執行の債務名義としては，子の引渡しを命ずる家事審判及び人事訴訟の確定判決や子の引渡しについての家事調停の調書が典型的であるが，民事訴訟の判決や民事保全の仮処分決定などもあり得る。

⑶　求める裁判（柱書，21条５号）

子の引渡しの強制執行は，間接強制又は直接的な強制執行のいずれかによるべきところ（法174条１項），間接強制を求めるときは，申立書に抽象的な強制執行の方法を記載するだけでは，執行裁判所のなすべき裁判が定まらないことから，どのような主文の裁判を求めるかを記載する必要がある。また，直接的な強制執行を求めるときも，この方法は代替執行に類似したものであるから，代替執行を求める場合と同様に，どのような主文の裁判を求めるかを記載させることとしたものである(3)。

⑷ 子の氏名（１号）

強制執行の対象となる子を特定するために，子の表示として，その氏名を記載する必要がある(4)。

⑸ 直接的な強制執行を求めるときは，その理由及び子の住所（２号）

直接的な強制執行により子の引渡しの強制執行を行うことができるのは，法174条２項各号所定の場合に限られていることから，これを求めるときは，その理由として，同項各号のいずれに該当するのかを記載する必要がある。また，執行官が法175条１項又は２項に規定する子の監護を解くために必要な行為（以下「引渡実施」という。）を行うに当たっては，子の所在が明らかになっている必要があるところ，間接強制決定がされた場合には，その後債務者が自発的に子を引き渡すなどして，必ずしも引渡実施の申立てが行われることとなるとは限らないのに対し，直接的な強制執行の決定がされた場合には，その後，引渡実施の申立てがされる前に自発的な引渡しがされることは少なく，大半が引渡実施の申立てに至ると考えられることから，直接的な強制執行を求める申立ての段階から，子の住所の記載を求めることとしている。住所がない場合には，居所を記載すれば足りる(5)。

⑹ 法174条２項２号又は３号に該当することを理由として直接的な強制執行を求めるときは，これらの号に掲げる事由に該当する具体的な事実（３号）

上記⑸のとおり，直接的な強制執行の申立書には，法174条２項各号のいずれに該当することを理由としてこれを求めるのかを記載しなければならない。このうち，同項１号（間接強制の決定が確定した日から２週間を経過したとき等）に該当することを理由とする申立ての場合には，執行裁判所は，添付される間接強制の決定の謄本等（本条２項２号）により，法174条２項１号該当性を判断することができる。しかし，同項２号（間接強制を実施しても，債務者が子の監護を解く見込みがあるとは認められないとき）又は同項３号（子の急迫の危険を防止するため直ちに強制執行をする必要があるとき）に該当することを理由とする申立ての場合には，その評価根拠事実の主張がなければ，執行裁判所は同項２号又は３号該当性を判断することができない。そこで，同項２号又は３号に該当することを理由として直接的な強制執行を求める場合には，これらの各号に掲げる事由に該当する事実を具体的に記載しなければならないこととしている。なお，本条においては特に規定されていないが，このような事実の立証が必要となることは当然である。

3　申立書の添付書類（２項）

⑴　執行力のある債務名義の正本（１号）

強制執行の申立書には，執行力のある債務名義の正本を添付しなければならないとする21条柱書と同様の趣旨である。

⑵　法174条２項１号に該当することを理由として，直接的な強制執行を求めるときは，間接強制の決定の謄本及び当該決定の確定についての証明書（２号）

法174条２項１号（間接強制の決定が確定した日から２週間を経過したとき（当該決定において定められた債務を履行すべき一定の期間の経過がこれより後である場合にあっては，その期間を経過したとき））に該当することを理由として直接的な強制執行を求める場合には，その立証のため，間接強制の決定の謄本及び確定証明書の提出を求めるものである。

注⑴　従前は，間接強制のみ認め，直接強制を認めないとする運用が主流であった。詳細は，山崎恒「子の引渡しの強制執行—直接強制の可否」判タ1100-186参照。

⑵　子が施設に入所し，施設を運営する法人が子を監護している場合に，法人が当事者

となることが考えられる。例えば，子を監護している法人が運営する施設から子が連れ去られた事案では，当該法人が債権者となることもあり得る。なお，このような法人が債権者となる場合において，引渡実施が行われる場所に出頭すべき者（法第175条５項参照）は，引渡実施の現場において子が不安を覚えることのないようにするという同項の趣旨からすれば，当該法人の代表者ではなく，子の養育を実際に担当していた職員が債権者の出頭に代わる代理人（同条６項参照）として，執行裁判所の決定を受けた上で出頭することになると考えられる。

⑶ 例えば，間接強制の申立書には，「１　債務者は，子を債権者に引き渡せ。２　債務者が本決定の告知を受けた日から〇日以内に前項記載の債務を履行しないときは，債務者は，債権者に対し，上記期間経過の日の翌日から履行済みまで，１日当たり〇円の割合による金員を支払え。」と記載することが考えられる。

また，直接的な強制執行の申立書には，「債権者の申立てを受けた執行官は，債務者の費用で，民事執行法第175条に規定する債務者による子の監護を解くために必要な行為をすることができる。」と記載することが考えられる。

⑷ なお，ハーグ条約実施規則84条１項１号においては，申立書に子の生年月日を記載するものとされ，同条２項１号においては，これを証する書類の写しの添付が求められているが，これは，国際的な子の返還の強制執行においては，子が16歳に達した場合には，これを行うことができないため（ハーグ条約実施法135条），子の年齢を確認する必要があるからである。子の引渡しの強制執行においては，形式的な年齢要件は設けられていないことから，子の生年月日については申立書の記載事項としておらず，これを証する書類の写しの添付も必要としていない。

⑸ 子の居所も判然としない場合には，判明している限りで，「〇〇県以下不詳」などと記載すれば足りると考えられる。

（引渡実施の申立書の記載事項及び添付書類）

第158条　法第175条第１項又は第２項に規定する子の監護を解くために必要な行為（以下「引渡実施」という。）を求める旨の申立書には，次に掲げる事項を

記載しなければならない。

一　債権者及び債務者の氏名又は名称及び住所，代理人の氏名及び住所並びに債権者の生年月日

二　債権者又はその代理人の郵便番号及び電話番号（ファクシミリの番号を含む。）

三　子の氏名，生年月日，性別及び住所

四　債務者の住居その他債務者の占有する場所において引渡実施を求めるときは，当該場所

五　前号に規定する場所以外の場所において引渡実施を求めるときは，当該場所，当該場所の占有者の氏名又は名称及び当該場所において引渡実施を行うことを相当とする理由並びに法第175条第３項の許可があるときは，その旨

六　法第175条第６項の決定があるときは，その旨並びに同項の代理人の氏名及び生年月日

七　引渡実施を希望する期間

2　前項の申立書には，法第174条第１項第１号の規定による決定の正本のほか，次に掲げる書類を添付しなければならない。

一　債務者及び子の写真その他の執行官が引渡実施を行うべき場所においてこれらの者を識別することができる資料

二　債務者及び子の生活状況に関する資料

三　法第175条第３項の許可があるときは，当該許可を受けたことを証する文書

四　法第175条第６項の決定があるときは，当該決定の謄本

〔解　説〕

1　本条の趣旨

本条は，執行官[(1)]に対して引渡実施を求める旨の申立書の記載事項及び添付書類について規定するものである。執行官に対する作為実施の申立書の記載事項及び添付書類については，執行官規則７条１項及び２項に規定があるが，引渡実施の申立書に特有の記載事項や添付書類があることから，本条が設けられた。

2　申立書の記載事項（１項）

⑴　債権者及び債務者の氏名又は名称及び住所，代理人の氏名及び住所並びに債権者の生年月日（１号）

執行裁判所に対する子の引渡しの強制執行の申立書の記載事項（157条１項柱書，21条１号）に加え，債権者の生年月日を記載させることで，執行官において，原則として引渡実施場所に出頭する債権者本人（法175条５項）を特定できるようにしたものである[(2)]。なお，本号の代理人とは，手続代理人又は後記⑸記載の出頭代理人を指す。

⑵　債権者又はその代理人の郵便番号及び電話番号（ファクシミリの番号を含む。）（２号）

子の利益に配慮しつつ，引渡実施を円滑かつ確実に遂行するためには，債権者又はその代理人から，事前に十分な情報収集を行い（161条の解説の２参照），引渡実施当日の段取り等について十分に打ち合わせておく必要があるが，情報収集や打合せの連絡などには，郵便，電話又はファクシミリが利用されることから，これらの事項の記載を求めることとしている。

なお，債権者に手続代理人が就いている場合には，債権者への連絡は，専ら手続代理人を通じて行うこととなるから，代理人の電話番号等のみを記載すれば足りる。

⑶　子の氏名，生年月日，性別及び住所（３号）

子の氏名及び住所については，強制執行の対象となる子を特定するために，子の表示として，その氏名を記載する必要があるほか，執行官が引渡実施を行うためには，子の所在が明らかになっていなければならないことから，住所の記載が必要である[(3)]。また，子の生年月日及び性別を記載事項としているのは，引渡実施を行う現場において，子を特定することに加え，執行官が引渡実施時に採るべき行動を検討する際に必要な情報だからである。

⑷ 引渡実施を行うべき場所等（４号，５号）

執行官は，子が所在する場所が明らかにされなければ，引渡実施を行うことができないから，引渡実施を行うべき場所を記載する必要がある。

この点，引渡実施は，債務者の住居その他債務者の占有する場所において行うことを原則とし（法175条１項），例外的に，上記の場所以外の場所においても，子の心身に及ぼす影響，当該場所及びその周囲の状況その他の事情を考慮して相当と認めるときは，原則として当該場所を占有する者の同意を得て行うことができる（同条２項）。

したがって，債務者の住居その他債務者の占有する場所を引渡実施を行うべき場所とするときは，引渡実施の申立書には，当該場所を記載すれば足りる（４号）。

これに対し，債務者の住居その他債務者の占有する場所以外の場所を引渡実施を行うべき場所とするときは，引渡実施の申立書には，当該場所に加え，当該場所の占有者の氏名又は名称を記載するとともに，当該場所において引渡実施を求める必要性，相当性を基礎付ける事情など，当該場所において引渡実施を行うことを相当とする理由の記載を求めることとしている。さらに，当該場所の占有者の同意に代わる許可（法175条３項）があるときには，その旨の記載をすべきこととしている（５号）。

執行官は，申立書に記載された引渡実施を行うべき場所で引渡実施を行えば足り，子が他の場所に所在しているか否かを調査する必要はない。ただし，債権者が，引渡実施を行うべき場所を補正するときは，補正後の場所において引渡実施を行うことは可能である[(4)]。

⑸ 債権者の出頭に代わる代理人の氏名及び生年月日（６号）

債権者が引渡実施を行うべき場所に出頭することができない場合であって

も，その代理人が債権者に代わって当該場所に出頭することが，当該代理人と子との関係，当該代理人の知識及び経験その他の事情に照らして子の利益の保護のために相当と認めるときは，執行裁判所は，当該代理人が出頭した場合においても，引渡実施を行うことができる旨の決定をすることができる（法175条６項)。そこで，当該決定がある場合には，その旨を記載させるとともに，当該代理人（以下「出頭代理人」という。）の特定のための事項を記載させるものである[(5)]。

⑹　引渡実施を希望する期間（７号)

債権者又は出頭代理人の出頭がなければ，引渡実施を行うことができないことから（法175条５項，６項)，執行官は，これらの者の出頭が可能な日時を引渡実施の日時として指定する必要がある。そこで，執行官が引渡実施の日時を指定する際の参考として，引渡実施を希望する期間の記載を求めるものである。

もっとも，執行官は，申立書に記載された期間内に引渡実施を行うよう努める必要があるものの，これに拘束されるわけではない。債権者からの情報提供が十分ではなく，引渡実施に必要な情報が収集できていないなどの理由により，引渡実施の申立てから臨場までに期間を要する場合には，債権者又は出頭代理人の出頭可能な日時である限り，申立書に記載された期間を超えて引渡実施を行うことができることはいうまでもない。

3　申立書の添付書類（２項)

⑴　直接的な強制執行の決定の正本（柱書)

引渡実施を行うためには，直接的な強制執行の決定がされていることが必要であるが，直接的な強制執行の決定は，代替執行における授権決定と同様，直ちに効力を生じ，執行文の付与を要しないと考えられるから，当該決定の正本の添付で足りる。

⑵　債務者及び子の識別資料（１号)

従前の子の引渡しの強制執行においては，別人に対する執行を避けるために，債権者から，債務者及び子の写真など執行場所において債務者及び子の本人確認ができる資料が事前に提出されることがあった。

そこで，このような実務の工夫例を明文化し，執行官が引渡実施を行うべき場所において債務者及び子を識別することができる資料の添付を求めることとしている。なお，引渡実施を行う場所に必ずしも債務者がいる必要はないが，その場に債務者がいることも想定されることからすると，引渡実施を行うべき場所に関わらず，債務者の識別資料の提出は必要であると考えられる。

なお，債務者及び子を識別するための資料としては，写真が最も典型的なものであるが，子の成長は早く，短期間で顔や身体的特徴が変容することもあるから，写真を提出する場合には，できる限り直近に撮影されたもの（撮影年月日が記載されたものが望ましい。撮影年月日が記載されていない場合には，適宜の方法により撮影時期を明らかにする必要がある。）を複数枚（全身写真，上半身の写真，顔写真，角度・服装・表情の異なる写真など）提出することが望ましい[(6)]。

⑶　債務者及び子の生活状況に関する資料（２号）

従前の子の引渡しの強制執行においては，手続の円滑な遂行を図るために，債権者から，債務者の職業，子の就学・就園状況，債務者及び子の日常的な生活サイクル，執行場所の状況と子が所在する時間帯，執行場所に所在する可能性のある債務者及び子以外の関係者の状況などが記載された資料が事前に提出されることがあった。

そこで，このような実務の工夫例を明文化し，債務者及び子の生活状況に関する資料の添付を求めることとしている。このような資料として，子の引渡しの申立てに係る事件において作成された書面の写しや上記の事項について記載した債権者の陳述書などが考えられる。

⑷　債務者の占有する場所以外の場所の占有者の同意に代わる許可を受けたことを証する文書（３号）

執行官は，債務者の占有する場所以外の場所の占有者の同意に代わる許可（法175条３項）を受けて当該場所において引渡実施を行うときは，職務の執行に当たり，当該許可を受けたことを証する文書を提示しなければならないことから（同条４項），債権者に対し，当該文書の提出を求めるものである。

⑸　債権者の代理人が出頭した場合においても引渡実施を行うことができる旨の決定の謄本（４号）

当該決定を受けたことを裏付けるために，当該決定の謄本の提出を求めるものである。

⑹　債務者及び子の住所が直接的な強制執行の決定時と引渡実施申立時とで異なる場合

債務者及び子が直接的な強制執行の決定後に転居し，これを債権者が把握した場合，債権者は，新たに把握した転居先である住所又は居所を引渡実施の申立書に記載することとなる。この場合，執行官が，転居先である債務者の住居その他債務者の占有する場所への立入り（法175条１項１号）をするためには，債権者において，当該転居先が債務者の占有する場所であることを立証しなければならない。その立証方法としては，住民票の写しや債権者作成の調査報告書を提出することが考えられる。

注⑴　執行官は，他の法令に別段の定めがある場合を除き，所属の地方裁判所の管轄区域内においてその職務を行うこととなるから（執行官法４条），引渡実施は，子の所在地（引渡実施を行う場所）を管轄する地方裁判所所属の執行官に対し，申し立てることになる。

⑵　執行官は，必要に応じて，債権者に対し，本号に掲げる事項以外で債権者を識別することができる情報の提供を求めることができる（161条１項）。

⑶　子の住所がない場合には，居所を記載すれば足りる。子の居所も判然としない場合

には，判明している限りで，「○○県以下不詳」などと記載すれば足りる（もっとも，子の住居が判明しない以上は，子の住居で引渡実施を行うことはできない。）。

⑷　99条の解説の注⑵，執行官提要174頁参照

なお，引渡実施の申立書において引渡実施を行うべき場所が複数記載されている場合，通常，執行官は，まず一つの場所で引渡実施を行い，そこでの状況を踏まえて他の場所での引渡実施を行うか否かを決めることとなるから，債権者は，複数指定した場所のうち，どの場所での引渡実施を第一に求めるのかを明らかにする必要がある。

⑸　なお，出頭代理人も代理人であることから，本条１項１号により申立書にその氏名及び住所を記載することとなる。その上で，当該代理人を特定・識別するために本項６号によりその氏名及び生年月日を記載させることとしている。当該代理人の他に手続代理人が就いている場合には，郵便番号及び電話番号等（本項２号）については，執行官からの連絡は手続代理人を通じてされると考えられることからすると，手続代理人のものだけを記載すれば足りる。

⑹　写真がない場合には，子の身体的特徴等を記載した報告書，陳述書を提出することなどが考えられる。また，写真の枚数が十分といえない場合や撮影後期間が経過しているときは，写真の提出に加え，同様の報告書，陳述書で補充することが考えられる。

（法第175条第１項に規定する場所以外の場所の占有者の同意に代わる許可の申立ての方式等）

第159条　法第175条第３項の申立ては，次に掲げる事項を記載した書面でしなければならない。

一　子の住居及びその占有者の氏名又は名称

二　申立ての理由

２　第27条の２第２項の規定は，前項の書面について準用する。

〔解　説〕

１　本条の趣旨

本条は，債務者の占有する場所以外の場所の占有者の同意に代わる許可[(1)]（法

175条３項）の申立ての方式等について規定するものである。

２　申立ての方式等（１項）

債務者の占有する場所以外の場所の占有者の同意に代わる許可の申立ては，次に掲げる事項を記載した書面ですべきこととしている[(2)]。

⑴　子の住居及びその占有者の氏名又は名称（１号）

債務者の占有する場所以外の場所の占有者の同意に代わる許可をするためには，占有する場所が子の住居であることが必要であることから（法175条３項），その場所の記載を求め，占有者を特定する事項として，その氏名又は名称の記載を求めるものである。

⑵　申立ての理由（２号）

債務者の占有する場所以外の場所の占有者の同意に代わる許可は，当該場所が子の住居である場合に，債務者と占有者との関係，占有者の私生活又は業務に与える影響その他の事情を考慮して相当と認められるときにされるものであるから，申立ての理由としてこれらの事情の記載が必要である。

３　申立ての理由の記載方法等（２項）

執行裁判所が，債務者の占有する場所以外の場所の占有者の同意に代わる許可をするに際して，迅速で適切な審理を行うため，申立てを理由付ける事実（上記２⑵）を具体的に記載させ，証拠との対応関係を明らかにさせる必要があると考えられることから，同趣旨の規定である27条の２第２項の規定を準用するものである。

注⑴　令和元年改正法による改正前も，執行官は債務者の住居その他債務者の占有する場所以外の場所において，当該場所の占有者の同意を得て，債務者による子の監護を解くために必要な行為をすることができたが（改正前のハーグ条約実施法140条２項参照），それでは当該占有者の同意が得られない場合に執行不能となってしまうことから，同改正により，本制度が民事執行法及びハーグ条約実施法に設けられた。

⑵　本条の申立ても裁判所に提出すべき書面であることから，当事者の氏名又は名称及

び代理人の氏名並びに事件の表示等を記載する必要があるが，子の引渡しの強制執行の申立てに付随する申立てであることから，当事者又は代理人の住所については記載することを要しない（15条の２，民訴規２条）。

（法第175条第６項の申立ての方式等）

第160条　法第175条第６項の申立ては，次に掲げる事項を記載した書面でしなければならない。

一　法第175条第６項の代理人となるべき者の氏名及び住所

二　申立ての理由

２　第27条の２第２項の規定は，前項の書面について準用する。

〔解　説〕

1　本条の趣旨

本条は，出頭代理人が出頭した場合においても引渡実施を行うことができる旨の決定の申立ての方式等について規定するものである。[(1)]

2　申立ての方式（１項）

出頭代理人が出頭した場合においても引渡実施を行うことができる旨の決定の申立ては，次に掲げる事項を記載した書面ですべきこととしている。[(2)]

⑴　出頭代理人となるべき者の氏名及び住所（１号）

出頭代理人となるべき者を特定する事項として，その氏名及び住所の記載を求めるものである。

⑵　申立ての理由（２号）

出頭代理人が出頭した場合においても引渡実施を行うことができる旨の決定は，債権者が引渡実施を行う場所に出頭することができない場合に，出頭代理人が債権者に代わって当該場所に出頭することが，出頭代理人と子との関係，出頭代理人の知識及び経験その他の事情に照らして子の利益の保護のために相当と認められるときにされるものであることから（法175条６項），申立ての理由として，これらの事情の記載が必要である。

3　申立ての理由の記載方法等（２項）

執行裁判所が，出頭代理人が出頭した場合においても引渡実施を行うことができる旨の決定をするに際して，迅速で適切な審理を行うため，申立てを理由付ける事実（上記２⑵）を具体的に記載させ，証拠との対応関係を明らかにさせる必要があると考えられることから，同趣旨の規定である27条の２第２項の規定を準用するものである。

注⑴　法175条６項の趣旨は，157条の解説の注⑵を参照されたい。

⑵　当事者等の氏名や住所等の記載については，159条の解説の注⑵を参照

（引渡実施に関する債権者等の協力等）

第161条　執行官は，引渡実施を求める申立てをした債権者に対し，引渡実施を行うべき期日の前後を問わず，債務者及び子の生活状況，引渡実施を行うべき場所の状況並びに引渡実施の実現の見込みについての情報並びに債権者及び法第175条第６項の代理人を識別することができる情報の提供その他の引渡実施に係る手続の円滑な進行のために必要な協力を求めることができる。

２　子の引渡しの申立てに係る事件の係属した裁判所又は子の引渡しの強制執行をした裁判所は，引渡実施に関し，執行官に対し，当該事件又は子の引渡しの強制執行に係る事件に関する情報の提供その他の必要な協力をすることができる。

３　子の引渡しの申立てに係る事件の係属した家庭裁判所又は高等裁判所は，前項の規定による協力をするに際し，必要があると認めるときは，人事訴訟法（平成15年法律第109号）第34条第１項若しくは第２項又は家事事件手続法（平成23年法律第52号）第58条第１項若しくは第２項（同法第93条第１項及び第258条第１項において準用する場合を含む。）の事実の調査をした家庭裁判所調査官及び同法第60条第１項（同法第93条第１項及び第258条第１項において準用する場合を含む。）の診断をした裁判所技官に意見を述べさせることができる。

４　前２項の規定による協力に際して執行官が作成し，又は取得した書類につい

ては，その閲覧又はその謄本若しくは抄本の交付の請求をすることができない。

〔解　説〕

1　本条の趣旨

本条は，引渡実施について，子の利益に配慮しつつ，手続の円滑な遂行を図るため，債権者による協力（１項）及び子の引渡しに係る事件の係属した裁判所又は子の引渡しの強制執行をした裁判所による協力（２項，３項）について定めるとともに，裁判所による協力に際して執行官が作成し，又は取得した書類の閲覧又は謄本若しくは抄本の交付の請求の制限（４項）について定めた規定である。

引渡実施においては，引渡実施を行うべき場所において子の所在を確認し，債務者による子の監護を解くこととなる。執行官が，子の利益に配慮しつつ，手続の円滑な遂行を図るためには,引渡実施の参考となる情報を事前に収集し，十分な事前準備を行っておく必要があるが，債務者及び子のことを最もよく知り得る立場にあるのは，債権者であるから，まずは，債権者から必要な情報の提供を受ける必要がある。

もっとも，債権者は，引渡実施の参考となる情報を必ずしも十分に把握しているとは限らず，他方，子の引渡しに係る事件及び子の引渡しの強制執行に係る事件の係属した裁判所は，審理の過程で引渡実施の参考となる情報を入手している場合がある。

そこで，執行官が，債権者及び裁判所から情報提供その他の必要な協力を得るとともに，特に，裁判所による協力を十分に得られるようにするために，本条２項及び３項の規定による協力に際して執行官が作成し，又は取得した書類については，その閲覧又はその謄本若しくは抄本の交付の請求をすることができない旨の規定（４項）を設けることとしたものである。

2　債権者による協力（１項）

債権者による情報提供等の協力は，引渡実施を行うべき日の前に求めるのが原則であるが，子の不在や拒絶などを理由として手続が中止又は続行となった後に，改めて求める場合もあることから，執行官が債権者に対し情報提供等の協力を求めることができるのは，引渡実施を行うべき期日の前後を問わないこととしている。

「債務者及び子の生活状況」に関する情報としては，債務者の職業，子の就学・就園状況，債務者及び子の日常的な生活サイクル，言語能力，心身の状況，引渡実施を行うべき場所に所在する時間帯などの情報が，「引渡実施を行うべき場所の状況」に関する情報としては，住居の構造（戸建て住宅，マンション，その他の集合住宅の別や間取りなど）や周囲の状況（待機場所の有無，付近の交通量，人通りなど），債務者の占有する場所であるが，債務者の住居でないときは，債務者が占有しているといえる理由などの情報が，「引渡実施の実現の見込み」に関する情報としては，これまでの紛争の経緯や交渉状況，債務者及び子の性格・気質・行動傾向，子の引渡しに係る事件での言動や態度，予想される抵抗の内容，引渡実施を行うべき場所に所在する可能性のある債務者及び子以外の関係者の状況，債務者及び子に接する場合の留意点などの情報が挙げられる。

また，債権者又は出頭代理人の出頭がなければ，引渡実施を行うことができないことから（同条５項，６項），執行官としては，出頭した者が債権者又は出頭代理人であることを確認する必要がある。そこで，執行官が，債権者に対し，債権者又は同項の代理人の本人確認のための情報の提供を求めることができることとしている。

3　受訴裁判所又は執行裁判所による協力（２項，３項）

執行官は，民事執行のため必要がある場合には，官庁又は公署に対し，援助を求めることができる（法18条１項）。この「官庁又は公署」には，司法行政事務を行う官署としての裁判所も含まれる。

したがって，執行官は，官署としての裁判所に対し，引渡実施の参考となる情報を得ることを目的として，情報の提供を求める旨の援助請求を行うことができる。

これに対し，官署としての裁判所は，執行官に対し，事務に支障のない範囲で情報を提供すべき義務を負うが，手続法上の裁判所への干渉となってはならないという制度上の限界があることから，手続法上の裁判所が執行官に対して提供することについて同意した情報に限り，執行官に対して提供することとなる。

このように，官署としての裁判所が，執行官に対し，情報の提供などの必要な協力を行うためには，手続法上の裁判所の同意が不可欠であることから，本条2項において，執行官から官署としての裁判所に対する援助請求があった場合における手続法上の裁判所による協力について規定するとともに，当該裁判所が家庭裁判所又は高等裁判所である場合には，本条3項において，手続法上の裁判所による協力の態様として，必要があると認めるときは，事実の調査をした家庭裁判所調査官及び診断をした裁判所技官に意見を述べさせることができる旨を規定している(1)。

4　裁判所の協力に際して執行官が作成又は取得した書類（4項）

執行官法17条1項の「執行記録」とは，執行官が執行機関となってする民事執行の手続についての記録を指し，同項の「執行官が職務上作成する書類」及び同条2項の「執行官が職務上保管する書類」とは，執行官が執行機関以外の立場で関与する事件において作成及び保管する書類を指すものであるが(2)，同項による閲覧又は同法18条1項による謄本若しくは抄本の交付の請求の対象となる書類は，その性質上，執行官及び当事者の共通の資料として利用することが予定されるものに限られる(3)。

執行官が裁判所から提供を受けた情報には，当事者に関する機微に触れる情報が含まれている上，裁判所は，これらの情報が当事者に開示されないことを前提として執行官に提供していることから，これらの情報が記録された書類は，執行官及び当事者の共通の資料として利用されることを想定していない。

したがって，これらの情報が記録された書類は，執行官が作成したものであるか，裁判所から提供されたものであるかを問わず，執行官法17条２項に基づく閲覧又は同法18条１項に基づく謄本若しくは抄本の交付の請求の対象となるものではないが，裁判所からの円滑な協力を得られるよう，本条４項において，本条２項及び３項の規定による裁判所による協力に際して執行官が作成し，又は取得した書類の閲覧又は謄本若しくは抄本の交付の請求ができない旨を確認的に規定したものである。

なお，執行官が債権者から得た情報を基に作成し，又は債権者から取得した書類については，本項に規定がないが，これは，閲覧又は謄本若しくは抄本の交付の対象とすべきもの（例えば，引渡実施の申立書及び添付書類など）と，そうでないもの（例えば，執行官が債権者から聞き取った内容を記載したメモなど）があるためである。これらの書類が，閲覧又は謄本若しくは抄本の交付の請求の対象となるか否かは，執行官及び当事者の共通の資料として利用することが予定されたものか否かという観点から判断することとなる。

注⑴　高等裁判所に事件が係属した場合において，高等裁判所が第一審裁判所以上の情報を有していることはそれほど多くないと考えられるが，例外的に高等裁判所において，第一審では行われなかった家庭裁判所調査官の調査が行われるといったこともあり得ることから，高等裁判所も協力することができるものとしている。

⑵　田中康久・注釈民執法⑴446頁参照。引渡実施は，執行官が執行機関として行う事務ではない。したがって，引渡実施の記録等執行官が職務上作成又は保管する書類は，「執行記録」には当たらず，執行官法17条１項の「執行官が職務上作成する書類」又は同条２項の「執行官が職務上保管する書類」に当たると解される。

⑶　訴訟記録の意義につき，菊井維大＝村松俊夫・全訂民事訴訟法Ⅰ（補訂版）998頁，西村宏一・民事訴訟法講座⑵494頁，伊藤彦造ほか・注解民事訴訟法⑷（第２版）61頁参照

（引渡実施の終了の通知）

第162条　引渡実施が終了したとき（執行官が次条の規定により引渡実施に係る事件を終了させた場合を除く。）は，執行官は，債務者（債務者の住居その他債務者が占有する場所以外の場所において引渡実施を行つたときは，債務者及び当該場所の占有者）に対し，その旨を通知しなければならない。

〔解　説〕

1　本条の趣旨

本条は，引渡実施が完了した場合の債務者等に対する通知について規定するものである。

2　引渡実施終了の通知

令和元年改正法による改正後の法においては，引渡実施に当たり，同改正前のハーグ条約実施法140条３項のような子と債務者のいわゆる同時存在の要件は設けられていないことから，債務者が不在の場合でも引渡実施が行われることがあり得ることとなる。また，債務者の住居その他債務者が占有する場所以外の場所で引渡実施を行う場合についても，当該場所の占有者の同意に代わる許可（法175条３項）を得たときなど，必ずしも当該場所の占有者が存在するときに引渡実施が行われるとは限らない。

このように，引渡実施が終了したことが債務者や当該場所の占有者には当然には分からないことがあるので，これらの者が不在の場合に引渡実施を行ったときに，これらの者が子がいなくなったことについて混乱することがないようにするため，154条の規定と同様に，その旨をこれらの者に通知することとしたものである(1)。

この通知は，相当と認める方法によることができるから（３条１項，民訴規４条１項），これらの者が立ち会っていたときは，口頭で通知すれば足り，これらの者が立ち会っていなかったときは，例えば通知書を債務者宅等に置いておくことが考えられる。もっとも，引渡実施が不能で終了した場合には，その旨を通知する必要はないため，この場合を通知すべき場合から除くこととしている。

なお，引渡実施は，債権者又は出頭代理人が出頭した場合に限り，することができるので，債権者に対する通知を義務付ける必要はない。

注(1)　本条の通知は，債務者又は債務者が占有する場所以外の場所の占有者が不在の場合であっても，引渡実施が行われて，最終的に完了したことを通知する機能を有することから，例えば，債務者が占有する場所以外の場所において当該場所の占有者が不在の場合に引渡実施が行われ，中止又は続行となった後に，債務者の占有する場所で引渡実施が完了したような場合には，債務者だけでなく，債務者が占有する場所以外の場所の占有者に対しても通知が必要となろう。

（引渡実施の目的を達することができない場合の引渡実施に係る事件の終了）

第163条　次に掲げる場合において，引渡実施の目的を達することができないときは，執行官は，引渡実施に係る事件を終了させることができる。

一　引渡実施を行うべき場所において子に出会わないとき。

二　引渡実施を行うべき場所において子に出会つたにもかかわらず，子の監護を解くことができないとき。

三　債権者又はその代理人が法第175条第９項の指示に従わないことその他の事情により，執行官が円滑に引渡実施を行うことができないおそれがあるとき。

〔解　説〕

1　本条の趣旨

本条は，引渡実施の目的を達することができない場合における引渡実施に係る事件の終了について定める規定である。

本規則上，民事執行の目的を達成することができなかったときは，その事由を調書に記載することとされており（13条１項７号），執行不能の事由は調書の記載事項となるが，一般的に何が執行不能の事由となるかについては明文の規定がない。

しかし，引渡実施において，不能事由を明記しておくことが手続の円滑な遂行に資することが考えられることから，本条は，具体的な不能事由について確認的に規定を設けるものである。

2　本条の構造

不能を理由として引渡実施に係る事件を終了させるためには，その時点における状況が本条各号の事由に該当するだけでは足りず，これにより引渡実施の目的を達することができないことが必要である。

引渡実施の目的を達することができないかどうかは，再度臨場した場合における完了の見込みなどを考慮して判断することとなる。

3　子に出会わないとき（1号）

「引渡実施を行うべき場所において，子に出会わないとき」とは，引渡実施を行うべき場所において，子が不在であることをいう。

引渡実施は，子がいなければ，これを行うことができないことから，本号は，執行官が子に出会わないときを不能事由として規定するものである(1)。

4　子に出会ったにもかかわらず，子の監護を解くことができないとき（2号）

「子の監護を解くことができないとき」とは，執行官がなすべき行為を尽くしてもなお，子の監護を解くことができないことをいう。

執行官は，引渡実施に際し，債務者に対し，説得を行うことができるほか（法175条1項柱書），必要に応じて債権者若しくはその代理人と子を面会させ，又は債権者若しくはその代理人と債務者を面会させることができる（同項2号）。

また，執行官は，引渡実施に際し抵抗を受けるときは，その抵抗を排除するために威力を用いることができる(2)（法6条1項）。

しかし，説得が必ずしも成功するとは限らず，他方で，子に対して威力を用いることはできず，子以外の者に対しても，子の心身に有害な影響を及ぼすおそれがある場合には，威力を用いることはできないことから（法175条8項），債務者又は子の抵抗を排除することができない場合があり得る。

そこで，本号は，執行官が子に出会い，なすべき行為を尽くしたにもかかわらず，債務者による子の監護を解くことができない場合を不能事由として規定するものである。

5　円滑に引渡実施を行うことができないおそれがあるとき（３号）

「執行官が円滑に引渡実施を行うことができないおそれがあるとき」とは，本条１号又は２号以外の事情により，執行官が円滑に引渡実施を行うことができないおそれがある場合を広く含む概念であり，子に出会い，かつ，執行官がなすべき行為を尽くせば，債務者による子の監護を解くことができる可能性はあるが，法175条に規定された権限を行使することができない又は行使することが相当でない事情があることにより，執行官が円滑に引渡実施を行うことができないおそれがある場合をいう。不能による事件の終了という重大な効果が生ずることから，「円滑に引渡実施を行うことができないおそれ」は抽象的なものでは足りず，具体的なものであることを要する。

本号が例示する「債権者又はその代理人が法第175条第９項の指示に従わないこと」は，債権者又はその代理人が，執行官の制止の指示に反して，威力を行使して債務者から子を引き離そうとしたり，債務者との口論を止めなかったりした場合を想定している。子が上記の状況を目撃してショックを受けているような場合には，そのまま引渡実施を継続することは，子に大きな心理的負担を与え，また，感情的になっている債権者又はその代理人に対し，子の監護を委ねることも相当ではないから，このような場合には，本号に該当する。

債権者又はその代理人が執行官の指示に従わない場合のほかに，本号に該当すると考えられるものとしては，引渡実施を行うべき場所又はその周辺に多数の人がいるために，衆人環視の下での引渡実施となり，子に心理的な負担を与えかねない場合や，けがや病気などのために，子が長時間の移動等に耐えられない場合などが考えられる。

もっとも，上記２のとおり，不能を理由として引渡実施に係る事件を終了させるためには，本号に該当するだけでは足りず，これにより引渡実施の目的を達することができないことが必要であるから，執行官は，再度臨場した場合における完了の見込みなどを考慮した上で，不能を理由として事件を終了させるのか，手続を続行し，再度臨場することとするのかを判断することとなる。

注⑴　執行場所に臨場したものの子が偶然外出していたような場合や，執行場所でしばらく待てば子の帰宅が見込まれる場合など，一時的な不在の場合には，原則として「引渡実施の目的を達することができない」とはいえないと考えられる。

⑵　一般的な威力の意義については，執行官提要67頁参照。引渡実施においては，例えば，子が債務者や家屋内の家具・柱等にしがみつき体全体で拒絶の意思を表明する場合に，子を引き剥がすことは，子に対する威力の行使に当たる。もっとも，執行官は，一切の有形力の行使を禁止されるわけではなく，子に対して，意思を制圧しない程度の威力に至らない有形力を用いることは許されると解される。したがって，例えば引渡実施を行うに際して，生後半年等の自律的な意思表明をすることができない乳児を抱き上げたり，抵抗又は拒絶していない子の手を引いたりすることは許される。なお，子の年齢や発育状況によっては，反射的に泣いたり，驚いて泣いたりすることもあるが，泣くこと自体は，必ずしも子の拒絶の意思の表明ということになるわけではない。

（引渡実施に係る調書の記載事項）

第164条　引渡実施を行つたときに作成すべき調書には，第13条第４項第１号において準用する同条第１項第１号及び第３号から第８号までに掲げる事項のほか，次に掲げる事項を記載しなければならない。

一　引渡実施を行つた場所

二　引渡実施を行つた場所が債務者の住居その他債務者の占有する場所以外の場所であり，当該場所における引渡実施を相当と認めた場合には，その事由

三　子の表示

〔解　説〕

1　本条の趣旨

本条は，引渡実施について調書を作成する場合の記載事項について定める規定である。

民事執行の実施に準ずる場合に係る調書については，13条4項が準用する同条1項に通則規定があるが，引渡実施に特有の記載事項があることから，本条が設けられた。

2　調書の記載事項(1)

⑴　民事執行に着手した日時及びこれを終了した日時（柱書，13条4項1号，1項1号）

法175条1項は，引渡実施の手段として，債務者に対する説得を明文で規定している。債務者に対する説得は，引渡実施において最も基本的な執行の手段であることから，債務者に対する説得を開始した場合には着手があったものといえる。

⑵　民事執行に立ち会った者の表示（柱書，13条4項1号，1項3号）

「民事執行に立ち会った者」とは，民事執行に立ち会った執行関係人をいうから，債権者，その代理人，債務者，その代理人，同居の親族，立会人（法7条）等がこれに含まれる。執行官が補助者として使用した者及び警察上の援助をした警察職員は含まれない。

⑶　実施した民事執行の内容（柱書，13条4項1号，1項4号）

執行官が現実に行った行為の内容を具体的に記載する必要がある。どの程度まで詳細に記載するかは，執行官の判断によるが，法的に意義を持つ重要な事項は漏れなく記載しなければならない。

⑷　民事執行に着手した後これを停止したときは，その事由（柱書，13条4項1号，1項5号）

法39条1項各号に掲げる文書の提出により停止する場合(2)には，その旨を記載する。

⑸　民事執行に際し抵抗を受けたときは，その旨及びこれに対して採った措置（柱書，13条４項１号，１項６号）

抵抗をした者とその抵抗の態様・状況を記載し，執行官が威力を用いたときはその態様を，警察上の援助を求めたときはその旨を，具体的に記載する必要がある。

⑹　民事執行の目的を達することができなかったときは，その事由（柱書，13条４項１号，１項７号）

臨場前の債務者による自発的な子の引渡し，163条各号の事由の存在など，引渡実施に着手する前又は後の何らかの事由により引渡実施の目的を達することができなかったときは，その事由を具体的に記載する必要がある。

⑺　民事執行を続行することとしたときは，その事由（柱書，13条４項１号，１項８号）

例えば，債務者に対する説得を開始し，引渡実施に着手したところ，債務者が子の引渡しに難色を示したため，子の監護を解くに至らなかったが，再度臨場すれば完了の見込みがあると判断して，手続を続行する場合など，引渡実施を続行することとしたときは，その事由を具体的に記載する必要がある。

⑻　引渡実施を行った場所（１号）

13条１項２号が「民事執行の場所」の記載を求めているのと同趣旨である。

引渡実施を行った場所は，住居表示番号，室番号等によって特定する。

⑼　引渡実施を行った場所が債務者の住居その他債務者の占有する場所以外の場所であり，当該場所における引渡実施を相当と認めた場合には，その事由（２号）

法175条２項は，債務者の住居その他債務者の占有する場所以外の場所において引渡実施を行うことができる場合として，執行官が子の心身に及ぼす影響，当該場所及びその周囲の状況その他の事情を考慮して相当と認めるときに限定している。

そこで，債務者の住居その他債務者の占有する場所以外の場所において引渡実施を行った場合には，当該場所において引渡実施を行うことを相当と認めた事由を具体的に記載する必要がある。

⑽　子の表示（３号）

13条１項２号の「民事執行の目的物」の記載に代えて，引渡実施の対象となる子の表示を記載することとしたものである。

注⑴　13条１項の解釈については，同条の解説を参照

⑵　執行停止文書が提出されたときは，136条２項に準じ，裁判所書記官は，債権者に対し，これらの文書が提出された旨及び執行停止が効力を失うまで，引渡実施ができない旨を通知するのが相当である（代替執行につき，富越和厚・注解民執法⑸83頁，富越和厚・注釈民執法⑺263頁，中野＝下村・執行法813頁参照）。

（執行文付与の申立書の記載事項）

第165条　法第177条第２項又は第３項の規定による執行文の付与の申立書には，第16条第１項各号に掲げる事項のほか，これらの規定による執行文の付与を求める旨及びその事由を記載しなければならない。

〔解　説〕

意思表示を命ずる債務名義については，債務者の意思表示が反対給付との引換え又は債務の履行その他の債務者の証明すべき事実のないことに係るときは，法177条２項又は３項の規定により執行文が付与された時に，債務者が意思表示をしたものとみなされる（同条１項ただし書）。

この執行文付与の申立てについても，16条が適用されるので，同条１項に掲げる事項を記載した書面で申立てをしなければならないが，特則を設けないと，法177条２項又は３項の規定による執行文の付与の申立てであることが申立書に記載されず，一般の執行文付与とは要件を異にする特殊な執行文付与の申立てであ

ることが直ちには判明しない。

そこで，本条は，16条１項の特則として，申立書に法177条２項又は３項の規定による執行文の付与を求める旨及びその事由を記載しなければならないこととしているのである[(1)]。

注(1)　令和元年改正法及び令和元年改正規則により，子の引渡しの強制執行に関する規定が設けられたことから，改正前の法174条が法177条に繰り下がり，本条についても改正前の157条から繰り下がったほか，所要の整備がされた。

第166条から第169条まで　削除

〔解　説〕

平成３年１月１日付けで施行された民事保全法（平成２年法律第91号）及び民事保全規則（平成２年最高裁判所規則第３号）により，民事保全処分に関する新制度が定められたことに伴う整備として，仮差押え・仮処分の執行に関する158条から169条までの規定が削除され，預託株券に関する仮処分の執行に関する169条の２の規定が削られた（民保規附則第４条)。これと共に第４章担保権の実行としての競売等が第３章に繰り上げられた。

その他，令和元年改正規則により，子の引渡しの強制執行に関する規定が設けられたことに伴い，削除の範囲につき所要の整備がされた。

第３章　担保権の実行としての競売等

（担保権の実行の申立書の記載事項）

第170条　担保権の実行（法第193条第１項後段の規定による担保権の行使を含む。次条及び第172条において同じ。）の申立書には，次に掲げる事項を記載しなければならない。

一　債権者，債務者及び担保権の目的である権利の権利者の氏名又は名称及び住所並びに代理人の氏名及び住所

二　担保権及び被担保債権の表示

三　担保権の実行又は行使に係る財産の表示及び求める担保権の実行の方法

四　被担保債権の一部について担保権の実行又は行使をするときは，その旨及びその範囲

２　担保不動産競売の申立書には，申立人が当該担保不動産に係る法第187条第１項の申立てをした場合にあつては，前項各号に掲げる事項のほか，当該申立てに係る事件の表示を記載しなければならない。

３　担保不動産収益執行の申立書には，第１項各号に掲げる事項のほか，給付義務者を特定するに足りる事項及び給付請求権の内容であつて申立人に知れているものを記載しなければならない。

〔解　説〕

１　本条の趣旨

本条は，担保権の実行の申立書の記載事項について規定している(1)。

２　担保権の実行の申立書の記載事項（１項）

本条１項は，担保権の実行の申立書の記載事項についての通則規定である。

この規則は，１条で民事執行の申立てについて書面申立てを義務付けた上，強制執行の申立書の記載事項及び添付書類に関する通則規定を21条に置くとともに，担保権の実行の申立書の記載事項に関する通則規定として，本条１項を置いている[(2)]。

担保権の実行の申立書の記載事項は，次のとおりである。

⑴　債権者，債務者及び担保権の目的である権利の権利者の氏名又は名称及び住所並びに代理人の氏名及び住所（１号）

21条１号に対応する記載事項である。

担保権の実行の手続の当事者としては，被担保債権の債権者，すなわち担保権者が「債権者」（差押えの効力が生じた後は，差押債権者）と，被担保債権の債務者が「債務者」と，それぞれ呼ばれる。所有者でない債務者についても，当事者として取り扱うことが相当である[(3)]。

「担保権の目的である権利の権利者」は，次のとおりである。

ア　不動産（不動産とみなされるものを除く。），船舶，航空機，自動車，建設機械，小型船舶又は動産の担保権の実行にあっては，これらの物の所有者である。

イ　不動産の共有持分や登記された地上権・永小作権のように不動産とみなされるもの（法180条１項，法43条２項）の担保権の実行にあっては，共有持分権者，地上権者，永小作権者等である[(4)]。

ウ　法193条１項に規定する担保権の実行又は行使にあっては，その目的とされる債権の債権者等である[(5)]。

エ　180条の２に規定する振替社債等に関する担保権の実行にあっては，振替機関等に口座を開設した加入者である（社振法２条３項参照）。

オ　180条の３に規定する電子記録債権に関する担保権の実行にあっては，電子記録債権の債権者である。

債権者が代理人によって担保権の実行を申し立てるとき，又は債務者若しくは担保権の目的である権利の権利者に法定代理人があるときには，その代理人の氏名及び住所も記載しなければならない。

⑵　担保権及び被担保債権の表示（２号）

21号2号の「債務名義の表示」に対応する記載事項である。

「担保権」の表示は，他人の財産を換価することが許される根拠となる担保権を明らかにするものである。

「被担保債権」の表示は，担保権を特定すると同時に，債権者が当該担保権の実行の手続において配当等を受けようとする金額を明らかにするものである（被担保債権の一部について担保権の実行又は行使をするときは，本条1項4号により，申立書にその旨及びその範囲を記載しなければならない。）。したがって，元本債権額だけでなく，利息及び遅延損害金についても配当等を受けようとするときは，その金額又は利率，発生期間及び利率に関する特約をも記載すべきである(6)。

⑶　担保権の実行又は行使に係る財産の表示及び求める担保権の実行の方法（3号）

21条3号の「強制執行の目的とする財産の表示及び求める強制執行の方法」に対応する記載事項である。

「担保権の実行又は行使に係る財産の表示」とは，不動産，船舶，航空機，自動車，建設機械，小型船舶，債権又はその他の財産権を目的とする担保権の実行にあっては，ある特定の財産であり，これを特定するに足りる事項を記載しなければならない(7)。

動産を目的とする担保権の実行としての競売（以下「動産競売」という。）の場合は，動産執行とは異なり，債権者が執行官に対し，動産を提出したとき，動産の占有者が差押えを承諾することを証する文書を提出したとき又は執行裁判所による動産競売の開始許可があるとき(8)に限って開始する（法190条）ところ，これらの対象となる動産を特定するに足りる事項を記載するとともに，その動産が所在する場所を記載しなければならない（178条1項）。ただし，一般の先取特権の実行としての動産競売にあって，動産占有者が自己の占有する動産について包括的に差押えを承諾するときは，動産執行の場合と同様に[9]，抽象的に動産を競売の目的とする旨を記載した上，178条1項の特則により差し押さえるべき動産が所在する場所を記載すれば足りる。

「担保権の実行の方法」とは，不動産を目的とする担保権の実行において，担保不動産競売，担保不動産収益執行の別を明らかにするものである。

⑷ 被担保債権の一部について担保権の実行又は行使をする場合（4号）

21条4号に対応する記載事項である。

被担保債権の一部について担保権の実行又は行使をすることが許されることは，債務名義に記載された請求権の一部についてのみ強制執行を求める場合と同じである。被担保債権の一部について担保権の実行又は行使をするときは，申立書にその旨及びその範囲を記載しなければならない[10]。

一部執行の申立てによって強制執行を実施したときは，その残額について更に同じ債務名義によって強制執行をすることができるが，担保権の実行又は行使の場合には，これをすることによって担保権が消滅するので，担保権消滅後は残額について担保権の実行の申立てをすることはできなくなる。そこで，担保権の実行の手続の進行中に請求金額を拡張することができるかが問題となる[11]。これについては，拡張を許さず残部について配当要求又は新たな担保権の実行の申立てをさせるべきであろう[12]（不動産であれば，二重開始決定をすることとなる。）。

3 申立書の添付書類

申立書の添付書類には，通則として規定すべきものはない。本条の特則及び添付書類に関する規定は，174条以下に個別に置かれている。

⑴ 担保権の存在を証する文書

担保不動産競売は，担保権の存在を証する文書として，法181条1項1号から4号までに掲げる文書が提出されたときに限り開始することとされている（法181条1項。なお，同条2項）。したがって，この規則に規定するまでもなく，担保不動産競売の申立書には，前記の文書のいずれかを添付しなければならない。

前記の規定は，船舶の競売（法189条），航空機の競売（175条），自動車の競売（176条２項），建設機械の競売（177条，176条２項）及び小型船舶の競売（177条の２，176条２項）についても準用されているから，これらの申立書についても同様である。

これに対し，動産競売は，債権者が執行官に対し，動産を提出すること（法190条１項１号），動産の占有者が差押えを承諾することを証する文書を提出すること（同項２号）又は執行裁判所による動産競売の開始許可があること等（同項３号）を開始の要件としている。このうち，同項１号及び２号による申立てについては，これによって担保権の存在を推認するという構造になっている(13)ので，前記の承諾証明書以外には，申立書に担保権の存在を証する文書を添付することを要しない。他方，同項３号による申立てについては，執行裁判所に対しては担保権の存在を証する文書を，執行官に対しては動産競売の開始許可の決定書謄本を提出することを要する。

債権及びその他の財産権を目的とする担保権の実行又は行使は，担保権の存在を証する文書（権利の移転について登記等を要するその他の財産権を目的とする担保権で一般の先取特権以外のものについては，法181条１項１号から３号まで，２項又は３項に規定する文書）の提出を開始の要件としている（法193条１項）ので，この規則に規定するまでもなく，申立書にこの文書を添付しなければならない。また，振替社債等及び電子記録債権に関する担保権の実行についても，法193条１項前段が準用されており，申立書に担保権の存在を証する文書を添付しなければならない（180条の２第２項，180条の３第３項）。

⑵　被担保債権の存在を証する文書

担保不動産競売及び船舶の競売については，一般の先取特権の実行の場合を除き，担保権存在の立証方法が法定され（法181条１項，法189条），法定の文書の提出があれば，担保権の存在についての実体判断をすることなく開始決定がされる一方，債務者又は所有者は担保権の不存在又は消滅という実体上の事由に基づいて執行異議の申立てをすることができることとされている(14)（法182条，法189条）。

したがって，法定の文書以外に被担保債権の存在を証する文書を申立書に添付することを義務付けることは，法の趣旨に反すると考えられる。不動産又は船舶以外の財産を目的とする担保権の実行についても，これと別異に解すべき理由はない。

そのため，この規則においては，被担保債権の存在を証する文書を担保権の実行の申立書に添付すべき文書とはしていない。

⑶　被担保債権の弁済期の到来を証する文書

被担保債権の存在を証する文書を申立書に添付することを義務付けられない以上，弁済期の到来を証する文書の添付を義務付けることもできないことは当然である。

弁済期が到来していないにもかかわらず開始決定がされたときは，債務者又は所有者は，法182条に準じ，弁済期未到来を理由として執行異議を申し立てることができるものと解される(15)。

ただし，債権者が提出した文書の記載によって弁済期の未到来が明らかであるときは，開始決定をすることは許されず，それにもかかわらず開始決定がされたときは，法182条に準ずるまでもなく手続上の瑕疵を理由として執行異議（法11条）を申し立てることができると解されよう(16)。

4　担保不動産競売の開始決定前の保全処分申立て後における担保不動産競売の申立書の記載事項（２項）

本条２項は，担保不動産競売の開始決定前の保全処分申立て後における担保不動産競売の申立書の記載事項について規定している(17)。

担保不動産競売の申立てを受けた裁判所は，当該担保不動産競売事件の進行を考える上で，開始決定前の保全処分等の申立てがあったかどうか，あるいは，この保全処分等が発令されたかどうかを把握しておく必要がある[18]。また，逆に，開始決定前の保全処分等の申立てを受けた裁判所は，後にその基礎となった担保権の実行としての担保不動産競売の申立てがされたかどうかを把握する必要がある。開始決定前の保全処分等の申立てについての判断が適切な時期にされない等の事情により，担保不動産競売の開始決定の発令後に，開始決定前の保全処分等が発令されてしまうおそれがあるからである。そこで，担保不動産競売の申立てを受けた裁判所に対し，その担保権に基づいて先に開始決定前の保全処分等の申立てがされていることを知らしめて，事件の審理をする上での参考とするとともに，開始決定前の保全処分等の申立てとその基礎となった担保権の実行としての担保不動産競売の申立てが時期的に重なり合うような場合であっても，これらの判断が適切に行われるようにするため，開始決定前の保全処分等の申立てをした者が担保不動産競売の申立てをする場合には，その申立書に開始決定前の保全処分等の事件の表示を記載すべきこととしたものである[19]。

なお，開始決定前の保全処分等の申立てをしたが，担保不動産競売の申立てをする前にその申立てを取り下げ，又は申立てが却下された場合も，本条２項に含まれることとなる。

5　担保不動産収益執行の申立書の記載事項（３項）

本条３項は，担保不動産収益執行の申立書の記載事項について規定している。

担保不動産収益執行とは，不動産から生ずる収益を被担保債権の弁済に充てる方法による不動産担保権の実行をいう[20]（法180条２号）。この申立て[21]は，民事執行の基本申立てであるから，書面でしなければならない（１条）。

本条３項は，この申立書には，本条１項各号に掲げる事項のほか，強制管理の申立書の記載事項と同様の事項を記載すべきこととしたものである。すなわち，執行裁判所は，担保不動産収益執行の開始決定において，給付義務者に対し，その給付の目的物を管理人に交付すべき旨を命じ（法188条，法93条１項），給付義務者に開始決定を送達しなければならない（法188条，法93条３項）ことから，申立人は，給付義務者を特定するに足りる事項及び給付請求権の内容であって申立人に知れているものを記載しなければならないこととしたものである(22)。

注(1)　平成15年改正規則により，担保権の実行の申立書の記載事項に関する規定が本条にまとめて規定され，これに伴い，同年改正前の170条が170条１項に，同年改正前の173条の２第３項が170条２項に，それぞれ改められるとともに，本条３項として，担保不動産収益執行の記載事項に関する規定が新設された。

(2)　平成15年改正前の170条は，担保権の実行としての競売，法193条１項に規定する担保権の実行若しくは行使又は平成20年社振改正規則による改正前の180条の２若しくは180条の３の規定による預託株券等若しくは振替社債等に関する担保権の実行を「競売等」と総称していたところ，平成15年改正規則により，これに担保不動産収益執行を加えたものが「担保権の実行」とされた。

また，平成15年改正規則により，本条１項３号の「担保権の実行又は行使に係る財産の表示」に「求める担保権の実行の方法」が付加された。これは，平成15年改正法により，不動産担保権の実行の方法として担保不動産競売のほかに担保不動産収益執行が定められ（法180条２号），担保権者は，事案に応じて，いずれか又は双方の手続を自由に選択して申し立てることができることとされたことから，申立書において，どのような担保権の実行の方法を求めるかを明らかにさせるためである。

(3)　２条の解説の２(1)イ及び同条の解説の注(4)参照

(4)　法182条参照

(5)　競売等の目的である権利が担保権設定者から他に譲渡されたときは，第三取得者が「所有者」である。なお，債務者と所有者が同一人であるときは，「債務者兼所有者」として表示すれば足りる。

(6)　不動産執行実務（上）59頁参照。なお，申立書に利息又は損害金の記載がないときに，配当期日指定後に提出する債権計算書でこれを補充できるかについては，実務では一部請求の場合と同様の問題として取り扱われているようである。

⑺　債権を目的とする担保権の実行又は法193条１項後段の規定による担保権の行使の申立書における目的財産の表示については，179条１項に特則がある。その他の財産権を目的とする担保権の実行についても，その例による（法193条２項，法167条１項）。

⑻　平成15年改正法により，執行裁判所による動産競売の開始許可の手続が創設された（法190条１項３号）。178条の解説を参照されたい。

⑼　21条の解説の２⑶参照

⑽　同順位の根抵当権者の１人が提出した競売申立事件の申立書の被担保債権及び請求債権の部分における「金８億円　但し，債権者が債務者に対して有する下記債権のうち，下記債権の順序にしたがい上記金額に満つるまで」との記載が，被担保債権の一部について担保権の実行をする趣旨の記載ではないとされた事例として，最判平17．11．24判タ1199-185参照。このような記載に引き続き，被担保債権が全部記載される一方，一部実行の申立てをする旨の明示的な記載がない申立書については，それが一部実行するものか全部実行をするものかを受付の段階で確認する必要があると考えられる（前記最判のコメント欄参照）。

⑾　にもかかわらず一部請求がまれでないのは，差押えの登記及び登録に係る登録免許税の課税標準が債権金額によって定められている（登録免許税法別表第１の１⑸，２⑸，５⑵等）ので，満足を得られる見込みの額に減縮して申立てをし，登録免許税を節約しようとする事情もあるものと思われる。

⑿　近藤崇晴・注釈民執法⑻65頁参照。債権者が請求債権を一部に限定して申し立てた（本条１項４号）が，配当手続の債権計算書の提出時にこれを拡張することができるか否かについては，禁反言の原則等に照らし，原則として，債権計算書による拡張を認めない取扱いがされている（近藤崇晴・新実務民事訴訟講座⑿219頁，山北学・不動産配当の諸問題89頁，執行実務（下）189頁参照）。

この点につき，最判平15．７．３集民210-217は，上記の拡張禁止の取扱いを前提としつつ，配当異議の訴えにおいて，競売申立書における被担保債権の記載が錯誤，誤記等に基づくものであること及び真実の被担保債権の額が立証されたときは，真実の権利関係に即した配当表への変更を求めることができると判示している。

なお，これに関連して，一部実行の申立ての場合において，申立債権者が同順位根抵当権者の１人であるときに，執行裁判所が配当計算をするに当たり，その計算の基礎となる申立債権者の債権額は，申立書に記載された請求債権額によるのか，被担保債権額（ただし，極度額を上限とする。）によるのかという問題点につき，解釈が分かれている。前記注⑽掲記のコメント欄参照。

⒀　田中・解説459頁参照

⒁　田中・解説410頁，近藤崇晴・注釈民執法⑻69頁参照

⒂　田中・解説413頁，近藤崇晴・注釈民執法⑻78頁参

⒃　田中・解説413頁，近藤崇晴・注釈民執法⑻76頁参照

⒄　平成15年改正前の173条の２第３項は，不動産競売の申立人が不動産競売の開始決定前の保全処分の申立てをしていた場合には，不動産競売の申立書に当該保全処分に係る事件の表示を記載しなければならないとしていた。この規定は，担保権の実行の申立書の記載事項に関するものであるから，平成15年改正規則により，これと同趣旨の規定が本条２項に置かれたものである。

⒅　開始決定前の保全処分等の効力は，告知によって効果が生じるが（法20条，民訴法119条），その効力は，その不動産についての民事執行の売却の手続において買受人が代金を納付するまでの間継続し，決定で特に限定しなくても，代金納付によって失効すると考えられる（改正関係執務資料40頁参照）。

⒆　同様の理由により，担保不動産競売の申立てが先行した場合における開始決定前の保全処分等の申立書においては，担保不動産競売事件の表示を記載すべきであろう。

⒇　担保不動産収益執行に関する改正法の趣旨及び概要については，谷口外・解説51頁以下参照

㉑　担保不動産収益執行の申立てに当たっては，申立手数料のほか，差押えの登記に係

る登録免許税（債権額又は極度額の1000分の４。登録免許税法別表第１の１(5)等）及び管理人の報酬等の額を見込んだ予納金の納付が必要となる。

(22) 申立書に給付義務者の記載がされていない場合及び申立て時に給付義務者は判明しているもののその詳細が不明な場合における措置については，63条の解説の２を参照されたい。

（担保権の実行が開始された後の差押債権者の承継の通知）

第171条　担保権の実行が開始された後の差押債権者の承継についてこれを証する文書が提出されたときは，裁判所書記官又は執行官は，債務者及び担保権の目的である権利の権利者に対し，その旨を通知しなければならない。

〔解　説〕

1　本条の趣旨

担保権の実行(1)が開始された後に差押債権者に承継があった場合の手続について，法には規定がない。強制執行の開始後の申立債権者の承継についても同様であるが，この場合の手続については22条に規定がおかれている。

本条は，22条に対応して，担保権の実行が開始された後に差押債権者に承継があった場合の手続について規定するものである。

2　承継の事実の証明方法

本条には，22条１項に対応する規定はおかれていない。

同項は，承継人が自己のために強制執行の続行を求めるときは，承継執行文の付された債務名義の正本を提出しなければならない旨を規定する。これは，強制執行の場合には承継執行文という特殊な制度があるので，単に何らかの方法で承継の事実を証明するだけでは足りず，強制執行の続行のためには承継執行文の提出を要するということを明らかにしたものである(2)。

しかし，担保権の実行の手続においては，執行文の付与という制度がないから，担保権の実行の続行を求める承継人がそれ以外の方法で承継の事実を証明すべきことは当然であって，規定するまでもないと考えられる。

ただし，不動産担保権の実行にあっては，承継後に担保不動産競売の申立てをする場合の承継の事実の証明方法が法定され，相続その他の一般承継については単に「その承継を証する文書(3)」を，また，その他の承継については「その承継を証する裁判の謄本その他の公文書」を提出しなければならないこととされている（法181条３項）。したがって，これとの均衡から不動産担保権の実行の開始後に差押債権者に承継があった場合に，承継人が自己のために担保権の実行の続行を求めるときは，法181条３項に規定する文書を執行機関に提出しなければならないことは，解釈上当然である。

船舶，航空機，自動車，建設機械及び小型船舶の競売についても，法181条が準用されている（法189条，175条，176条２項，177条，177条の２）ので，不動産担保権の実行と同様であり，権利の移転について登記等を要するその他の財産権を目的とする担保権で一般の先取特権以外のものの実行又は行使についても，同様である（法193条１項参照）。

前記以外の担保権の実行については，承継後に担保権の実行の申立てをするときも，承継の事実をいかなる文書によって証明すべきかは法定されていないから，担保権の実行の開始後の承継についても，証明書の種類に制約はない。

3　証明書の提出の通知

本条は，22条２項に対応して，担保権の実行が開始された後の差押債権者の承継についてこれを証する文書が提出されたときは，裁判所書記官又は執行官は，債務者及び担保権の目的である権利の権利者に対し，その旨を通知しなければならないことを規定している。

担保権の実行の手続においては，債務者又は担保権の目的である権利の権利者は，担保権を承継したと称する者が実は担保権を承継していないとして，執行異議によってこれを争うことができる（法182条，法191条(4)）ので，これを争う機会を与えるために，証明書の提出について債務者及び担保権の目的である権利の権利者に通知すべきこととされたのである。

注(1)　平成15年改正前の本条は，担保権の実行としての競売等が開始された後に差押債権者に承継があった場合について規定していたところ，担保不動産収益執行についても手続開始後に差押債権者が承継されることがあるので，平成15年改正規則により，本条を担保権の実行全般について適用することとされた。

(2)　22条の解説の２を参照

(3)　一般承継の場合に公文書に限定されていないのは，遺産分割協議書（民法907条１項）によって承継の事実を証明するしかない場合があるからである。

(4)　法182条は，動産競売以外のすべての競売等について準用されている（船舶につき法189条，債権及びその他の財産権につき法193条２項前段，航空機につき175条，自動車につき176条２項，建設機械につき177条，小型船舶につき177条の２，振替社債等に関する担保権の実行につき180条の２第２項，電子記録債権に関する担保権の実行につき180条の３第３項）。法182条及び法191条にいう「担保権の不存在又は消滅」とは，担保権が手続上の当事者としての差押債権者に帰属していないことをも含む意味に解すべきである。

（配当要求債権者に対する執行力のある債務名義の正本の交付）

第172条　第62条の規定は，担保権の実行において執行力のある債務名義の正本により配当要求がされた場合について準用する。

〔解　説〕

1　本条の趣旨

担保権の実行[(1)]の手続における所有者の財産の換価は，担保権に内在する換価権に基づくものであるから，申立債権者は，執行機関に執行力のある債務名義の正本を提出する必要がない[(2)]。

しかし，法は，担保権の実行の手続についても配当要求を認めている（法188条・法51条，法188条・法105条１項，法189条・法121条・法51条，法192条・法133条，法193条２項・法154条）ので，執行力のある債務名義の正本による配当要求がされたときは，担保権の実行においても執行力のある債務名義の正本が執行裁判所に提出されている。

したがって，執行力のある債務名義の正本による配当要求がされた担保権の実行の事件が終了したときの執行力のある債務名義の正本の処置について規定する必要があるところ，それは強制執行の場合の処置と同一でよいから，本条は，強制執行に関する62条の規定を担保権の実行において執行力のある債務名義の正本により配当要求がされた場合について準用することとしている。

なお，動産競売には有名義配当要求が認められない（法192条，法133条）ので，本条を適用する余地はなく，動産執行に関する129条を準用する余地もない。

2　執行力のある債務名義の正本の交付等

執行力のある債務名義の正本により配当要求をした債権者が債権の全額について配当等を受けたときは，債務者（当該債務名義における債務者であって，担保権の実行の手続における担保権の目的となった権利の権利者である。）は，裁判所書記官に対し，当該債権者に係る執行力のある債務名義の正本の交付を求めることができる（62条１項の準用）。債務者から交付を求められないときに，裁判所書記官が積極的にこれを交付する必要はない。

前記の配当要求債権者が債権の全額について配当等を受けなかった場合において，担保権の実行の事件が終了したときは，その債権者は，裁判所書記官に対し，執行力のある債務名義の正本の交付を求めることができる（同条２項の準用）。債権者から交付を求められないときに，裁判所書記官が積極的にこれを交付する必要はないが，求めによりこれを交付する場合において，その債権者が債権の一部について配当等を受けた者であるときは，裁判所書記官は，当該債務名義の正本に配当等を受けた額を記載して（いわゆる奥書をして）交付しなければならない（同条３項の準用）。

交付を求められなかった執行力のある債務名義の正本は，記録に綴ったままにしておいて，記録を廃棄する際に共にこれを廃棄することができる。

注⑴　平成15年改正前の規則172条は，担保権の実行としての競売等において配当要求がされた場合について62条を準用する旨規定していたところ，担保不動産収益執行についても同様に配当要求が認められる（法188条，法105条１項）ことから，平成15年改正規則により，担保権の実行全般について62条を準用することとしたものである。

⑵　田中・解説400頁以下

（担保不動産競売の開始決定前の保全処分等の申立ての方式等）

第172条の２　法第187条第１項の申立ては，次に掲げる事項を記載した書面でしなければならない。

一　第27条の２第１項第１号，第２号及び第４号に掲げる事項

二　債務者及び不動産の所有者（不動産とみなされるものにあつては，その権利者）の氏名又は名称及び住所（代理人がある場合にあつては，その氏名及び住所）

三　担保権及び被担保債権の表示

２　前項の書面には，次に掲げる文書を添付しなければならない。

一　担保権の目的である不動産の登記事項証明書

二　法第187条第３項の規定による提示に係る文書（法第181条第１項第３号に掲げる文書を除く。）の写し

３　法第187条第４項の文書には，当該担保不動産競売の申立てに係る事件の表示を記載しなければならない。

４　第27条の２第２項の規定は第１項の書面について，第27条の３の規定は法第187条第１項に規定する公示保全処分の執行について，第27条の４の規定は法第187条第５項において準用する法第55条の２第１項の規定による決定を執行した場合について準用する。

〔解　説〕

１　本条の趣旨

本条は，担保不動産競売の開始決定前の保全処分等（法187条１項）の申立ての方式等を定めた規定であり，平成15年改正規則により，改正前の173条の２の規定の位置が改められた[(1)]上，必要な整備がされたものである。

平成15年改正前の法187条の２第１項及び第２項による不動産競売の開始決定前の保全処分は，不動産競売の開始決定がされる前に，債務者又は担保権の目的である不動産の所有者若しくは占有者が不動産の価格を著しく減少する行為又はそのおそれがある行為をする場合において，特に必要がある場合に，その不動産につき担保権[(2)]を実行しようとする者の申立てにより，その行為をする者に対し，一定の行為を禁止し又は一定の行為を命じ，あるいは不動産に対する占有を解いて執行官に保管させることを認めるものであり，「民事執行法の一部を改正する法律」（平成８年法律第108号）により創設された。これは，不動産競売の開始決定前にも担保不動産に対して妨害行為が行われるおそれがあることから，その事態に対処するために，不動産競売の開始決定前であっても売却のための保全処分等と同様の保全処分を発令することができるようにすることを目的としたものである。

平成15年改正法により，この保全処分については，以下の改正が行われた[(3)]。

⑴　占有移転禁止の保全処分に引渡命令との関係での当事者恒定効が付与され，この保全処分が執行された場合には，その後に占有の移転があったときであっても，保全処分の相手方に対する引渡命令に基づいて，現在の占有者に対する不動産の引渡しの強制執行をすることができることとされた（法187条１項）。

⑵　公示保全処分について明文の規定（同項）が設けられるとともに，公示書等を損壊した者に対して刑事罰を科することとされた（法212条１号）。

⑶　保全処分の相手方である占有者を特定することを困難とする特別の事情がある場合には，相手方を特定しないで保全処分を発令することができることとされ，この保全処分については，執行官による執行によって不動産の占有を解かれた者が相手方となることとされた（法187条５項，法55条の２第１項，３項）。

2　申立ての方式（1項）

本条1項は，担保不動産競売の開始決定前の保全処分等の申立ての書面性及び申立書の記載事項について規定している。

⑴　申立ての書面性

民事執行の申立ては書面でしなければならないとされている（1条）が，ここでいう申立ては，執行機関に対して民事執行の手続の開始を求める基本的な申立てであると解されており，本条の保全処分の申立てはこれに該当しない。

しかし，開始決定前の保全処分は，本体である不動産競売の申立てがない段階でも申立てをすることができることから，手続の明確性を確保するためには，その申立ては書面によるものとすることが適当である。

そこで，開始決定前の保全処分の申立ては書面によらなければならないこととされている。

⑵　申立書の記載事項

担保不動産開始決定前の保全処分等を発令するには，担保不動産競売の開始決定をするための実体的要件（①担保権の存在，②被担保債権の存在，③被担保債権の弁済期の到来）を満たすことが必要であることから，基本的に担保不動産競売の申立書と同様の事項を記載するものとすることが相当である。

申立書の記載事項は，次のとおりである。

ア　27条の2第1項1号，2号及び4号に掲げる事項（1号）

㋐　当事者の氏名又は名称及び住所（相手方を特定することができない場合にあっては，その旨）並びに代理人の氏名及び住所（27条の2第1項1号）

当事者及び代理人を特定するものである。

ただし，相手方を特定しないで発する保全処分等の申立てにあっては，申立ての時点で相手方が不詳であり，その執行がされるまで相手方が特定されないので，相手方については特定することができない旨を記載すれば足りる。その他の保全処分においては，従来どおり，相手方を特定すべきことは当然である。

(イ) 申立ての趣旨及び理由（27条の２第１項２号）

「申立ての趣旨」は，申立人が求める保全処分の種類及び態様を明らかにするものであり，具体的な行為を明示して記載する必要がある。

「申立ての理由」は，債務者又は不動産の所有者若しくは占有者が不動産の価格を減少させ，又は減少させるおそれがある行為をすること（法187条１項，法55条１項），「特に必要があるとき[(4)]」であること（法187条１項）及び法187条２項に定める事由を明らかにするものである。相手方を特定しないで発する保全処分等の申立てをする場合には，これらに加えて，「相手方を特定することを困難とする特別の事情」（法187条５項，法55条の２第１項）を明らかにする必要がある。

(ウ) 不動産の表示（27条の２第１項４号）

担保不動産競売の開始決定前の保全処分等は，担保権に基づいて，担保不動産競売手続に先立つ保全処分として認められるものであるから，その目的となる不動産を明らかにさせるものである。

なお，担保不動産競売の開始決定前の保全処分等は，担保不動産競売の開始決定前に申立てがされるので，基本事件を特定する事項（27条の２第１項３号）は記載事項から除いている。

イ 債務者及び不動産の所有者（不動産とみなされるものにあっては，その権利者）の氏名又は名称及び住所（代理人がある場合にあっては，その氏名及び住所）

債務者又は所有者でない占有者が担保不動産競売の開始決定前の保全処分等の相手方となる場合もあり得るところ，相手方が債務者又は所有者である場合と第三者の場合とでは，発令の要件が異なるので，この保全処分の要件を判断するため，将来の競売手続における当事者を明らかにさせる必要がある。

そこで，担保不動産競売の開始決定前の保全処分等の当事者とならない債務者及び所有者についても明らかにさせることとしたものである。

ウ　担保権及び被担保債権の表示（３号）

担保不動産競売の開始決定前の保全処分等は，担保権に基づいて，担保不動産競売手続に先立つ保全処分として認められるものであるから，申立ての要件となる当該担保権を明らかにさせるものである。

エ　その他の記載事項

その他民訴規２条所定の形式的な事項も記載すべきである（15条の２，民訴規２条)。

また，担保不動産競売の申立書においては，運用上，担保権実行の要件である被担保債権の弁済期の到来の事実も記載することが一般的であると解される[(5)]が，この点は担保不動産競売の開始決定前の保全処分等の申立書についても同様である。

なお，本条では，担保権の実行又は行使に関する規定である170条１項４号の事項は記載事項とされていない。

3　申立書の添付書類（２項)

本条２項は，担保不動産競売の開始決定前の保全処分等の申立書の添付書類について規定している。

⑴　担保権の目的である不動産の登記事項証明書（１号)

担保不動産競売の開始決定前の保全処分等の申立書には，担保不動産競売の申立書の添付書類と同様の書類，すなわち，173条１項１号により準用される23条各号所定の文書の添付を求めることが考えられる。

しかし，同条所定の文書のうち，２号所定の不動産登記令所定の図面等（差押登記の前提となる登記記録を作成するために必要とされる文書），同条3号及び4号の文書（競売土地上の建物等又は競売建物等の敷地の登記事項証明書），同条5号の文書（公課証明書）は，いずれも担保不動産競売の開始決定前の保全処分等の申立てにおいては必要ではない。

一方，同条1号の文書（登記事項証明書，所有権証明文書）及び2号の文書のうち所有権証明文書については，競売の目的不動産の所有権を証明する文書であり，担保不動産競売の開始決定前の保全処分等を発令するためには原則として担保不動産競売の開始決定をするための要件が必要である以上，対象不動産の所有者が誰かについても確定しなければならないので，これらの文書を添付書類とすることも考えられる。

しかし，担保不動産競売の開始決定前の保全処分等の申立てにおいては，担保権の目的である不動産の登記事項証明書を規定上明確にしておけば十分であり，その他の所有権証明文書の添付についてまで規定を設ける必要性は乏しい。

そこで，本条2項では，担保権の目的である不動産の登記事項証明書の添付のみを求めることとされた(6)ものである。また，未登記不動産の場合には，運用上，23条2号と同様，債務者の所有に属することを証する文書の添付を求めることになる。

⑵　法187条3項の規定による提示に係る文書（法181条1項3号に掲げる文書を除く。）の写し（2号）

法187条3項では，法181条1項から3項までの文書（担保権の存在を証明する文書）の提示を要求している。これは，担保不動産競売の開始決定前の保全処分等の発令要件を判断するため，本来，担保不動産競売の申立ての場合と同様，これらの法定文書等の提出が必要であるが，この保全処分等は担保不動産競売の開始決定に先行する暫定的な裁判であり，担保権の実行手続自体ではないことから，担保不動産競売の申立ての場合のようにその提出を求めることまではせず，提示で足りることとしたものである。

ところで，裁判所としては，担保不動産競売の開始決定前の保全処分等の申立てに当たり，これらの文書が提示されたことを記録上明らかにしておく必要があるし，また，後に担保不動産競売の開始決定前の保全処分等の取消しの申立てを受けた裁判所が担保権の同一性を判断するとき等においても便宜であるため，本条２項２号では，これらの書面の写しの提出も求めることとした[(7)]。

もっとも，法181条１項３号所定の担保権の登記がされた登記事項証明書が提示される場合，前記⑴のとおり，担保権の登記がされていると否とを問わず，目的不動産の登記事項証明書を添付書類としているのである（本条２項１号）から，重ねてその写しを提出する必要はない（本条２項２号)。

４　担保不動産競売の申立てをしたことを証する文書の記載事項（３項）

⑴　法187条４項は，担保不動産競売の開始決定前の保全処分等の申立人が，この保全処分等の告知を受けた日から３か月以内に，担保不動産競売の開始決定前の保全処分等の基礎となった担保権に基づく担保不動産競売の申立てをしたことを証する文書を提出しないときは，執行裁判所は，被申立人又は所有者の申立てによって，この保全処分等を取り消さなければならないこととしている。

担保不動産競売の開始決定前の保全処分等は，後にその保全処分等の基礎となった担保権に基づく担保不動産競売の申立てがされることを前提とした保全処分等である。したがって，担保不動産競売の開始決定前の保全処分等が発令された後にその基礎となった担保権に基づく担保不動産競売の申立てがされない場合には，その効力を維持することは適当ではないことから，このような規定が設けられたものとされている。

⑵　本条３項は，以上のような事情から提出すべきこととされた担保不動産競売の申立てをしたことを証する文書について，担保不動産競売の開始決定前

の保全処分の基礎となった担保不動産競売事件の表示を記載すべきことを定めたものである。

担保不動産競売の開始決定前の保全処分等の取消しの申立てを受けた裁判所としては，この保全処分等の申立ての後でその基礎となった担保権に基づく担保不動産競売の申立てがされたとしても，必ずしもそのことを知ることはできないと考えられる。また，３か月以内には担保不動産競売の申立てをしなかったが，取消しの裁判の前までに，担保不動産競売の申立てがされたような場合，この保全処分等を取り消すことができるのか解釈上疑義が生じ得る。そこで，法187条４項では，担保不動産競売の開始決定前の保全処分等の取消しのための要件として，被申立人又は所有者の申立てがあることのほか，「同項の担保不動産競売の申立てをしたことを証する文書」が提出されないことと定めている。

ところで，担保不動産競売の開始決定前の保全処分等の取消しの申立てを受けた裁判所としては，その基礎となった担保権の実行として申し立てられた担保不動産競売事件の特定さえできれば，２つの事件の記録を参照するなどして，担保不動産競売の開始決定前の保全処分等の基礎となった担保権に基づく担保不動産競売の申立てがされたかどうか（担保権の同一性）を判断することができ，逆に，この判断を可能とする文書があれば，法187条４項により担保不動産競売の申立てをしたことを証する文書の提出が要求された趣旨に十分かなう。そこで，本条３項では，この文書には担保不動産競売事件の表示を記載すべきものとされたのである。

このような趣旨を考慮すると，この文書は，裁判所書記官作成の証明書である必要はない(8)(9)。

５　売却のための保全処分等の規定の準用（４項）

本条４項は，平成15年改正規則で新設されたものであり，担保不動産競売の開始決定前の保全処分等について，売却のための保全処分等の規定を準用している。

⑴　申立書の立証方法等の表示（27条の２第２項）

執行裁判所が適切で迅速な審理を行うため，申立書について，27条の２第２項を準用している。同項の解説を参照されたい。

⑵　公示保全処分の執行方法（27条の３）

担保不動産競売の開始決定前の保全処分等を実効あらしめるため，公示保全処分（法187条１項）の執行方法について，27条の３を準用している。同条の解説を参照されたい。

⑶　相手方不特定の保全処分等を執行した場合の届出（27条の４）

相手方不特定の保全処分等（法187条５項，法55条の２第１項）を執行した場合について，執行裁判所に当該決定の相手方となった者を了知させるため，27条の４を準用している。同条の解説を参照されたい。

注⑴　この規定は，担保不動産競売の開始決定前の保全処分等に関する法187条の規定の位置に合わせて，173条の２から172条の２に改められた。

⑵　ここでいう担保権とは，法181条の場合と同様に，抵当権，不動産質権，一般又は特別の先取特権をいう（佐藤歳二・注釈民執法⑻40頁参照）ものと考えられる。

⑶　谷口外・解説86頁参照

⑷　「特に必要があるとき」とは，特に担保不動産競売の開始決定前に保全処分を認める必要があり，担保競売開始決定後に保全処分を発令したのでは目的不動産の価値が減少してしまう具体的事情があることをいう。

⑸　理論と実務（上）35頁参照

⑹　登記事項証明書は，目的不動産の表示や執行裁判所の管轄等の確認のためにも必要である上，目的不動産についての権利関係の推移等を知る上でも極めて有用である。担保権の目的である不動産の登記事項証明書が添付された場合において，その登記事項証明書が担保権の登記のされたものであるときは，法187条３項の規定による法181条１項３号の文書の提示の要請も満たすと考えてよいであろう。また，担保権の目的

である不動産の登記事項証明書は，疎明資料として提出してもよいと考えられる。改正関係執務資料50頁

⑺　法181条１項から３項までの文書には認証謄本も含まれており，このような文書についても謄本の写しでよいという趣旨であるが，もとより，当事者が任意に認証謄本そのものを添付することは何ら差し支えない。

⑻　実際の運用では，担保不動産競売の開始決定前の保全処分等の申立人が，担保不動産競売の申立書を提出する際に，その申立書の写しも持参し，それに受付日付印を押してもらい事件番号を記載した上で，そのまま担保不動産競売の開始決定前の保全処分等事件の提出書類として提出することが考えられる。

⑼　この文書は申立てをしたことを証するものであれば足り，担保不動産競売の開始決定があったことを証するものでなくてもよい。言いかえると，担保不動産競売の申立てはしたが，却下されたという場合であっても，法187条５項で準用される法55条５項によることはともかく，法187条４項によって担保不動産競売の開始決定前の保全処分等が取り消されることはないと考えられる（改正関係執務資料45頁）。

（不動産執行の規定の準用）

第173条　前章第２節第１款第１目の規定（次に掲げる規定を除く。）は，担保不動産競売について準用する。

一　第23条中執行力のある債務名義の正本に係る部分

二　第62条

２　前章第２節第１款第２目の規定（次に掲げる規定を除く。）は，担保不動産収益執行について準用する。

一　第63条第１項

二　第73条（前項各号に掲げる規定を準用する部分に限る。）

〔解　説〕

1　本条の趣旨

本条は，不動産担保権の実行の手続について，不動産の強制執行に関する規

定を準用している[(1)]。

2　担保不動産競売についての不動産の強制競売に関する規定の準用（１項）

本条１項は，担保不動産競売の細目的な事項について，不動産の強制執行の規定のうち担保不動産競売にも共通する内容のものを準用している。

担保不動産競売については，不動産の強制競売に関する規定（前章２節１款１目）のほとんどが準用されている。

23条（申立書の添付書類）の規定は，執行力のある債務名義の正本に係る部分のみが準用から除外されている。これは，同条柱書が書類の添付について「執行力のある債務名義の正本のほか」としている（21条を受けたものである。）が，担保権の実行としての競売の申立てには債務名義を要しないからである。したがって，登記事項証明書，公課証明書等23条各号に掲げる書類は，不動産競売の申立書にも添付することを要する[(2)]。ただし，同条１号及び２号中「債務者」とある部分は，「所有者」（手続上の当事者の名称としての所有者，すなわちその不動産の所有者であると申立債権者が主張している者）と読み替える必要がある。

62条（執行力のある債務名義の正本の交付）の規定は，準用から除外されている。これは，担保不動産競売の差押債権者は執行力のある債務名義の正本を提出する必要がないからであるが，執行力のある債務名義の正本により配当要求をした債権者については，同条を準用する必要があるので，担保権の実行の通則規定として，172条において62条が準用されている。

したがって，実質的には，不動産の強制競売に関する規定は，全て担保不動産競売に準用されているわけであり，開始決定等の通知，配当要求の方式等，現況調査，評価書，物件明細書の内容の公開等，無剰余の場合の保証の提供方法等，買受けの申出をすることができる者の制限，不動産の売却方法，売却決定期日を開くことができない場合等の通知，売却許可決定の公告等，代金納付期限，保証として提供されたものの換価，配当期日等の指定，計算書の提出の催告，売却代金の交付等の手続など，全て強制競売の場合と同様である。

ただし，これらの規定中「債務者」とある部分は，規定の趣旨に応じて「債務者及び所有者」又は「所有者」と読み替えなければならない。「債務者及び所有者」と読み替えるべき規定は，25条3項，37条1号及び51条5項であり，「所有者」と読み替えるべき規定は，23条1号及び2号のほか，27条，29条1項4号ハ，5号ニ及び6号，59条3項並びに61条である。

3　担保不動産収益執行についての強制管理に関する規定の準用（2項）

担保不動産収益執行は，担保不動産競売と並ぶ不動産担保権の実行の方法であることから，担保不動産競売に関する規定（本条1項）と並べて，本条2項として，担保不動産収益執行に関する規定が置かれている。

担保不動産収益執行の開始決定以後の手続は，基本的には強制管理と同一であり，強制管理の規定（法93条から法111条まで）が包括的に準用されている[(3)]（法188条）。すなわち，執行裁判所は，担保不動産収益執行の開始決定をすると同時に，管理人を選任し[(4)]，賃借人等の給付義務者に対し賃料等の収益を管理人に交付すべき旨を命ずる。管理人は，管理[(5)]及び収益の収取を行い，管理人又は執行裁判所は，執行裁判所の定める期間ごとに，必要な管理費用[(6)]を支出した残余について配当等を実施する（法188条，法107条，法109条，法93条の4）。この手続は，被担保債権が完済されるまで継続されることとなる[(7)]。

そこで，担保不動産収益執行の手続の細目についても，強制管理に関する次の規定を準用することとされた[(8)]。

⑴　開始決定等に関する規定

申立人の責務（63条2項）

開始決定の通知（64条）

給付義務者に対し陳述を催告すべき事項等（64条の2）

管理人の選任の通知等（65条）

管理人の辞任（66条）

申立書の添付書類（73条，23条（３号及び４号を除く。））

手続の進行に資する書類の提出（73条，23条の２（４号を除く。））

⑵　二重開始決定，配当要求に関する規定

二重開始決定等の通知（73条，25条）

配当要求の方式（73条，26条）

配当要求の通知（73条，27条）

⑶　手続の終了に関する規定

強制管理の申立ての取下げ等の通知（67条）

⑷　配当等に関する規定

収取した収益等の報告義務（68条）

配当協議の日又は弁済金の交付の日の指定（69条）

配当計算書（70条）

事情届の方式（71条，72条）

配当期日等の指定（73条，59条）

計算書の提出の催告（73条，60条）

配当等に充てるべき金銭の交付等の手続（73条，61条）

注⑴　平成15年改正法において滌除制度が抵当権消滅請求制度に改められ，抵当権実行前の滌除権者への通知義務や増価買受義務が廃止されたことに伴い，平成15年改正規則により，本条２項から４項までが削られ，その代わりに，本条２項として，担保不動産収益執行の細目的な事項に関する規定が新設されたものである。

⑵　なお，相続登記未了の不動産について相続人を所有者とする担保不動産競売の申立てがあった場合には，代位登記未了でも申立書を受理する必要がある（昭62．４．14民事局第三課長通知「相続登記未了の不動産について相続人を所有者とする抵当権の実行としての競売の申立てがあった場合の取扱いについて」）。

⑶　谷口外・解説59頁参照

⑷　管理人の資格については，特に制限が設けられていない。強制管理の実務では，執

行官や弁護士が管理人に選任されている例が多いようであるが，自然人のほか，銀行，不動産管理会社等の法人を選任することもできる（法188条，法95条３項）。

占有利用関係の調査・整理等の必要性，明渡訴訟等の法的処理の必要性，管理・保守事務の程度等を勘案し，事案に応じて適切な管理人を選任することとなろう。なお，必要に応じて，複数の管理人を選任して，管理人の間で職務を分掌させたり（法188条，法95条３項），不動産管理会社等に清掃，設備の保守点検等の管理を委託すること等も考えられよう。

⑸　管理人は，事案に応じて，既存の賃貸借契約を解除したり，新たな賃貸借契約を締結することができる（法188条，法95条１項，法99条）。

管理人が，担保不動産について，民法602条を超えない範囲で賃貸借契約を締結し，当該担保不動産が競売された場合，この賃借権は買受人に対抗することはできないが，賃借人には６か月の明渡猶予期間が与えられる（民法395条１項２号）。

⑹　執行裁判所は，管理人に対し，相当の報酬及び管理事務に必要な費用を支給する（法188条，法101条１項）。報酬の額については，管理事務の事務量及び複雑さ（不動産の種類，規模，収益の種類等），現実に得られる収益額，管理人の職業，業種等を総合勘案して定められることとなる（法188条，法101条１項）。

⑺　平成15年改正法においては，管理期間を制限する規定は設けられていないが，事案によっては長期間管理を継続することにより弊害が生ずるおそれも考えられる。したがって，執行裁判所としては，例えば，定期的に管理人から管理状況の報告をさせるなどして管理状況を把握し，不適切な管理を行った管理人を解任する（法188条，法102条）などの措置を採ることが考えられよう。

⑻　これに対し，強制管理に関する次の規定は，担保不動産収益執行について準用されない。

ア　23条中執行力のある債務名義の正本に係る部分（本条２項２号，本条１項１号による準用除外）

担保不動産競売及び担保不動産収益執行は担保権に基づくものであり，申立書に執行力のある債務名義の正本を添付する必要はないから，執行力のある債務名義の正本に係る部分については準用されない。

イ　62条（本条２項２号，本条１項２号による準用除外）

債務名義の正本により配当要求がされた場合については，172条において62条が準用されている。

ウ　63条１項（本条２項１号による準用除外）

担保不動産収益執行の申立書の記載事項については，170条３項が規定された。

（船舶の競売）

第174条　船舶を目的とする担保権の実行としての競売の申立書には，第170条第１項各号に掲げる事項のほか，船舶の所在する場所並びに船長の氏名及び現在する場所を記載しなければならない。

２　執行裁判所は，競売の申立人の申立てにより，当該申立人に対抗することができる権原を有しない船舶の占有者に対し，船舶国籍証書等を執行官に引き渡すべき旨を命ずることができる。

３　前項の申立てについての裁判に対しては，執行抗告をすることができる。

４　第２項の規定による決定は，相手方に送達される前であつても，執行することができる。

５　前章第２節第２款（第74条中申立書の記載事項及び執行力のある債務名義の正本に係る部分並びに第83条において準用する第62条を除く。）の規定は，船舶を目的とする担保権の実行としての競売について準用する。

〔解　説〕

１　本条の趣旨

法は，船舶(1)を目的とする担保権の実行としての競売（以下「船舶競売」という。）については，船舶執行に関する規定及び担保不動産競売に関する規定（法188条を除く。）を全面的に準用し，若干の読替えをするにとどめている。

この規則においても，船舶執行に関する規定及び担保不動産競売に関する規定の大部分を船舶競売について準用しているが，更に船舶競売に固有の規定も若干設けられている[(2)]。

2　申立書の記載事項（1項）

船舶競売の申立書には，170条1項各号に掲げる通則事項のほか，船舶の所在する場所並びに船長の氏名及び現在する場所を記載しなければならない。

これらの記載事項は，船舶執行の申立書の記載事項と同一である（74条)。各記載事項については，74条の解説の2を参照されたい。

申立書の添付書類については，本条5項において，74条中申立書の添付書類に係る部分が準用されている。

3　所有者以外の船舶占有者に対する船舶国籍証書等の引渡命令（2項から4項まで)

⑴　規定の必要性

船舶競売においても船舶執行の場合と同様，競売開始決定と同時に，執行官に対し，船舶国籍証書等を取り上げて執行裁判所に提出すべきことを命ずる（法189条，法114条)。ところで，船舶執行は，債務者以外の者が船舶を占有しているときは，その者が執行官に対し任意に船舶国籍証書等を提出しない限り，実施することができない[(3)]。債務者に対する債務名義によって第三者の占有を強制的に奪うことはできないからである。

しかし，船舶競売についても，船舶執行と同様に，所有者[(4)]以外の者が船舶を占有しているときは船舶競売をすることができない，と解したのでは，船舶に対する担保権の効力は著しく弱いものとなる。船舶所有者は，設定行為等により担保権が発生しても，その後に船舶を第三者に賃貸するなどして占有を他に移転させれば，担保権の実行を免れることができることになるからである。

したがって，船舶競売については，船舶執行の場合と異なり，所有者以外の者が船舶を占有しているときでも，その者が申立債権者に対抗することができる権原を有している場合を除き，競売をすることができるようにする必要がある。

これについて，法の規定のみによっても，船舶競売においては，所有者以外の船舶占有者に対しても船舶国籍証書等の取上命令が発せられるものと解されるとの見解がある[(5)]。しかし，法にはその解釈の手がかりとなるような条文はなく，担保権の性質を根拠にそのように解するほかはないから，法の規定の解釈のみに委ねると，解釈上の疑義が生じることは避け難い。

本条２項から４項までの規定がこの規則に設けられたことによって，この点は明確になった。

⑵　規定の内容

ア　船舶国籍証書等の引渡命令

命令の内容は，船舶の占有者に対する船舶国籍証書等を執行官に引き渡すべき旨の命令である（本条２項）。

債務者又は所有者から船舶国籍証書等を取り上げるための命令は，執行官に対する職務命令としての船舶国籍証書等の取上命令である（法114条１項本文，法189条）が，本条２項の命令は，執行官に対する職務命令ではない。本条２項の命令に対しては，占有者の保護を厚くするため執行抗告ができることとされている（本条３項）が，そのために，執行官保管の保全処分の決定（法55条１項２号）等と同様に，決定を債務名義的に構成する必要があるからである。

その結果，債権者は，執行官に対し引渡命令の執行の申立てをする必要がある。

イ　申立て

引渡命令は，競売の申立人（申立債権者）の申立てによって発する（本条２項）。

この申立ては，船舶競売の申立てと同時にすることもできるし，所有者からの船舶国籍証書等の取上げが不能に終わった後にすることもできる（ただし，法189条，法120条の規定による制約がある。）。競売の申立てと同時に申し立てられたときも，執行官に対する取上命令は発しなければならない（法189条，法114条１項本文）から，この場合には，取上命令と引渡命令の双方を同時に発することになる。

ウ　命令の相手方

引渡命令を発することができる相手方は，申立人に対抗することができる権原を有しない船舶の占有者である（本条２項）。

相手方がこれに該当する者であることは，申立人が疎明しなければならない。船舶の占有者が賃借人であるときは，申立人に対抗することができるか否かは賃貸借の登記によって定まる（商法701条）。賃借人が対抗することのできない担保権が存在しても，申立人の担保権に対抗することができるとき(6)は，引渡命令を発することができない。

相手方がその船舶について留置権を有していないことも疎明する必要があるが，そのことを推定するに足りる外形的事実を疎明すれば足りる。

エ　執行抗告

申立てを却下する裁判又は引渡命令に対しては，執行抗告をすることができる（本条３項）。

引渡命令に対して執行抗告をすることができることとされているのは，競売手続の当事者でない船舶の占有者から船舶国籍証書等を強制的に取り上げることになる命令であるから，不服申立方法が執行異議だけでは十分でないと考えられるからである。

占有者，所有者等の利害関係を有する者は，占有者が申立人に対抗することができる権原を有することを理由として執行抗告をし，引渡命令の取消しを求めることができる。

オ　送達前の執行

引渡命令は，相手方に送達される前であっても，執行することができる（本条４項）。

引渡命令は，これに対して執行抗告をすることができる（本条３項）ので，申立人及び相手方である船舶の占有者に対して，これを告知しなければならない（２条１項２号）。

しかし，引渡命令を執行する前に決定を送達すると，占有者が船舶を移動させて執行が不能となるおそれがある。そこで，この引渡命令が真の債務名義ではなく[(7)]，保全処分的な性質をもつことから，法29条前段の適用がなく，送達前に執行することができることを明らかにしたのである（法55条９項，法77条２項，法115条７項，法127条４項，法187条５項）。

4　船舶執行等の規定の準用（５項）

⑴　船舶執行の規定の準用

船舶競売については，船舶執行に関する規定（前章２節２款）のほとんどが準用されている（本条５項）。

74条（申立書の記載事項及び添付書類）の規定は，申立書の記載及び執行力のある債務名義の正本に係る部分が準用から除外されている。申立書の記載事項は，本条１項に規定されている。その内容は74条と共通である（前記２を参照）。執行力のある債務名義の正本に係る部分を準用から除外している理由は，173条１項１号と同じである（同条の解説の２を参照）。74条各号は準用されるので，船舶競売の申立書にもそのいずれかの書類を添付しなければならない。ただし，同条２号及び３号中「債務者」とある部分は，「所有者」（手続上の当事者の名称としての所有者，すなわちその船舶の所有者であると申立債権者が主張している者）と読み替える必要がある。

83条において準用する62条（執行力のある債務名義の正本の交付）の規定は，準用から除外されている。その理由は，173条１項２号において62条を準用から除外しているのと同じ理由である（173条の解説の２を参照）。

したがって，実質的には，船舶執行に関する規定は，すべて船舶競売に準用されているわけであり，船舶国籍証書等の取上げ等の通知及び取上げができない場合の事情届，法115条１項の地の指定，法117条１項の保証の提供方法，現況調査報告書，航行許可決定の告知，船舶国籍証書等の再取上命令，公告事項の掲示の嘱託，不動産執行の規定の一部準用など，すべて船舶執行の場合と同様である。

ただし，75条，78条１項，79条１項５号及び81条中「債務者」とある部分は，「所有者」と読み替えなければならない。

⑵　不動産競売の規定の準用

船舶の抵当権については，不動産の抵当権に関する規定が準用される（商法847条３項)。

なお，船舶競売においては，担保不動産収益執行の方法は認められていない。これは，船舶については，座礁等の事故の危険から管理手続になじまず，一般債権者による強制管理の手続が認められなかったことによるものと解される[(8)]。

注⑴　本条の「船舶」とは，総トン数20トン以上の船舶（端舟その他ろかい又は主としてろかいをもって運転する舟を除く。）をいう（法112条)。

⑵　船舶競売と船舶執行との主要な相違点については，園尾隆司・注釈民執法⑻203頁参照

⑶　田中・解説452頁。もっとも，申立書に債務者が船舶を占有していることを証する文書を添付することを義務付けられていないので，債務者が船舶を占有していなくても強制競売の開始決定がされるが，占有者が船舶国籍証書等の任意提出をしない限り，法120条により強制競売の手続が取り消されることになる（74条の解説の注⑷参照)。

⑷　船舶競売において所有者でない債務者が船舶を占有していることは，比較的まれであろうが，債務者からは当然に船舶国籍証書等を強制的に取り上げることができると解すべきである。

(5) 田中・解説452頁

(6) 例えば，１番抵当権，賃借権，２番抵当権の順に登記がされていて，申立債権者が２番抵当権者であるとき。

(7) 13条の解説の５を参照

(8) 谷口外・解説271頁参照

（航空機の競売）

第175条　航空機を目的とする担保権の実行としての競売については，法第181条から法第184条まで並びに前章第２節第３款（第84条において準用する第74条中申立書の記載事項及び執行力のある債務名義の正本に係る部分並びに第84条において準用する第83条において準用する第62条を除く。）及び前条（第５項を除く。）の規定を準用する。この場合において，同条第１項中「並びに船長の氏名及び現在する場所を記載し」とあるのは「を記載し」と，同条第２項中「船舶国籍証書等」とあるのは「航空機登録証明書等」と読み替えるものとする。

〔解　説〕

1　本条の趣旨

航空法は，新規登録がされた飛行機又は回転翼航空機の競売に関し必要な事項は，最高裁判所規則で定めることとしている（同法８条の４第３項，２項）。本条は，この委任に基づいて，航空機(1)を目的とする担保権の実行としての競売（以下「航空機競売」という。）について規定したものである。

法は，担保不動産競売及び船舶競売については，それぞれ不動産の強制競売又は船舶執行に関する規定を全面的に準用した上（法188条，法189条），担保権の実行としての競売に固有の規定を若干設ける（法181条から法187条まで，法189条）という体裁をとっており，この規則においてもそれと同様にされている（173条，174条）。

そこで，本条は，航空機競売について，航空機執行に関する規定をほぼ全面的に準用し，担保権の実行としての競売に固有の事項は，担保不動産競売及び船舶競売に関する規定の一部の準用によって規定することとしているのである[(2)]。

2　準用される規定

⑴　航空機執行の規定の準用

航空機執行に関する前章2節3款（84条及び85条）がほぼ全面的に準用されている。

その結果，航空機執行について準用される船舶執行に関する法及びこの規則の規定は，航空機競売についても，84条後段の読替規定を含めて準用されることになる（84条の準用）。

すなわち，航空機競売の手続は，航空機執行の手続[(3)]と同様にほぼ船舶執行の手続に準じるが，航空機執行の場合と同様に現況調査及び物件明細書に関する規定は準用されず[(4)]，評価書の内容の公開に関する85条が準用される。

また，84条において航空機執行について準用される船舶執行に関するこの規則の規定は，航空機競売については，74条中申立書の記載事項及び執行力のある債務名義の正本に係る部分並びに83条において準用する62条のみが準用から除外されているが，その理由は，174条5項の場合と同じである（同条の解説の4⑴を参照）。

⑵　担保不動産競売の規定の準用

法181条から法183条までの規定は，不動産担保権の実行についての規定であり，法184条は担保不動産競売についての規定であるが，執行裁判所の行う競売等について通則的意味をもつ規定である（法189条，法193条1項及び2項参照）。

航空機競売についても，船舶競売の場合（法189条）と同様に，本条において法181条から法184条までの規定が準用されている。

したがって，航空機競売においても，競売開始の要件等（法181条），競売の開始決定に対し，担保権の不存在又は消滅を理由として執行異議の申立てをすることができること（法182条），競売手続の停止及び取消し（法183条），代金の納付による買受人の航空機取得が担保権の不存在又は消滅により妨げられないこと（法184条）は，担保不動産競売及び船舶競売の場合と同じである。

⑶　船舶競売の規定の準用

船舶競売に関する前条（５項を除く。）の規定は，航空機競売について準用される。

したがって，航空機競売の申立書には，170条１項各号に掲げる事項のほか，航空機の所在する場所を記載しなければならない（174条１項の準用。本条後段の読替え(5)を参照）。

また，執行裁判所は，競売の申立人の申立てにより，当該申立人に対抗することができる権原を有しない航空機の占有者に対し，航空機登録証明書等を執行官に引き渡すべき旨を命ずることができ，執行抗告及び送達前の執行を許すことも船舶競売の場合と同じである（174条２項から４項までの準用。本条後段の読替えを参照）。

注⑴　本条の「航空機」とは，航空法５条に規定する新規登録がされた飛行機及び回転翼航空機のことである（84条前段）。したがって，これに該当しない飛行機及び回転翼飛行機や滑空機，飛行船（航空法２条１項参照）については，本条の適用はなく，動産に対する担保権の実行に関する規定（法192条，178条）が適用される。84条の注⑵を参照

⑵　航空機は，管理手続になじまないから，航空機に関する担保権の実行について，担保不動産収益執行の方法は認められていない。

⑶　84条の解説の２を参照

⑷　その理由は，85条の解説の２を参照

⑸　読替えの理由は，84条の解説の注⑸を参照

（自動車の競売）

第176条　自動車を目的とする担保権の実行としての競売の申立書には，第170条第１項各号に掲げる事項のほか，自動車の本拠を記載し，自動車登録ファイルに記録されている事項を証明した文書を添付しなければならない。

２　法第181条から法第184条まで並びに前章第２節第４款（第88条及び第97条において準用する第62条を除く。）及び第174条第２項から第４項までの規定は，自動車を目的とする担保権の実行としての競売について準用する。この場合において，同条第２項中「船舶国籍証書等」とあるのは，「自動車」と読み替えるものとする。

〔解　説〕

1　本条の趣旨

車両法は，登録自動車の競売に関し必要な事項は，最高裁判所規則で定めることとしている（同法97条３項，２項）。本条は，この委任に基づいて，自動車[(1)]を目的とする担保権の実行としての競売（以下「自動車競売」という。）について規定したものである。

法は，担保不動産競売及び船舶競売については，それぞれ不動産の強制競売又は船舶執行に関する規定を全面的に準用した上（法188条，法189条），担保権の実行としての競売に固有の規定を若干設ける（法181条から法187条まで，法189条）という体裁をとっており，この規則においてもそれと同様にされている（173条，174条）。

そこで，本条は，自動車競売について，自動車執行に関する規定をほぼ全面的に準用し，担保権の実行としての競売に固有の事項は，担保不動産競売及び船舶競売に関する規定の一部の準用によって規定することとしているのである[(2)]。

2　申立書の記載事項及び添付書類（１項）

自動車競売の申立書には，170条１項各号に掲げる事項のほか，自動車の本拠を記載し，自動車登録ファイルに記録されている事項を証明した文書を添付しなければならない。

この記載事項及び添付書類は，自動車執行の申立書のそれと同一である（88条）から，88条の解説を参照されたい。

申立書の記載事項及び添付書類について88条を準用せず，本条１項に規定されているのは，88条に「第21条各号に掲げる事項のほか」及び「執行力のある債務名義の正本のほか」という文言があるからである。

3　準用される規定（２項）

⑴　自動車執行の規定の準用

自動車執行に関する前章２節４款がほぼ全面的に準用されている（本条２項)。88条が準用から除外されているのは，申立書の記載事項及び添付書類については本条１項に規定されているからであり，97条において準用する62条が準用から除外されているのは，173条１項において62条を準用から除外しているのと同じ理由による（173条の解説の２を参照)。

したがって，実質的には，自動車執行に関する規定は，全て自動車競売に準用されているわけであり，管轄について本拠地主義をとること，開始決定において所有者に対し自動車の引渡命令を発すること，競売申立て前の引渡命令もあること，自動車の保管の方法，回送命令，事件の移送，簡易な売却方法があること，その他不動産の強制競売等の規定が準用されることなど，全て自動車執行の場合と同様である。

ただし，89条１項及び４項，91条１項，96条の３第２項から第４項，96条の４第２項，５項及び６項並びに97条において準用する法127条１項及び２項の読替規定中「債務者」とある部分は，「所有者」と読み替えなければならない。

⑵　担保不動産競売の規定の準用

自動車競売については，法181条から法184条までの規定が準用されている（本条２項)。

これは，航空機競売についてこれらの規定が準用されている（175条）ことと対応している（前条の解説の２(2)を参照)。

(3)　船舶競売の規定の準用

船舶競売に関する174条２項から４項までの規定は，自動車競売について準用される。

したがって，執行裁判所は，競売の申立人の申立てにより，当該申立人に対抗することができる権原を有しない自動車の占有者に対し，自動車を執行官に引き渡すべき旨を命ずることができ，執行抗告及び送達前の執行を許すことも船舶競売の場合と同じである（本条２項後段の読替えを参照)。

注(1)　本条の「自動車」とは，車両法13条１項に規定する登録自動車（自動車抵当法２条ただし書に規定する大型特殊自動車を除く。）である（86条)。したがって，無登録自動車については，本条の適用はなく，動産に対する担保権の実行に関する規定（法192条，178条）が適用される。また，そのうち大型特殊自動車については，建設機械に対する担保権の実行に関する規定（177条）が適用される。86条の解説参照

(2)　自動車は，管理手続になじまないから，自動車に関する担保権の実行について担保不動産収益執行の方法は認められていない。

（建設機械の競売）

第177条　建設機械を目的とする担保権の実行としての競売については，前条の規定を準用する。この場合において，同条第１項中「自動車の本拠」とあり，及び同条第２項において準用する第87条第１項中「自動車の自動車登録ファイルに登録された使用の本拠の位置（以下「自動車の本拠」という。)」とあるのは，「建設機械の登記の地」と読み替えるものとする。

〔解　説〕

1　本条の趣旨

建設機械抵当法は，既登記の建設機械の競売に関し必要な事項は，最高裁判所規則で定めることとしている（同法26条３項，２項)。本条は，この委任に基

づいて，建設機械[1]を目的とする担保権の実行としての競売（以下「建設機械競売」という。）について規定したものである。

登録自動車と既登記の建設機械とは，その法律上及び物理上の性質が類似している（98条の解説の２を参照）ことから，担保権の実行としての競売の対象物として両者同一の取扱いをすれば足りると考えられる。登録自動車と既登記の建設機械では最高裁判所規則に委任する法律が別個であることから，この規則中に登録自動車に関する規定と既登記の建設機械に関する規定とを別個に設けているが，その内容は共通でよいので，建設機械に関しては，自動車に関する規定を準用した上で，若干の読替規定をおくにとどめられている[2]。

２　自動車競売に関する規定の準用

本条は，建設機械競売について，自動車競売に関する前条の規定を準用している。したがって，その内容については，前条の解説に譲る。

自動車に関する規定を建設機械について準用するには，その性質に応じた読替えをする必要がある。本条においては，176条１項中「自動車の本拠」とあり，及び同条２項において準用する87条１項中「自動車の自動車登録ファイルに登録された使用の本拠の位置」とあるのは，いずれも「建設機械の登記の地」と読み替えるものとされている。そのほか「差押えの登録」を「差押えの登記」と，「自動車登録ファイルに記載されている事項を証明した文書」（88条）を「建設機械登記簿の謄本」と読み替えることは当然である。

また，176条２項において不動産担保権の実行の規定を準用した際に自動車に適合するように読み替えた部分は，更に建設機械に適合するように読み替えることになる。例えば，法188条が準用する法48条２項中「登記官」とあるのは，176条２項において準用する際は，「運輸管理部長又は運輸支局長」と読み替えられるが，同条を本条において読み替えるときは再び「登記官」と読み替えることになる。

注(1)　本条の「建設機械」とは，建設機械抵当法３条１項の登記がされた建設機械である

(98条)。したがって，未登記の建設機械については本条の適用はなく，動産に対する担保権の実行に関する規定（法192条，178条）が適用される。

⑵　建設機械は，管理手続になじまないから，建設機械に関する担保権の実行について担保不動産収益執行の方法は認められていない。

（小型船舶の競売）

第177条の２　小型船舶を目的とする先取特権の実行としての競売については，第176条（同条第２項において準用する法第181条第１項第３号及び第２項並びに法第183条第１項第４号を除く。）の規定を準用する。この場合において，第176条第１項中「自動車の本拠」とあり，及び同条第２項において準用する第87条第１項中「自動車の自動車登録ファイルに登録された使用の本拠の位置（以下「自動車の本拠」という。）」とあるのは「小型船舶の小型船舶登録原簿に登録された船籍港」と，第176条第２項において準用する法第181条第１項第４号中「一般の先取特権」とあるのは「先取特権」と読み替えるものとする。

〔解　説〕

1　本条の趣旨

小型船舶登録法は，登録小型船舶[(1)]の競売に関し必要な事項は，最高裁判所規則で定めることとしている（同法27条３項，２項）。本条は，この委任に基づいて，小型船舶を目的とする担保権の実行としての競売（以下「小型船舶競売」という。）について規定したものである。

登録小型船舶の権利関係が，登録自動車についての権利関係と類似していること，また，小型船舶は，自動車と同様の高度の移動性を有していることから，担保権の実行としての競売の対象物としては，小型船舶と自動車とを同様に取り扱えば足りると考えられる。しかし，登録小型船舶は抵当権の対象とはされておらず，また，質権の設定も禁止されている（同法26条）から，登録小型船舶に対する担保権の実行としての競売は，一般の先取特権及び特別の先取特権（動産先取特権及び船舶先取特権）に基づくものに限られる[(2)]。

そこで，本条では，小型船舶競売の手続につき，競売の基礎となる担保権が一般の先取特権及び特別の先取特権に限られることに伴い，性質上準用されない規定を除き，自動車競売に関する規定を準用した上で，若干の読替規定をおくにとどめられている。

２　自動車競売に関する規定の準用

本条は，小型船舶競売について，自動車競売に関する176条の規定を準用している。したがって，その内容については，同条の解説を参照されたい。

小型船舶競売の根拠となるのは先取特権だけであるから，法定文書及び停止文書のうち担保権の登記に関する規定及び抵当証券に関する規定の準用が除外されている（法181条１項３号，２項，法183条１項４号）。

自動車競売に関する規定を小型船舶競売に準用するには，その性質に応じた読替えをする必要がある。本条においては，176条１項中「自動車の本拠」とあり，及び同条２項において準用する87条１項中「自動車の自動車登録ファイルに登録された使用の本拠の位置（以下「自動車の本拠」という。）」とあるのは，いずれも「小型船舶の小型船舶登録原簿に登録された船籍港」と読み替えるものとされている。また，176条２項において準用する法181条１項４号中「一般の先取特権」とあるのは，「先取特権」と読み替えるものとされている(3)。そのほか，「自動車登録ファイルに記録されている事項を証明した文書」（88条）を「登録事項証明書等」（小型船舶登録法14条参照）と読み替えることは，性質上当然である。

注(1)　本条の「小型船舶」とは，小型船舶登録法３条の登録を受けた小型船舶である（98条の２）。したがって，未登録の小型船舶については本条の適用はなく，動産に対する担保権の実行に関する規定（法192条，178条）が適用される。

(2)　なお，留置権に基づく競売については，法195条により，担保権の実行としての競売によるとされる。

(3)　船舶の競売に関する法189条は，法181条１項４号中「一般の先取特権」とあるのは，

「一般の先取特権又は商法第842条に定める先取特権」と読み替えるものとしているが，これは，その他の特別法上の船舶先取特権等を含むものと解されている。しかし，先取特権について包括的な読替規定を設けた方が解釈上疑義を生じないことから，本条においては，「一般の先取特権」を単に「先取特権」と読み替えることとした。

（動産競売）

第178条　動産競売の申立書には，第170条第１項各号に掲げる事項のほか，差し押さえるべき動産が所在する場所を記載しなければならない。

２　法第190条第２項の許可の申立ては，前項に規定する事項（第170条第１項第４号に掲げる事項を除く。）を記載した書面によらなければならない。

３　前章第２節第６款（第99条，第100条及び第129条を除く。）の規定は動産競売について，第100条の規定は一般の先取特権の実行としての動産競売について準用する。

〔解　説〕

1　本条の趣旨

本条は，動産競売について，申立書の記載事項に関する特則を規定するほか，動産執行の規定のうち動産競売にも共通する内容のものを準用している(1)。

2　申立書の記載事項（１項）

動産競売の申立書には，170条１項各号に掲げる事項のほか，差し押さえるべき動産が所在する場所を記載しなければならない。

この記載事項は，動産執行の申立書の記載事項（99条）と同じである。99条の準用によって規定しなかったのは，同条に「第21条各号に掲げる事項のほか」という文言があるからである。

債権者が執行官に対し動産を提出するとき（法190条１項１号）は，債権者が執行官室にその動産を持参する旨，又は債権者が保管している場所に執行官が臨場することを求める場合にあっては，その場所を記載すればよい。

動産の占有者が差押えを承諾することを証する文書を提出するとき（法190

条１項２号）は，その動産が所在する場所，又は一般の先取特権の実行としての動産競売において動産の占有者が包括的に差押えを承諾する場合にあっては，執行官の臨場を求める場所を記載すればよい（170条の解説の２⑶を参照）。

債権者が執行官に対し執行裁判所による動産競売許可の決定書の謄本を提出し，かつ，債務者の住居等を捜索するに先立って又はこれと同時に当該許可の決定が債務者に送達されるとき（法190条１項３号）は，動産競売の許可の決定書に，差し押さえるべき動産が所在する場所が記載されることとなる。

なお，債権者が動産を占有しておらず，かつ動産の占有者が差押えを承諾しない場合において，執行裁判所に対する競売許可の申立てをすることなく，競売のため，担保権者が執行官に目的動産を提供する方法として，①被担保債権に基づいて目的物の仮差押えの執行をする方法，②担保権に内在する目的物引渡請求権を被保全権利として目的物の引渡断行の仮処分を執行する方法等が主張されている(2)。

これらの方法を認める場合，競売の申立書には，その動産に仮差押えの執行がされている旨及びその保管場所を記載し，担保権の存在を証する文書を添付しなければならない(3)。

3　執行裁判所に対する動産競売の開始許可の申立ての方式（２項）

本条２項は，執行裁判所に対する動産競売の開始許可の申立ての書面性及び申立書の記載事項について規定している。

⑴　申立ての書面性

執行裁判所に対する動産競売の開始許可の申立ては，これによって動産競売の開始の要件が満たされることになる重要な行為であるから，手続の明確性の観点から，書面ですべきこととしたものである。

⑵　申立書の記載事項

ア　170条１項各号（４号を除く。）に掲げる事項

担保権の実行の申立書の記載事項についての通則規定を適用したもの

である。ただし，執行裁判所が動産競売の開始許可の判断をするに当たっては，被担保債権の一部についての実行であるかどうかを確認する必要はないので，４号に掲げる事項は除外されている。

イ　差し押さえるべき動産が所在する場所

執行の目的物を特定することが困難である動産にあっては，動産の目的物の所在場所を明らかにすることによって，差押えの対象となる動産を特定するものである[(4)]。

なお，目的動産が法123条２項に規定する場所又は容器にない場合には，執行裁判所は動産競売の開始を許可することができないものとされている（法190条２項ただし書）ところ，債権者がこの点について証明するのは困難である。そこで，債権者は，申立ての際には，その積極的な証明を要せず，債務者が不服申立て（同条４項）の機会に，その不存在を主張・立証すべきものと解される[(5)]。

⑶　申立書の添付書類

法190条２項による申立書には，担保権の存在を証する文書を提出すべきことは当然である。この担保権の存在を証する文書とは，法193条１項所定の文書と同義である。

このような執行裁判所の動産競売の開始許可により動産競売を開始する場合，執行官は，債務者の住居等に立ち入り，目的動産を捜索することができることとなる（法192条，法123条２項）。この場合において，目的物が種類物であるとき等には，執行場所に存在する同一種類の商品の中から担保権の目的となる動産を把握するのが困難であることが少なくないものと考えられる[(6)]。したがって，執行裁判所が動産競売の許可の判断をするに当たっては，執行場所において動産の同一性を判断することができるかどうかという観点から，対象動産の性質，動産の保管の状況等を把握しておく必要があるものと考えられる。

4　動産執行の規定の準用

法は，動産競売について，担保不動産競売の手続の停止に関する法183条を準用するほか，動産執行の規定の大部分を，動産競売と一般の先取特権の実行としての動産競売とに分けて準用している（法192条）。

動産競売については，本条3項により，動産執行の規定（前章2節6款）のうち，99条，100条及び129条を除くその余のすべての規定が準用されている。

99条（申立書の記載事項）が準用されていないのは，本条1項で申立書の記載事項について規定されているからである。

100条（差し押さえるべき動産の選択）が準用されていないのは，特定の動産を目的とする担保権の実行としての競売においては，執行官が差押えに当たって差し押さえるべき動産を選択する余地がないからである。しかし，一般の先取特権の実行としての動産競売においては，動産執行の場合と同様に差し押さえるべき動産を選択する必要があるので，これについては100条が準用されている（本条3項）。

129条（執行力のある債務名義の正本の交付）が準用されていないのは，動産競売の差押債権者は執行力のある債務名義の正本を提出する必要がないからである。また，先取特権又は質権を有する者だけが配当要求をすることができる（法192条，法133条）ので，172条を適用する余地もない。

これら以外の点は，差押え(7)，差押物の保管・点検・評価・売却・引渡し，差押えの取消しの方法，配当等の実施の手続など，全て動産執行の場合と同じである。

注(1)　平成15年改正法により，債務者の任意の協力が得られない場合であっても，債権者が，執行裁判所の許可（法190条2項）を得て，その許可の決定書の謄本を執行官に提出することにより，動産競売を開始することができる制度が創設された（法190条1項3号）（谷口外・解説130頁以下）。これを受けて，平成15年改正規則により，執行裁判所に対する動産競売許可の申立ての方式に関する本条2項が新設されるとともに，必

要な整備がされた。

⑵　小倉顕・注解民執法⑸309頁，園尾隆司・注釈民執法⑻221頁，竹下守夫「担保権と民事執行・倒産手続」152頁以下

⑶　通常の場合と異なり，担保権の存在を推認させる事情が明らかでないからである（田中・解説459頁参照）。

⑷　目的動産を第三者が占有している場合であっても，法190条２項に基づく競売開始許可の対象となり得る。もっとも，競売を開始するためには執行官が目的動産を差し押さえることを要するところ，占有者の承諾がなければ差押えができないので，実際上，競売を開始することが困難な事案もあるであろう。

⑸　谷口外・解説132頁参照

⑹　このような事態を防ぐためには，取引実務上，例えば，動産の売買に際し，売主名，売買日時等を記載するなど，あらかじめ執行場所において目的物を特定できるような対応をしておくことが望まれる（古賀政治・ケースでわかる新担保・執行法制180頁参照）。

なお，執行官が，執行場所において，目的物の特定のために関係人の陳述を要したときは，13条１項４号所定の「実施した民事執行の内容」として，調書にその旨を記載すべきである。

⑺　法は，動産競売においても執行官の差押えによって手続が開始することを明らかにしている（法192条，法122条１項）（田中・解説322頁）。

（債権を目的とする担保権の実行等）

第179条　債権を目的とする担保権の実行又は法第193条第１項後段の規定による担保権の行使の申立書には，第170条第１項各号に掲げる事項のほか，第三債務者の氏名又は名称及び住所を記載しなければならない。

２　第133条（第１項を除く。）から第145条（同条において準用する第62条を除く。）までの規定は，前項に規定する担保権の実行又は行使について準用する。

〔解　説〕

第179条

1　本条の趣旨

法は，債権を目的とする担保権の実行について，開始の要件を規定し（法193条１項前段），担保不動産競売に関する法182条から法184条までの規定を準用するほか，債権執行の規定の大部分を，債権を目的とする担保権の実行一般及び一般の先取特権の実行に分けて，準用している（法193条２項）。物上代位権の行使についても同様である（同条１項後段，２項）。

債権を目的とする担保権の実行又は法193条１項後段の規定による担保権の行使（物上代位権の行使）に関する規則事項は，申立書の記載事項に関する特則を規定するほか，債権執行の規定のうちこの担保権の実行及び行使にも共通する内容のものを準用するにとどめられている。

なお，法は，債権を目的とする担保権の実行とその他の財産権を目的とする担保権の実行とを同時に規定している（法193条１項前段，２項）が，その他の財産権を目的とする担保権の実行は，特別の定めがあるもののほか，債権を目的とする担保権の実行の例による（同条２項，法167条１項）ので，この規則においては，その他の財産権を目的とする担保権の実行に関する「特別の定め」のみが次条に規定されている。

2　申立書の記載事項（１項）

債権を目的とする担保権の実行又は法193条１項後段の規定による担保権の行使の申立書には，170条１項各号に掲げる事項のほか，第三債務者の氏名又は名称及び住所を記載しなければならない。

この記載事項は，債権執行についての差押命令の申立書の記載事項（133条１項）と同じである。133条１項の準用によって規定しなかったのは，同項に「第21条各号に掲げる事項のほか」という文言があるからである。

3　債権執行の規定の準用（２項）

本条１項に規定する担保権の実行又は行使については，債権執行の規定（133条から145条まで）のうち133条１項及び145条において準用する62条を除くその余の全ての規定が準用されている。

133条1項が準用されていないのは，これに相当することが本条1項に規定されているからである。

145条において準用する62条が準用されていないのは，本条1項に規定する担保権の実行又は行使の申立債権者は執行力のある債務名義の正本を提出する必要がないからである。しかし，執行力のある債務名義の正本により配当要求をした債権者（法193条2項，法154条1項）については，62条を準用する必要があるので，担保権の実行としての競売等の通則規定として，172条において62条が準用されている。

これら以外の点は，申立書における差し押さえるべき債権の特定，第三債務者に対し陳述を催告すべき事項，申立ての取下げ等の通知，差押債権者の取立届及び第三債務者の事情届の方式等，債権の評価，譲渡命令，売却命令及び管理命令に関する特則，航空機，自動車，建設機械又は小型船舶の引渡請求権に対する差押命令後の執行，抵当権等によって担保される債権について転付命令又は譲渡命令が確定した場合における移転登記等の嘱託の申立てについて準用すべき文書など，すべて債権執行の場合と同じである。

（その他の財産権を目的とする担保権の実行）

第180条　電話加入権を目的とする担保権の実行の申立書には，東日本電信電話株式会社又は西日本電信電話株式会社の電話加入権に関する帳簿に記載した事項を証明した文書を添付しなければならない。

2　第146条（第2項を除く。）から第149条までの規定は前項の担保権の実行について，第149条の2（同条において準用する第146条第2項を除く。）及び前項の規定はその他の財産権で権利の移転について登記又は登録を要するものを目的とする担保権の実行について準用する。

〔解　説〕

1　本条の趣旨

その他の財産権を目的とする担保権の実行[(1)]については，特別の定めがあるもののほか，債権を目的とする担保権の実行の例による（法193条２項，法167条１項）が，本条は，法193条２項において準用する法167条２項から５項までと共に，その「特別の定め」について規定するものである。したがって，その他の財産権を目的とする担保権の実行に関する規則事項は，本条，180条の２（振替社債等に関する担保権の実行）及び180条の３（電子記録債権に関する担保権の実行）に定めるもののほか，前条の例によることになる。

2　電話加入権を目的とする担保権の実行

⑴　申立書の添付書類

電話加入権（146条１項に規定する電気通信事業法附則９条１項又は２項に規定する権[(2)]利[(3)]）を目的とする担保権の実行[(4)]の申立書には，東会社又は西会社の電話加入権に関する帳簿に記載した事項を証明した文書（電話加入原簿記載事項証明書）を添付しなければならない（本条１項)。

この添付書類は，電話加入権に対する差押命令の申立書の添付書類（146条２項）と同じである。146条２項が準用されていないのは，同項に「執行力のある債務名義の正本のほか」という文言があるからである。

なお，本条１項によって要求される添付書類のほかに，担保権の存在を証する文書を提出すべきことは，法193条１項により当然のことである。

電話加入権質原簿（質権法５条，質権法施行令２条，質権法施行規則１条）に登録された電話加入権質の実行の申立てについては，法193条１項の証明文書として，東会社又は西会社の電話取扱局の登録日付印のある電話加入権質設定登録請求書副本（質権法施行規則11条１項及び同規則13条参照）を添付させるが，この副本だけで質権の内容及び質権実行の要件を十分に知り得ない場合は，質権設定契約書も添付させているのが実務の取扱い[(5)]である。

⑵　電話加入権執行の規定の準用

電話加入権を目的とする担保権の実行については，電話加入権に対する強制執行に関する規定（146条から149条まで）のうち146条２項を除くすべての規定が準用されている（本条２項)。

146条２項が準用されていないのは，これに相当する定めが本条１項に置かれているからである。

したがって，申立書の記載事項[(6)]，東会社又は西会社に対する照会，質権者に対する通知及び催告，電話加入権の売却についての嘱託などの手続は，すべて電話加入権に対する強制執行の場合と同じである[(7)(8)]。

3　その他の財産権を目的とする担保権の実行

その他の財産権で権利の移転について登記又は登録を要するもの（法167条２項，４項，５項参照）を目的とする担保権の実行については，149条の２及び本条１項の規定が準用される（本条２項)。

149条の２は，その他の財産権で権利の移転について登記又は登録を要するものに対する強制執行について，電話加入権に対する強制執行に関する規定の一部を準用しているので，これと同じ趣旨で，担保権の実行について同条が準用されているのである。

ただし，同条において準用する146条２項は準用の対象から除外されているが，これに相当する規定である本条１項が準用されており，結果的に異なるところはない。

注⑴　物上代位権の行使（法193条１項後段）でその他の財産権を目的とするものはない。

⑵　電話加入権については，質権法による電話加入権質を除き，質権を設定することができない（事業法附則９条，旧公衆法38条４項)。また，電話加入権質の設定変更等は，電話取扱局に備える電話加入権質原簿に登録しなければ，東会社又は西会社その他の第三者に対抗することができない（質権法５条１項)。

⑶　広義の電話加入権の意義等については，146条の解説の注⑹を参照されたい。佐藤＝三村・預託株券等解説239頁以下参照

⑷　旧公衆法38条から38条の３までの規定が事業法附則９条１項の規定により存続する

当分の間，電話加入権に質権を設定することができるとされている（質権法１条)。しかし，一般の先取特権に基づいて電話加入権を目的として担保権の実行がされることは当然である。

⑸　債権執行実務（下）218頁

⑹　電話加入権質については，執行債務者が自己の電話加入権に質権を設定する場合のほか，債務者以外の第三者が物上保証人として自己の電話加入権を質権の目的として提供する場合があるが，この場合，申立書に，質権設定者を執行債務者として記載するかどうかが問題となる。実務では，債権者と債務者の被担保債権関係や執行手続上の救済における当事者適格を有する者（執行法上の利害関係人）の範囲を明らかにするため債務者と質権設定者の双方を記載し，管轄については質権設定者を基準とする取扱いである（債権実務217頁，深沢・実務（中）915頁参照)。

⑺　電話加入権については二重質が禁止されている（質権法３条）ので，電話加入権質の実行の場合，148条を準用する余地はないが，一般の先取特権に基づき電話加入権を目的とする担保権の実行を行う場合には148条が準用される。

⑻　事務処理について平２．12．13最高裁民三第504号民事局長通達「電話加入権を目的とする民事執行事件及び民事保全事件の事務処理について」を参照されたい。

（振替社債等に関する担保権の実行）

第180条の２　振替社債等に関する質権の実行の申立書には、社債、株式等の振替に関する法律第277条の規定により交付を受けた当該質権に関する事項を証明した書面を添付しなければならない。

２　法第182条から法第184条まで、法第193条第１項前段及び法第194条並びに前章第２節第８款（第150条の８において準用する法第146条第２項並びに第62条及び第133条第１項を除く。）及び第179条第１項の規定は振替社債等に関する担保権の実行について、法第146条第２項の規定は振替社債等に関する一般の先取特権の実行について準用する。この場合において、第179条第１項中「第三債務者」とあるのは、「第150条の３第１項に規定する振替機関等」と読み替え

るものとする。

〔解　説〕

1　本条の趣旨

社振法は，振替社債等（150条の２）の競売に関し必要な事項は，最高裁判所規則で定めることとしている（社振法280条）。本条は，この委任に基づいて，振替社債等に関する担保権の実行手続について定めたものであり[(1)]，１項において，振替社債等に関する質権の実行の申立書の添付書類について規定し，２項において，振替社債等に関する担保権の実行について振替社債等執行の規定等を準用している。

2　申立書の添付書類（１項）

振替社債等に関する質権の実行の申立書には，社振法277条の規定により交付を受けた当該質権に関する事項を証明した書面（以下「証明書面」という。）を添付しなければならない。

動産としての社債券等の証券について質権を実行する場合，債権者は，原則として，執行官に対して，証券を提出しなければならない（法190条１項１号）。一方，振替社債等については，証券は存在しないが，その権利の帰属が原則として振替口座簿の記載又は記録により定まるものとされる（社振法66条等，法88条，128条１項等）とともに，その質入れは，振替の申請により，質権者がその口座における質権欄に当該質入れに係る金額の増額の記載又は記録を受けなければ，その効力を生じないとされる（社振法74条等，99条，141条等）ので，質権が設定された場合には，振替口座簿上の質権者の口座にその旨の記載又は記録がされていることになる[(2)]。そして，口座を開設している質権者（加入者）は，自己が口座を開設している振替機関等に対し，自己の口座に記載又は記録されている事項を証明した書面の交付を請求することができる（社振法277条）ので，動産競売における目的物の提出と対応する形で，質権実行の申立時において申立人が有効に質権を有することを証する文書として，証明書面の提出を要求することにしたのである。

振替社債等の担保権の実行には，担保権の存在を証する文書の提出を要する（本条２項，法193条１項前段）が，証明書面は，担保権の存在を証する文書にも該当するので，結局，振替社債等に関する質権実行の申立ての場合は，証明書面のみを添付すれば足りることになる。

なお，本条は，振替社債等に関する質権の実行についての規定であり，質権以外の担保権，例えば一般先取特権等については，担保権の存在を証する文書（本条２項，法193条１項前段）の提出が必要となる。

3　振替社債等執行の規定の準用（２項）

振替社債等に関する担保権の実行については，手続の大部分について振替社債等執行に関する規定（150条の２から150条の８まで）が準用されているほか，不動産その他の担保権の実行に関する手続規定が準用されている（本条２項）。したがって，基本的な手続は，振替社債等執行に準じて行われる（150条の２から150条の８までの解説参照）。

以下，振替社債等執行の手続と異なる点を中心に説明する。

⑴　振替社債等に関する質権の実行方法

振替社債等に関する質権の実行方法としては，本条により執行裁判所が差押命令を発し，取立て（150条の５）若しくは供託（150条の６）又は換価のための命令（振替社債等譲渡命令又は振替社債等売却命令，150条の７）によって換価を行う方法のほか，質権者が，執行裁判所の差押命令を待つことなく，直接に取立権を行使する（民法366条１項，社振法71条３項２号，７項等，96条３項２号，７項）方法又は振替株式等について流質契約が締結されている場合（商法515条参照）には，質権者は流質の実行として，質権者の口座の質権欄から保有欄への振替の申請をする方法（社振法132条等）もある[(3)]。

質権の実行方法として本条の規定による手続を申し立てた質権者が，当該振替社債等について，直接に取立権を行使することができるか又は質権者の口座の質権欄から保有欄への振替の申請をすることができるかについては，債権執行と同様，解釈上の問題があるが，質権の目的となっている債権につき，他の債権者が差押えをしても質権者が取立てを受ける権限は妨げられないのと同様，質権者自らが本条による執行を申し立てた場合であっても，質権者は，当該振替社債等について直接取立てを受ける権利等は失わないと考えられる(4)。

⑵　担保権実行の要件

振替社債等に関する担保権の実行は，担保権の存在を証する文書が提出されたときに限り開始する（本条２項，法193条１項前段）。振替機関等が官庁又は公署ではないため，振替社債等は，権利の移転に登記等を要するものには該当しないから，この証明文書は，私文書でも差し支えない(5)。

⑶　担保権実行の対象となる振替社債等の範囲

担保権実行の場合でも，振替社債等の一部を差し押さえることができる。振替社債等の一部を対象とする場合には，差押命令申立書の目的物の表示において，その範囲を明らかにしなければならない（本条２項，150条の８，133条２項）。

なお，質権等の特定の振替社債等に関する担保権の実行手続においては，超過差押禁止の問題が生ずる余地がないことから，本条２項は超過差押えを禁じる法146条２項を準用していないが，一般先取特権の場合は，強制執行の場合と同様，超過差押えが禁止されると解すべきであろう(6)。

⑷　差押命令の送達等

ア　差押命令は，債務者及び債務者がその口座の開設を受けている振替機関等に送達される（本条２項，150条の３第４項）。

もっとも，振替社債等が質権の目的とされている場合，当該振替社債等は質権者の口座の質権欄に振り替えられており，質権設定者の表示はされない(7)から，差押命令の送達先は，申立債権者（質権者）が口座の開設を受けている振替機関等になるというべきである。

イ　差押命令が振替機関等に送達されると，送達の時に差押えの効力が生じ（本条２項，150条の３第５項），振替口座簿に担保権の実行による処分の制限に関する記載又は記録がされる。

⑸　担保権実行における振替社債等譲渡命令

担保権実行においては，強制執行の場合（150条の７第６項，法159条３項）と異なり，担保権の実行による差押えをした差押債権者は，実体法上これに劣後する他の債権者又は一般債権者によって競合する差押え若しくは仮差押えの執行又は配当要求がされても，有効な振替社債等譲渡命令を得ることができる[8]。

なお，担保権実行における振替社債等譲渡命令であっても，当該命令が振替機関等に送達されるまでに滞納処分による差押えがされたときは，強制執行の場合と同様に，振替社債等譲渡命令は，その効力を生じない（滞調法36条の14第１項，36条の13，36条の５）。

⑹　差押命令に対する不服申立て等

ア　本条２項において，法182条（執行異議）と150条の３第７項（執行抗告）が準用されていることから，担保権に基づく振替社債等の差押命令に対する不服申立手段について，執行抗告のみ許されるのか，執行抗告と執行異議のいずれによることもできるのかについて説が分かれている[9]。

イ　担保権不存在を確認する判決の謄本や担保権の実行を一時禁止する旨の裁判があったときは，執行裁判所は，担保権実行の手続を取り消し，又は停止しなければならず（本条２項，法183条），その場合，裁判所書記官は，振替機関等に対してその旨を通知する（本条２項，150条の８，136条２項，３項）。

ウ　本条２項において法194条を準用している結果，法38条（第三者異議の訴え），法41条（債務者が死亡した場合の強制執行の続行），法42条（執行費用の負担）が準用されることとなる。法38条が準用される結果，第三者異議の訴えに係る執行停止又は執行取消しの裁判の謄本が提出された場合における担保権の実行の停止及び取消しに関する規定（法39条１項６号，法40条）も当然に準用される。

注⑴　社債等振替制度の概要については，150条の２の解説の１参照。

⑵　150条の２の解説の１，３⑷参照

⑶　預託株券等につき佐藤＝三村・預託株券等解説221頁参照

⑷　田中・解説465頁参照

⑸　振替社債等に関する質権の実行については，証明書面が本条１項の添付書類であると同時に法193条１項前段の担保権の存在を証する文書に該当することは，本文の２で述べたとおりである。

⑹　井下田英樹外「短期社債等の振替に関する法律の施行に伴う民事執行規則及び民事保全規則の一部改正〔下〕」商事法務1633－19，前条の解説の注⑸参照

⑺　150条の２の解説の４⑷参照

⑻　債権及びその他財産権についての担保権実行の場合と同様に考えられる。

⑼　債権その他の財産権を目的とする競売手続においても，両方の条文が準用されていることから同様の争いがあった。この点については，先取特権による物上代位権に基づく債権差押命令に対する不服申立てにつき執行抗告によるべきであるとする大阪高決昭56．７．７判時1031－130，東京高決昭60．３．19判時1152－144の２件の裁判例がある。債権及びその他の財産権についての担保権実行における，担保権の不存在又は消滅を理由とする不服申立方法についての諸見解の内容等については，座談会385頁以下，斉藤和夫・判評284－48（判時1049－218）等を参照されたい。

（電子記録債権に関する担保権の実行等）

第180条の３　電子記録債権に関する担保権の実行は，担保権の存在を証する文書（電子記録債権を目的とする質権については，電子記録債権法第87条第１項の規定により提供を受けた当該質権に関する事項を証明した書面）が提出され

たときに限り，開始する。

２　電子記録債権を目的とする質権について承継があつた後当該質権の実行の申立てをする場合には，相続その他の一般承継にあつてはその承継を証する文書を，その他の承継にあつてはその承継を証する裁判の謄本その他の公文書を提出しなければならない。

３　法第193条第１項前段の規定は電子記録債権に対する同項後段に規定する担保権の行使について，法第182条から法第184条まで及び法第194条並びに前章第２節第９款（第150条の15第１項において準用する法第146条第２項及び法第153条並びに第62条及び第133条第１項を除く。）及び第179条第１項の規定は電子記録債権に関する担保権の実行及び電子記録債権に対する法第193条第１項後段に規定する担保権の行使について，法第146条第２項及び法第153条の規定は電子記録債権に関する一般の先取特権の実行及び電子記録債権に対する法第193条第１項後段に規定する一般先取特権の行使について準用する。この場合において，第179条第１項中「第三債務者」とあるのは「第三債務者及び電子債権記録機関」と読み替えるものとする。

〔解　説〕

１　本条の趣旨

本条は，電子記録債権を目的とする担保権の実行[(1)]及び電子記録債権に対する物上代位権の行使の手続の特則について定めたものである。

２　担保権の実行の開始要件（１項，２項）

本条１項，２項は，債権執行における法193条１項前段に相当する規定であり，電子記録債権に関する担保権の実行の開始要件を定めるものである。

電子記録債権に関する担保権の実行は，担保権の存在を証する文書が提出されたときに限り開始する（本条１項）。

もっとも，担保権のうち，質権の実行の場合については，電子記録債権の質入れは，質権設定記録をしなければその効力を生じない（電債法36条１項）から，当該質権の存在を証する文書は，記録事項証明書（電債法87条１項）に限られている（本条１項）。

質権について承継があった後に当該質権の実行の申立てをする場合には，質権者の氏名等の変更記録がされていれば別論，そうでない場合，前記電子債権記録機関から提供を受けた書面に加え，相続その他の一般承継の場合には当該承継を証する文書を，その他の承継の場合にはその承継を証する裁判の謄本その他の公文書を提出しなければならない(2)（本条２項）。これらの場合には，変更記録が当該質権の移転の効力要件とならないため，質権者として記録されていない者であっても，承継を証明することによって，質権の実行ができることとするものである。すなわち，「相続その他の一般承継」については，法律上当然に効果が生じ，変更記録は効力要件とされない。また，電子記録債権を目的とする質権の譲渡は認められていないため（電債法36条３項は民法376条を準用していない(3)），「その他の承継」としては，被担保債権の譲渡に伴い質権が移転する場合があるが，この移転は，随伴性により当然に生じるものであり，変更記録は効力要件とならない。

３　物上代位権の行使の開始要件（３項）

債権執行における法193条１項後段に相当する規定であり，担保権を有する者が目的物の売却，賃貸，滅失又は土地収用法による収用その他の行政処分により債務者が受けるべき電子記録債権に対して民法その他の法律の規定によってするその権利の行使（物上代位権の行使）については，担保権の存在を証する文書（権利の移転について登記等を要するその他の財産権を目的とする担保権で一般の先取特権以外のものについては，法181条１項１号から３号まで，２項又は３項に規定する文書(4)）の提出が開始要件とされている（法193条１項前段の準用）。

４　電子記録債権執行の規定の準用（３項）

電子記録債権を目的とする担保権の実行及び電子記録債権に対する物上代位

権の行使については，手続の大部分について電子記録債権執行に関する規定（150条の９から150条の16まで）が準用されているほか[5]，不動産その他の担保権の実行及び行使に関する手続規定が準用されている（本条３項）。したがって，基本的な手続は，電子記録債権執行に準じて行われる（150条の９から150条の16までの解説参照）。

以下，電子記録債権執行の手続と異なる点を中心に説明する。

⑴　電子記録債権に関する質権の実行の方法

電子記録債権に関する質権の実行方法としては，本条により執行裁判所が差押命令を発し，取立て（法155条を準用する150条の15の準用），転付命令（法159条を準用する150条の15の準用）又は電子記録債権譲渡命令若しくは電子記録債権売却命令（150条の14の準用）によって換価を行う方法のほか，質権者が，執行裁判所の差押命令を待つことなく，直接に取立権を行使する（民法366条１項[6]）方法もある。

質権の実行方法として本条の規定による手続を申し立てた債権者が，当該電子記録債権について，直接に取立権を行使することができるかについては，債権執行と同様[7]，解釈上の問題があるが，質権の目的となっている電子記録債権につき，他の債権者が差押えをしても質権者の取立権は妨げられないのと同様，質権者自らが本条による執行を申し立てた場合であっても，質権者は，当該電子記録債権について，取立権を失わないと考えられる。なお，このように，執行裁判所の差押命令により質権の実行がされた場合であっても，質権者の実体権に基づく取立権は失われないため，第三債務者は，質権者の同意がなければ，供託によって債務の弁済を免れることはできない[8]。

⑵　差押えの範囲等

質権等の特定の電子記録債権を目的とする担保権の実行手続においては，超過差押禁止，債務者の生活の状況等による差押命令の取消しの問題が生じる余地がないことから，本条３項は超過差押えを禁じる法146条２項及び取消しについて定める法153条を準用していない。これに対し，一般先取特権の実行及び行使[9]の場合は，強制執行の場合と同様，超過差押えが禁止され（法146条２項の準用），また，前記取消しが認められている（法153条の準用）。

⑶　担保権実行又は行使における転付命令及び電子記録債権譲渡命令

電子記録債権に関する担保権の実行又は行使においては，電子記録債権執行の場合（150条の14第７項，法159条３項）と異なり，担保権の実行又は行使による差押えをした差押債権者は，実体法上これに劣後する他の債権者又は一般債権者によって競合する差押え若しくは仮差押えの執行又は配当要求がされても，有効な転付命令又は電子記録債権譲渡命令を得ることができる[10]。

なお，担保権実行における転付命令又は電子記録債権譲渡命令であっても，当該命令が第三債務者に送達されるまでに滞納処分による差押えがされたときは，強制執行の場合と同様に，転付命令又は電子記録債権譲渡命令は，その効力を生じない（滞調法36条の14第１項，36条の13，36条の５）。

⑷　差押命令に対する不服申立て等

本条３項において，法182条（執行異議）と150条の10第10項（執行抗告）が準用されている。担保権に基づく電子記録債権の差押命令に対する不服申立手段として，執行抗告のみが許されるのか，執行抗告と執行異議のいずれによることもできるのかについては，説が分かれる[11]。

担保権不存在を確認する判決の謄本や担保権の実行を一時禁止する旨の裁判の謄本等が提出されたときは，執行裁判所は，担保権実行の手続を停止しなければならず（法183条１項の準用），前者の謄本等が提出された場合は，執行裁判所は，既にした執行処分をも取り消さなければならない（同条２項の準用）。取消決定は，申立人及び相手方に対し告知しなければならない（２条１項３号）。第三債務者及び電子債権記録機関に対しては，裁判所書記官から通知がされる（136条３項を準用する150条の15第１項の準用）。また，裁判所書記官は，一部取消決定が確定したときは，その旨の変更記録を嘱託しなければならない（150条の15第２項の準用）。執行停止の場合に，裁判所書記官が，差押債権者，第三債務者及び電子債権記録機関に対し通知する事項は，150条の15の解説の２(7)と同じである（136条２項を準用する150条の15第１項の準用）。

本条３項において法194条を準用している結果，法38条（第三者異議の訴え），法41条（債務者が死亡した場合の強制執行の続行），法42条（執行費用の負担）が準用されることとなる。法38条が準用される結果，第三者異議の訴えに係る執行停止又は執行取消しの裁判の謄本が提出された場合における担保権の実行の停止及び取消しに関する規定（法39条１項６号，法40条）も当然に準用される。

(5)　債権についての担保権の実行又は行使の手続への移行

電債法77条１項により債権記録が効力を失った日以後は，当該債権記録に記録された電子記録債権及びこれを目的とする質権は，当該電子記録債権の内容を権利の内容とする債権及びこれを目的とする質権として存続する（同条２項）。そこで，電子記録債権執行の場合と同様，前記事情により債権記録が効力を失ったときは，電子記録債権に関する担保権の実行又は行使に係る事件は，債権についての担保権の実行又は行使の手続へ移行し，既にされた執行処分その他の行為はなお効力を有することとされている（150条の16第１項，２項の準用）。なお，第三債務者には差押命令が送達されたが，電子債権記録機関には送達されていない段階で，債権記録が効力を失い，債権についての担保権の実行又は行使の手続に移行したときは，移行のときに差押えの効力が生じるのも，電子記録債権執行の場合と同様である（同条３項の準用）。

注(1)　電子記録債権を目的とする担保権としては，質権及び一般の先取特権（民法306条）がある。

⑵　本条２項は，債権執行における法193条が準用する法181条３項に相当する規定である。なお，質権以外の担保権の実行の場合には，「担保権の存在を証する文書」に，一般承継その他の承継を証する文書が含まれている。

⑶　一問一答電債法156頁参照

⑷　例えば，賃料の支払に代えて電子記録債権を発生させた場合（一問一答電債法87頁参照），抵当権者が当該電子記録債権に物上代位する場合には，当該抵当権についての登記事項証明書（法181条１項３号）の提出が必要である。

⑸　150条の15が準用する条文のうち，62条（執行力のある債務名義の正本の交付）は，債務名義を前提とする規定であること，133条１項（差押命令の申立書の記載事項）は同様の規定である179条１項が準用されていることから，準用されていない。なお，法146条２項及び同法153条については，本文４⑵参照

⑹　電子記録債権も債権であるため，これを目的とする質権には，特段の規定がない限り，民法の債権質に関する規定が適用される（一問一答電債法143頁）。

⑺　田中・解説465頁

⑻　田中・解説467頁

⑼　もっとも，一般先取特権は債務者の総財産上に成立する（民法306条）から，物上代位の観念を入れる余地はないともいえよう（我妻榮『新訂担保物権法』60頁）。

⑽　田中・解説467頁参照

⑾　債権及びその他の財産権についての担保権の実行及び行使の場合（法193条２項，法182条（執行異議），法145条６項（執行抗告））についても同様の問題がある。180条の２の解説注⑻参照

（遺産の分割のための競売における換価代金の交付）

第181条　**家事事件手続法第194条第１項の規定による裁判に基づいて競売が申し立てられた場合において，換価の手続が終了したときは，執行裁判所又は執行官は，換価代金から競売の費用で必要なものを控除した金銭を，同条第６項又は同法第200条第１項の規定により選任された財産の管理者に交付しなければ**

ばならない。

〔解　説〕

1　本条の趣旨

本条は，遺産分割のための競売における換価代金の交付に関する規定である。

家庭裁判所は，遺産の分割の審判をするために必要があると認めるときは，相続人に対して，遺産の全部又は一部について競売等をすることを命ずる裁判をすることができる（家事事件手続法194条第１項)。

この裁判に基づいて相続人から申し立てられる遺産分割のための競売は，いわゆる形式的競売であり，その手続は，担保権の実行としての競売の例による[(1)]（法195条)。そこで，遺産分割のための競売は，目的財産の種類に応じ，原則として担保権の実行としての競売手続に準じて行うことになる。

なお，民事執行に関する総則規定（法１条から法21条まで，１条から15条の２まで）が適用されることは，当然である。

ところで，遺産分割のための競売の申立人は，係争中の共同相続人の１人であるため，担保権の実行としての競売手続に準じてこの者に換価代金を交付することとすると，執行機関の関与の下で公正な競売を行っても，その処理をめぐって相続人間に新たな紛争が生じるおそれがある。そこで，形式的競売の手続に関する特則として本条が置かれ，遺産分割のための競売における換価代金を財産の管理者（家事事件手続法194条６項，同法200条１項）に交付することとされたのである。

2　遺産分割のための競売手続

前記のとおり，遺産分割による競売の手続は，基本的には担保権の実行としての競売に準ずるが，競売手続に関する特則により，手続の一部が異なったものとなる[(2)]。その概略は，以下のとおりである。

(1)　換価代金をめぐる相続人間の紛争を回避するため，換価代金は財産の管理者に管理させることとし，これに必要な手当てがされている。

ア　家庭裁判所は，換価を命ずる裁判をする場合において，遺産の分割の審判事件を本案とする保全処分によって財産の管理者が選任されていないときは，これを選任しなければならない（家事事件手続法194条１項，同法200条１項）。

イ　換価を命ずる裁判が確定したときは，裁判所書記官は，財産の管理者に対し，その旨を通知しなければならない（家事事件手続規則103条１項）。

ウ　換価を命じられた相続人は，競売の申立てをしたときは，その旨及び事件の表示を家庭裁判所に届け出なければならず（同条２項），この届出を受けた家庭裁判所の裁判所書記官は，執行機関（執行裁判所又は執行官）に対し，財産の管理者の氏名又は名称及び住所を通知しなければならない（同条３項）。

エ　執行機関は，競売手続において換価が終了したときには，換価代金から競売の費用で必要なものを控除した金銭(3)を，先に通知を受けた財産の管理者に交付しなければならない（本条）。

⑵　換価を命じる裁判に対しては，即時抗告をすることができ（家事事件手続法194条５項），また，裁判の確定後，事情の変更があった場合には，家庭裁判所は，職権又は申立てにより当該裁判を取り消すことができる（同条３項）。

注⑴　担保権の実行としての競売の「例による」とされたのは，形式的競売には種々の制度形態が含まれており，担保権の実行としての競売の手続を当てはめるに当たっては，各種の形式的競売ごとに，その趣旨，目的，性質等に応じて多少の修正を行う必要が生じ得るので，利用すべき規定は利用し，そうでないものは利用しないという解釈を残すためである。本条の規定は，この修正について解釈によらず，明文の特則を置いたものである。なお，形式的競売については，各種手続ごとに確立した実務上の取扱いがあるとまで言い難い（近藤崇晴・注解民執法⑸354頁，370頁）。

⑵　近藤崇晴・注解民執法⑸388頁，深沢・実務（中）1111頁以下参照

⑶　遺産分割のための競売手続において優先権者の配当要求が許されるかについては，

解釈に委ねられている（近藤崇晴・注解民執法⑸404頁参照）。

第４章　債務者の財産状況の調査

第１節　財産開示手続

（財産開示手続の申立書の記載事項）

第182条　法第197条第１項又は第２項の規定による財産開示手続の申立書には，当事者の氏名又は名称及び住所，代理人の氏名及び住所並びに申立ての理由を記載しなければならない。

2　第27条の２第２項の規定は，前項の申立書について準用する。

〔解　説〕

1　本条の趣旨

本条は，財産開示手続（法４章１節）の申立書の記載事項について規定している。

財産開示手続は，権利実現の実効性を確保する見地から，債権者が債務者の財産を把握するための方策として，平成15年改正法により創設された制度である。

この手続の概要は，債務名義を有する債権者又は一般の先取特権者の申立てにより，裁判所が財産開示手続の実施決定をして債務者（債務者に法定代理人がある場合にあっては当該法定代理人，債務者が法人である場合にあってはその代表者。法198条２項２号）を呼び出し，非公開の財産開示期日において，開示義務者に宣誓の上債務者の財産について陳述させるというものである(1)。

この手続の実効性を確保するため，開示義務者の財産開示期日への不出頭，宣誓拒絶，陳述拒絶又は虚偽陳述に対しては，６月以下の懲役又は50万円以下の罰金に処することとされている（法213条１項５号，６号）。また，債務者のプライバシーが不当に侵害されないようにするため，申立人等が財産開示手続において得た債務者の財産等に関する情報の目的外使用が禁止されており，これに違反した者に対しては，過料に処することとされている（法202条，法214条１項）。

なお，濫用的な申立てを抑制するため，申立人には，債務名義を有することや，強制執行を試みたが不奏効に終わったこと等を疎明することが求められている[(2)]。

2　申立書の記載事項（１項）

本条１項は，財産開示手続の申立書の記載事項について規定している。

財産開示手続の実施の申立て[(3)]は，民事執行の基本申立て[(4)]であるから，書面でしなければならない[(5)]（１条）。財産開示手続が債務者に所有する財産の有無，所在等を申告させる手続であることに照らすと，その申立ては，債務者ごとにされるべきである[(6)]。

申立書の記載事項は，次のとおりである。

⑴　当事者の氏名又は名称及び住所，代理人の氏名及び住所

財産開示手続の申立権者は，金銭債権についての債務名義を有する債権者及び一般の先取特権を有する債権者に限られている。

⑵　申立ての理由

「申立ての理由」は，財産開示手続の実施決定をするための要件（法197条１項又は２項）を明らかにするものである。

その具体的な内容は，次のとおりである。

ア　執行力のある債務名義の正本を有する金銭債権の債権者であること又は債務者の財産について一般の先取特権を有する債権者であること

(ア)　法197条１項に基づく申立ての場合

法197条１項に基づく申立てにおいては，執行力のある債務名義の正本を有する金銭債権の債権者であることが必要であり，当該債務名義[(7)]を明らかにする必要がある[(8)]。

次に，財産開示手続は，民事執行の一種として位置付けられるもので

あるから，当該執行力のある債務名義の正本に基づく強制執行を開始することができないときは，財産開示手続を開始することもできない（同項ただし書）。したがって，債務者への債務名義の正本又は謄本の送達等，強制執行開始の要件（法29条から31条まで）が満たされていることが必要である。なお，債権者の承継人は，承継執行文の付された債務名義があれば，財産開示手続の実施を申し立てることができる。

債務者について破産手続開始決定，民事再生手続開始決定，更生手続開始決定又は特別清算開始命令があったときは，強制執行を開始することができない（破産法42条１項，民再法39条１項前段，会更法50条１項，会社法515条１項本文）から，破産債権等に基づく財産開示手続の申立てをすることもできない（破産法42条６項，民再法39条１項前段，会更法50条１項，会社法515条１項本文）し，財産開示手続を開始することもできない[(9)]。

(イ) 法197条２項に基づく申立ての場合

一般の先取特権を有する債権者は，債務者の財産に関する十分な情報を有しない場合には民事執行の申立てをすることが困難になるという点において，債務名義を有する一般債権者と同様であり，その債権の保護を図る社会政策的な必要性も高いと考えられることから，財産開示手続の申立権が認められた[(10)]。

法197条２項に基づく申立てにおいては，一般の先取特権の存在を証する文書を提出すべきものであり，法181条１項４号の場合等と同じ類型の文書が必要とされる。

また，明文の規定はないが，一般の担保権の実行の場合と同様に，被担保債権の履行遅滞が必要であると解される[(11)]。

債務者について破産手続開始決定又は更生手続開始決定があったときは，一般の先取特権を行使することはできない（破産法42条１項，会更法50条１項）から，破産債権等に基づく財産開示手続を開始することもできない（破産法42条６項，会更法50条１項)。これに対し，民事再生手続の開始決定があったときは，一般の先取特権は，再生手続によらないで随時弁済される（民再法122条２項）ので，財産開示手続を開始することができる(12)。

イ　財産を開示させる必要性があること

財産開示手続は，債務者の財産に関する情報を開示させる手続であり，債務者のプライバシーに属する事項の開示を強制するものであることから，この手続を行う必要性がある場合に限り，手続を実施できることとされた。

具体的には，申立日前６月内に強制執行又は担保権の実行（以下「強制執行等」と総称する。）を試みたが，その配当等の手続において申立人が当該金銭債権の完全な弁済を得ることができなかったこと（法197条１項１号，同条２項１号)，又は，知れている財産に対する強制執行等を実施しても，申立人が当該金銭債権の完全な弁済を得られないことの疎明があったこと（同条１項２号，同条２項２号）を要することとされた。

(ア)　申立日前６月内の強制執行等の不奏効

強制執行等の不奏効とは，債権者が，自ら申し立てた強制執行等の配当等の手続において，又は他の債権者が申し立てた強制執行等に配当要求をした場合の配当等の手続において，債権全額の弁済を受けられなかったこと等をいう(13)。

申立人は，６月内にされた配当等の手続において，全額の弁済を受けられなかったことを主張し，配当表等を提出することが必要である。

(イ)　執行不奏功の見込みの疎明

債権者が現実に強制執行等をしなくても，執行不奏功と見込まれるとき(14)は，(ア)の場合と同様に取り扱われる。

申立人は，債権者として通常行うべき調査を行った結果，知れている財産に対する強制執行等を実施しても請求債権の完全な弁済を得られないことを主張し，その資料を提出することが必要である。

この見込みの有無については，具体的な事案に即して判断されることとなるが，少なくとも，債務者の普通裁判籍の所在地における不動産に剰余価値がないことの疎明は必要であろう。また，債権者の債権額が僅少になるのに応じて，債務者の給料債権，売掛債権等の額等についても調査をする必要が生ずるものと考えられる。

なお，債務者がその財産について陳述をしたときは，一定の事情がある場合を除き，財産開示手続の申立て後３年間，当該債務者について財産開示手続を実施することはできない（法197条３項)。

もっとも，申立人が，申立日前３年内に債務者が財産開示手続において全部の財産を陳述しなかったことを調査するのは困難であるので，申立ての際には，この事由を積極的に主張立証することは要しないものと解される(15)。ただし，実施決定前にこの事由が執行裁判所に明らかである場合には，申立人が，財産開示期日後に債務者が新たに財産を取得したこと（同項２号)，債務者と使用者との雇用関係が終了したこと（同項３号）等の主張立証をしない限り，申立てを却下することとなろう。また，この事由が実施決定後に執行裁判所に明らかになった場合には，変更決定により，実施決定を取り消すこととなろう（法20条，民訴法256条)。

⑶　その他

財産開示手続の申立てである以上，その趣旨を明らかにすべきである。

その他民訴規２条所定の形式的な事項を記載すべきことは当然である（15条の２，民訴規２条)。

⑷　添付書類

添付書類に関する規定は設けられていないが，法の規定する発令要件を証するためには，次の添付書類が必要となることは当然である。

ア　197条１項に基づく申立て

執行力のある債務名義の正本

送達証明書

イ　197条２項に基づく申立て

先取特権の存在を証する文書

3　27条の２第２項の準用（２項）

本条２項は，財産開示手続の申立書について，27条の２第２項の規定を準用している。

これは，財産開示手続の申立てにおいても，執行裁判所が，適切で迅速な審理を行うため，申立てを理由付ける事実を具体的に記載させ，証拠との対応関係を明らかにすべきこととしたものである。

注⑴　財産開示手続に関する改正法の趣旨及び概要については，谷口外・解説135頁以下参照

⑵　財産開示手続の創設に当たっては，債務者のプライバシーが不当に侵害されたり，消費者金融業者等による過酷な債権取立ての手段として濫用される危険があるなどの問題点が指摘されていた。平成15年改正法の国会審議の過程でも，参議院法務委員会において，財産開示手続が濫用されることがないよう，制度の内容について広く国民に周知されるよう努めることという附帯決議がされた。

⑶　財産開示事件の事件記録符号は，（財チ）となる（民事事件記録符号規程別表）。

また，財産開示手続実施の申立手数料は，１個の申立てにつき2000円である（民費法３条別表第１の11の２イ）。

⑷　谷口外・解説137頁参照

⑸　陳述義務の一部の免除の申立ては，書面又は口頭でされる（15条の２，民訴規１条）。

⑹　ある債権者の申立てに基づき財産開示手続の実施決定がされた後，財産開示期日が終了するまでに他の債権者から実施決定の申立てがあった場合には，複数の財産開示

事件が係属することとなるが，このような場合には，できる限り両事件を併合し（法20条，民訴法152条１項），同一の財産開示期日を指定するのが望ましい。

⑺　法22条に規定する債務名義のほか，他の法令において執行力のある債務名義の正本と同一の効力を有するもの（家事事件手続法75条の家事審判等）も含まれる。

⑻　令和元年改正法による改正前においては，債務名義のうち，暫定的な裁判所の判断である仮執行宣言付きのもの（法22条２号，３号の２，３号の３，４号），執行証書（同条５号）及び確定判決と同一の効力を有する支払督促は除外されていた。これは，仮執行宣言付きのものについては，財産開示手続により債務者の財産に関する情報がいったん開示されると，当該情報が開示されなかった状態に回復することができないという手続の特質を考慮したものであり，執行証書及び確定判決と同一の効力を有する支払督促については，誤った執行がされても原状回復が容易であることを理由として金銭債権に限って債務名義性が認められていることを考慮したものであった。しかしながら，財産開示手続は強制執行の準備として行われるものであり，いずれの債務名義についても，それにより行うことができる強制執行の内容に違いはないことに照らすと，強制執行と財産開示手続とで，その申立てに必要とされる債務名義の種類に差を設ける合理性が乏しくなっているといった指摘を受けて，同改正により，金銭債権についての強制執行の申立てに必要とされる債務名義であれば，いずれの種類の債務名義についても，財産開示手続の申立てをすることができるものとされた（内野宗揮ほか「民事執行法等の改正の要点⑴－金融実務に関連する項目を中心に－」金法2118-39）。

⑼　債務者について破産手続開始決定があったときは，係属中の破産債権等に基づく財産開示手続は失効する（破産法42条６項）。

また，債務者について民事再生手続開始決定があった場合には，既にされている再生債権に基づく財産開示手続は当然に中止される（民再法39条１項）。債務者について会社更生手続又は特別清算手続が開始された場合も，同様に，更生債権等に基づく財産開示手続は中止される（会更法50条１項，会社法515条１項）。

なお，強制執行について裁判所の中止命令等が発令された場合には，当該中止命令等は，財産開示手続の執行停止文書（法203条，39条１項７号）に該当するものと解される（谷口外・解説149頁参照）。

⑽　谷口外・解説139頁参照

⑾　谷口外・解説139頁参照

⑿　再生裁判所が中止命令又は取消命令を発令した場合（民再法122条４項，同法121条３項）には，当該中止命令等は，財産開示手続の執行停止文書（法203条，法183条１項６号）に該当するものと解される（谷口外・解説149頁参照）。

⒀　具体例としては，債務者の所有不動産，住居内動産又は預金債権を差し押さえ，申立日前６月内に配当等の手続が行われたが，その手続において債権額の一部についてしか配当等を受けなかった場合が挙げられる（谷口外・解説140頁参照）。

このほか，動産執行において執行不能で終了したときや，不動産執行において無剰余，不動産の滅失，売却困難等の理由で手続が取り消されたときも含まれるとする見解もある（小池一利「改正民事執行法・規則と東京地方裁判所執行部の運用イメージ」判タ1135－29注11参照）。

⒁　具体例としては，債権者に判明している財産が住居内動産及び預金債権しかなく，かつ，これらの財産をすべて差し押さえたとしても，債権額に照らし，その配当等の手続において全額の弁済を得られないことが明らかな場合が挙げられる（谷口外・解説140頁参照）。

⒂　債務者から法197条３項本文所定の事由が主張されたときには，執行裁判所は，申立日前３年以内における財産の陳述の有無を確認することとなろう。

（財産目録）

第183条　執行裁判所は，法第198条第１項の規定により財産開示期日を指定するときは，当該財産開示期日以前の日を法第199条第１項に規定する開示義務者が財産目録を執行裁判所に提出すべき期限として定め，これを当該開示義務者に通知しなければならない。

2　前項の開示義務者は，財産開示期日における陳述の対象となる債務者の財産を，財産目録に記載しなければならない。この場合においては，法第199条第2項の規定を準用する。

3　第1項の開示義務者は，同項の期限までに，執行裁判所に財産目録を提出しなければならない。

〔解　説〕

1　本条の趣旨

本条は，財産開示手続において，開示義務者が陳述の対象となる財産について記載した財産目録を提出すべき旨を規定している。

開示義務者が財産開示期日において虚偽の陳述をした場合には6月以下の懲役又は50万円以下の罰金に処せられる（法213条1項6号）ところ，あらかじめ財産を把握して書面化しておけば，正確な陳述に資するものと考えられる。また，申立人や執行裁判所が，財産開示期日に先立ち，債務者の把握している財産の状況を一覧して確認しておくことができれば，財産開示期日における審理を円滑に遂行できるものと考えられる。

そこで，本条は，開示義務者の陳述内容の正確性を確保し，財産開示期日の円滑な審理を図るため，開示義務者は，執行裁判所の定める期間内に，陳述の対象となる財産について記載した財産目録を提出すべき旨を定めたものである。

2　財産目録の提出期限（1項）

本条1項は，財産目録の提出期限等について規定している。

この規定は，執行裁判所は，財産開示期日以前の日を財産目録の提出期限として定め，これを開示義務者に通知して，提出期限を明らかにすべきこととしたものである。

財産目録の提出期限については，各庁の運用に委ねられることになるが，実務上，申立人や執行裁判所に事前に財産目録の内容を確認する機会を与え，財産開示期日の円滑な審理を図ることを考慮して，提出期限を指定することになろう[(1)]。

財産開示期日前に提出された財産目録は，財産開示事件の記録に編てつされ，閲覧，謄写等の対象となる。当該財産目録は，「財産開示期日に関する部分」に当たるというべきであるから，その請求権者は，法201条各号に掲げる者に限られるものと解される[(2)]。

3　財産目録の記載事項（２項）

本条２項は，財産目録の記載事項について規定している。

この規定は，開示義務者が財産目録に記載すべき内容は，財産開示期日における陳述の対象となる事項に準じたものとしたものである。

実務上，財産目録については，記載例や記載要領を作成し，財産開示期日の呼出状の送達とともに債務者に送付する取扱いになるものと考えられる[(3)]。

4　財産目録の提出義務（３項）

本条３項は，開示義務者が，提出期限までに，執行裁判所に財産目録を提出すべきことを規定している。開示義務者が提出期限内に財産目録を提出しないからといって，法律上の制裁があるわけではないが，財産目録の提出を促すため，その提出義務を訓示的に定めたものである[(4)]。

提出期限までに財産目録が提出されなかった場合であっても，できる限り期日実施前までに財産目録を作成するよう求めることとなろう。法やこの規則において，開示義務者が財産目録を提出しなかった場合について，何らかの法的効果が付されているわけではないが，財産目録の提出は，関係者のいずれにとっても利益の大きなものと考えられるので，その励行が強く期待される。

注(1)　例えば，東京地方裁判所においては，財産開示期日を実施決定確定の日から約１か月後に指定し，財産目録の提出期限はその約10日前とすることを目安とするようである（債権執行実務(下)345頁参照)。

(2)　財産開示期日より前に財産目録が提出され，申立債権者がこれを閲覧することによって目的を達し，財産開示手続を取り下げた場合には，３年の再施制限が及ばないため，債務者に不利益が生じるおそれがある。

そこで，訴えの取下げに関する民訴法261条２項を類推適用して，申立人が財産目録の提出後に財産開示手続の申立てを取り下げるには，開示義務者の同意を要するものとすることが考えられる（上原敏夫「担保・執行法の改正の概要」市民と法23－51参照)。

⑶　財産目録の記載要領及び財産目録の書式の例につき，小池一利・黒田豊「財産開示手続の運用実務２東京地裁・大阪地裁における運用イメージ」金法1696－18以下参照

⑷　財産目録の提出後に財産状況に大きく変更が生じた場合には，財産開示期日までに変更部分を記載した書面を提出するのが相当である。事案によっては，続行期日を指定して，変更部分を反映した財産目録を提出させることが考えられる。

また，開示義務者が，一部免除の申立てをするため，財産目録に一部の財産しか記載しなかったが，財産開示期日において当該申立てが却下された場合には，続行期日を指定して，全部の財産を記載した財産目録を提出させることも考えられる。

（財産開示期日における陳述において明示すべき事項）

第184条　法第199条第２項（前条第２項後段において準用する場合を含む。）の最高裁判所規則で定める事項は，次に掲げる事項とする。

一　第２章第２節第３款から第５款まで，第８款及び第９款の規定による強制執行の申立てをするのに必要となる事項

二　第175条から第177条の２まで，第180条の２及び第180条の３の規定による担保権の実行の申立てをするのに必要となる事項

三　債務者の財産が動産である場合にあつては，その所在場所ごとに，主要な品目，その数量及び価格（他から購入した動産にあつては購入時期及び購入価格を含む。）

〔解　説〕

1　本条の趣旨

本条は，法199条２項の委任を受けて，財産開示期日における陳述において明示すべき事項について規定している。

2　陳述において明示すべき事項

陳述の対象となる財産は，原則として，陳述時点で有するすべての積極財産である(1)。これは，財産開示手続が，開示義務者の陳述後に当該財産に対して強制執行等をすることを容易にするための制度であり，陳述時点における積極財産を開示させることがその趣旨に沿うことによるものである。

したがって，開示義務者は，陳述の対象となる財産について，申立人が強制執行等の申立てをするのに必要となる事項を明示する必要がある。

法199条２項は，陳述において明示すべき事項として，法第２章第２節の規定による強制執行又は法第３章の規定による担保権の実行の申立てをするのに必要となる事項のほか，「申立人に開示する必要があるものとして最高裁判所規則で定める事項」を掲げている。そこで，本条各号は，法199条２項が具体的に定めている事項以外に申立人に開示する必要があるものとして，次に掲げる事項を規定している(2)。

本条１号及び２号は，航空機，自動車等，特別法による個別委任を受けてこの規則において執行に関する規定を定めた財産について，強制執行等の申立てをするのに必要となる事項を，明示すべき事項として定めたものである。１号及び２号における強制執行等の申立ての対象となる財産としては，航空機（２章２節３款，175条），自動車（同節４款，176条），建設機械（同節５款，177条），小型船舶（同節５款，177条の２），振替社債等（同節８款，180条の２）及び電子記録債権（同節９款，180条の３）がある。

本条３号は，動産に関して，特別な事項を付加するものである。一般の動産に対する強制執行等の申立てに当たっては，対象物を特定する必要はなく，差し押さえるべき動産が所在する場所を特定すれば足りる（99条，178条１項）が，債権者に執行対象財産の選択に必要な情報を与えるという観点から，主要な品目等について一定の事項を開示すべきこととしたものである。主要な品目かどうかについては，一定の金額による基準があるわけではなく，債務者が所有する他の財産，債権者の債権額等を勘案して，社会通念上高価と考えられるものをいうものと解される。

なお，申立人は，財産開示期日に出頭し，執行裁判所の許可を得て開示義務者に対して質問を発することができる（法199条４項）が，この質問は，債務者のプライバシーを不当に侵害することのないよう，債務者の財産の状況を明らかにするために必要がある事項に限られている。執行裁判所は，この質問が財産開示期日の時点における債務者の財産状況を明らかにするために必要であるかどうかを適切に判断し，関連性のない質問，探索的な質問等がされることのないよう十分配慮すべきである。

財産開示期日が実施された場合，これは執行裁判所が主催して実施する期日であるから，裁判所書記官は調書を作成しなければならない（12条１項）。この調書の記載事項等については，口頭弁論調書に関する民訴法160条２項及び３項並びに民訴規66条（１項３号及び６号を除く。）から69条までの規定が準用され(3)（12条２項），調書に財産目録を引用添付することも認められる（同項，民訴規69条）。

注⑴　差押禁止動産のうち，法131条１号（生活に欠くことができない衣服，家具等）及び２号（生活に必要な１月間の食料及び燃料）に掲げる動産は，あまり価値の高くない様々なものが含まれる一方，差押禁止財産に当たるかどうかの判断基準が実務運用において比較的明確になっていることを考慮して，陳述することを要しないものとされた（法199条１項）（谷口外・解説144頁参照）。

これ以外の差押禁止財産については，評価の余地があるものも多く，一応開示の義務が認められたものと解される（山本和彦・新しい担保・執行制度（補訂版）152頁参照）。

⑵　この規則は，強制執行等の申立てに必要となる事項として，財産の表示（21条３号，

170条１項３号）のほか，次の事項を規定している。

航空機	航空機の所在する場所（84条，74条，175条）
自動車	自動車の本拠（88条，176条１項）
建設機械	建設機械の登記の地（98条，88条，177条）
小型船舶	小型船舶の小型船舶登録原簿に登録された船籍港（98条の２，88条，177条の２）
動　産	差し押さえるべき動産が所在する場所（99条，178条１項）
債　権	第三債務者の氏名又は名称及び住所（133条１項，179条１項）
電話加入権	電話取扱局，電話番号，電話加入権を有する者の氏名又は名称及び住所並びに電話の設置場所（146条１項，180条２項）
振替社債等	振替機関等の氏名又は名称及び住所（150条の８，133条１項，180条の２第２項，179条１項）
電子記録債権	第三債務者及び電子債権記録機関の氏名又は名称及び住所（150条の15，133条１項，180条の３第３項，179条１項）

財産開示期日における陳述の対象及び財産目録の記載事項については，これらの規定を参考にすることとなろう。

⑶　準用される各規定の解説については，12条の解説の３，条解民訴規142頁を参照されたい。

（開示義務者の宣誓）

第185条　執行裁判所が法第199条第７項において準用する民事訴訟法第201条第１項の規定により開示義務者に宣誓をさせる場合には，裁判長は，宣誓の前に，開示義務者に対して，宣誓の趣旨及び法第213条第１項第６号の規定の内容を説明しなければならない。

２　民事訴訟規則第112条第１項から第４項までの規定は，開示義務者の宣誓について準用する。

〔解　説〕

1　本条の趣旨

本条は，財産開示期日における開示義務者の宣誓（法199条７項，民訴法201条１項）の手続の細目について規定している。

2　宣誓の趣旨の説明等（１項）

本条１項は，開示義務者に宣誓をさせる際，宣誓の趣旨及び法律上の制裁を告知する旨を規定している。

この規則において財産目録制度が導入された（183条）ことを踏まえると，財産開示期日においては，宣誓の上，財産目録の内容を確認することに主眼が置かれることになるものと考えられる。

宣誓した開示義務者が，正当な理由なく法199条１項から４項までの規定により陳述すべき事項について陳述をせず，又は虚偽の陳述をしたときは，６月以下の懲役又は50万円以下の罰金に処せられる（法213条１項６号）。本条１項は，裁判長が，開示義務者に対し，宣誓をさせる前にこのような制裁があることを警告することにより，陳述内容の正確性に留意させ，より真実に即した陳述が得られるようにすることを目的としたものである。

開示義務者が財産開示期日に出頭しなかった場合には，執行裁判所は，続行期日を指定することもできるし，手続の実施不能により財産開示手続を終了させることもできる(1)。この場合，民事訴訟における証人の不出頭の場合（民訴法194条）とは異なり，出頭しない開示義務者を勾引することはできない。

3　宣誓の方式（２項）

本条２項は，宣誓の方式の細目について，次のとおり，証人尋問における宣誓について定めた民訴規112条１項から４項までの規定(2)を準用している(3)。

⑴　宣誓の時期

開示義務者の宣誓は，陳述の前にさせなければならない。ただし，特別の事由があるときは，陳述の後にさせることができる（民訴規112条１項の準用）。

「特別の事由があるとき」としては，例えば，宣誓能力を有するかどうかが不明である者（民訴法201条２項参照）又は証言拒絶権を有するため宣誓を免除することができる者（同条３項参照）を尋問する場合等が考えられる。これらの者に対しては，どのような事項をどの程度質問できるかが分からないからである。

⑵　宣誓の方法

宣誓は，起立して厳粛に行わなければならない（民訴規112条２項の準用）。

⑶　宣誓書の朗読等

裁判長は，開示義務者に宣誓書を朗読させ，かつ，これに署名押印させなければならない。開示義務者が宣誓書を朗読することができないときは，裁判長は，裁判所書記官にこれを朗読させなければならない（民訴規112条３項の準用）。

開示義務者が署名することができないときは，証人が署名することができないときと同様に，開示義務者に押印又は拇印のみをさせ，立ち会った裁判所書記官が，開示義務者が自署できないので裁判所書記官が代わって署名し開示義務者が押印した旨を記載する取扱いになるものと考えられる。

⑷　宣誓書の記載事項

宣誓書には，良心に従って真実を述べ，何事も隠さず，また，何事も付け加えないことを誓う旨を記載しなければならない（民訴規112条４項の準用）。なお，開示義務者に宣誓をさせたときはその旨を調書に記載しなければならない（15条の２，民訴規67条１項３号）。

注⑴　谷口外・解説147頁参照。なお，開示義務者が，正当な理由なく，財産開示期日に出頭せず，又は当該期日において宣誓を拒んだときも，６月以下の懲役又は50万円以下の罰金に処せられる（法213条１項５号，６号）。

⑵　民訴規112条の解説については，条解民訴規243頁を参照されたい。

⑶　民訴規の規定について，15条の２による包括準用では準用されるかどうかが必ずし

も明確ではないため，本条２項は，個別に準用したものである。

（受命裁判官等の権限）

第186条　法第199条第７項において準用する民事訴訟法第195条の規定により受命裁判官又は受託裁判官が財産開示期日における手続を実施する場合における法第200条第１項の許可の申立てについての裁判は，執行裁判所がする。

〔解　説〕

１　本条の趣旨

本条は，執行裁判所が，受命裁判官又は受託裁判官（以下「受命裁判官等」と総称する。）に，裁判所外で財産開示期日における手続を行わせることができるとされた（法199条７項，民訴法195条）ことを受けて，財産開示期日における受命裁判官等の権限について規定している。

２　受命裁判官等の権限

財産開示手続については，民訴法206条が準用されている（法199条７項）。

この規定は，受命裁判官等が，証人尋問をする場合には，裁判所及び裁判長の職務はその裁判官が行うとする一方，民訴法202条３項の規定による異議についての裁判は，受訴裁判所がするというものである。

もっとも，陳述義務の一部免除の許可の申立てについての裁判（法200条１項）は，実質上，財産開示手続の実施決定の一部を取り消すかどうかを判断するものであり，当事者に与える影響が大きいものであるから，執行裁判所が行うことが相当であると解される。そこで，本条は，その旨を明らかにしたものである。

注⑴　一部免除の許可の申立てについての裁判は，執行抗告の対象となる（法200条２項）。

ただし，手続を不当に遅延させることを目的としてされたものと認められる執行抗告については，原審却下をすることができる（法10条５項４号）。

第２節　第三者からの情報取得手続

（第三者からの情報取得手続の申立書の記載事項及び添付書類）

第187条　法第205条第１項，法第206条第１項又は法第207条第１項若しくは第２項の規定による第三者からの情報取得手続の申立書には，次に掲げる事項を記載しなければならない。

一　申立人，債務者及び情報の提供を命じられるべき者の氏名又は名称及び住所並びに代理人の氏名及び住所

二　申立ての理由

三　法第205条第１項の申立てをするときは，情報の提供を命じられた登記所が検索すべき債務者が所有権の登記名義人である土地等（同項に規定する土地又は建物その他これらに準ずるものとして法務省令で定めるものをいう。第189条において同じ。）の所在地の範囲

２　前項の申立書には，できる限り，債務者の氏名又は名称の振り仮名，生年月日及び性別その他の債務者の特定に資する事項を記載しなければならない。

３　第１項の申立書（法第205条第１項又は法第206条第１項の規定による第三者からの情報取得手続の申立書に限る。）には，申立ての日前３年以内に財産開示期日における手続が実施されたことを証する書面を添付しなければならない。

４　第27条の２第２項の規定は，第１項の申立書について準用する。

〔解　説〕

1　本条の趣旨

本条は，第三者からの情報取得手続（法４章２節）の申立書の記載事項及び添付書類について規定している。

第三者からの情報取得手続は，平成15年改正法により設けられた財産開示手続において開示義務者の不出頭等により財産状況が開示されないことが多く，その実効性が十分でないとの指摘がされたことから，債権者がより確実に債務者の財産状況を調査することができるように，債務者の財産に関する情報を，債務者以外の第三者から取得するための方策として，令和元年改正法により創設された制度である(1)。

この手続の基本的な枠組みは，執行裁判所が，債務名義を有する債権者や一般の先取特権者の申立てにより，債務者以外の第三者（具体的には，登記所，市町村等，金融機関）に対して，債務者の財産（具体的には，不動産，給与債権，預貯金債権，振替社債等）に関する情報の提供を命ずる旨の決定をし，この決定を受けた第三者が，執行裁判所に対して当該情報の提供をするというものである。

2　申立書の記載事項（１項）

本条１項は，第三者からの情報取得手続の申立書の記載事項について規定している。

第三者からの情報取得手続の申立て(2)は，民事執行の基本申立てであるから，書面でしなければならない（１条)。第三者からの情報取得手続が，第三者に債務者が所有する財産の有無，所在等を申告させる手続であることに照らすと，いたずらに第三者に負担を掛けることは避けるべきであり，その申立ては，債務者ごとにされるべきである。

申立書の記載事項は，次のとおりである。

⑴　申立人，債務者及び情報の提供を命じられるべき者の氏名又は名称及び住所，代理人の氏名及び住所（１号）

第三者からの情報取得手続の申立権者は，給与債権に係る情報取得手続については，扶養等の義務に係る請求権又は人の生命若しくは身体の侵害による損害賠償請求権についての債務名義を有する債権者に限られているほか（法206条１項柱書)，不動産に係る情報取得手続及び預貯金債権又は振替社債等に係る情報取得手続については，金銭債権に係る債務名義を有する債権者及び一般の先取特権を有する債権者である（法205条１項，法207条１項，

２項)。

「情報の提供を命じられるべき者」とは，不動産に係る情報取得手続については法務省令で定める登記所であるほかは，給与債権に係る情報取得手続については法206条１項各号に掲げる者（市区町村等）の中から，預貯金債権に係る情報取得手続については法207条１項１号に掲げる銀行等の中から，振替社債等に係る情報取得手続については振替機関等の中から，それぞれ申立人が選択した者である(3)。

⑵　申立ての理由（２号)

申立ての理由の記載は，情報の提供をすべき旨の決定をするための要件を明らかにさせることを目的とするものである。その要件とは，不動産に係る情報取得手続においては法205条の要件，給与債権に係る情報取得手続においては法206条の要件，預貯金債権等に係る情報取得手続においては法207条の要件であるが，いずれも法197条１項又は同条２項の要件（財産開示手続の実施要件であり，その具体的な内容については，182条の解説の２の⑵を参照されたい。）の充足を必要とする。これに加え，不動産又は給与債権に係る情報取得手続については，申立ての日前３年以内に財産開示期日が実施されたこと（法205条２項及び法206条２項)，さらに給与債権に係る情報取得手続については，申立人の有する債務名義が扶養等の義務に係る請求権又は人の生命若しくは身体の侵害による損害賠償請求権についての債務名義であること（法206条１項柱書）が要件となる。

⑶　不動産に係る情報取得手続を申し立てるときには，土地等の所在地の範囲（３号)

不動産に係る情報の提供を命じられた登記所は，検索システムを利用して債務者名義の土地等を検索することになるが，全国の土地等を対象に検索をした場合には，情報が提供されるまでに長期間を要することにもなりかねない。そうすると，債権者が，債務者名義の土地等が存在する可能性が低いと考える地域の土地等まで情報提供を求めることは，債権者自身にとっても不利益となる可能性がある。

そこで，債権者に検索対象の地域をある程度限定させることによって，債権者が適切な時期に回答を得ることができるようにすることが望ましいと考えられることから，土地等の所在地の範囲を記載事項としたものである。具体的には，「東京都」や「東京都及び埼玉県」といった記載が考えられる(4)。

⑷　債務者の氏名又は名称の振り仮名，生年月日及び性別その他の債務者の特定に資する事項（２項）

情報の提供を命じられた第三者においては，債務者を特定してその財産の有無等を回答すべき義務があるところ，当該第三者は，申立人と債務者との間の紛争に巻き込まれる者であることから，できる限りその負担の軽減を図る必要がある。また，第三者によっては，氏名や住所以外の情報が示されなければ債務者の検索に困難を来す場合があるとの指摘もある。他方，申立人においては，通常は，債務者の氏名又は名称の読み方（振り仮名）を把握しているものと考えられるし，債務者の住民票の写しを取得することができることから（住民基本台帳法12条の３第１項１号参照），生年月日や性別についても把握していることが多いと考えられる。もっとも，氏名又は名称の振り仮名については，住民票の写しや登記事項証明書に必ずしも記載があるわけではなく，申立人が把握していない場合があり得るほか，そもそも申立人が債務者の住民票の写しを取得することができない場合があり得る。

そこで，このような事情を考慮して，債権者が把握している限りにおいて，債務者の氏名又は名称の振り仮名，生年月日及び性別等，第三者における債務者の特定に資する事項の記載を求めることとしている。これらの事項の記載を欠いたとしても，申立てが却下されるものではないと考えられるが，これらの事項を記載することにより，第三者において債務者の特定が容易になり，ひいては債権者が債務者に係る情報をより確実に，より迅速に得られる

という利益にもつながることから，記載の励行が期待される。[(5)]

なお,「その他の債務者の特定に資する事項」としては，債務者の旧姓や旧住所などが考えられる。[(6)]

⑸　その他

第三者からの情報取得手続の申立てである以上，その趣旨を明らかにすべきである。

その他民訴規２条所定の形式的な事項を記載すべきことは当然である（15条の２，民訴規２条)。

3　添付書類（３項)

不動産に係る情報の取得手続又は給与債権に係る情報の取得手続の申立てをする場合には，原則として，財産開示期日における手続が実施された場合において，当該財産開示期日から３年以内に限りすることができることから（法205条２項，法206条２項)，申立ての日前３年以内に財産開示期日が実施されたことを証する書面[(7)]を添付しなければならない。

その他の添付書類に関する規定は設けられていないが，財産開示手続と同様の添付書類が必要となることは当然である。具体的には，182条の解説の２の⑷を参照されたい。

4　27条の２第２項の準用（４項)

本条４項は，第三者からの情報取得手続の申立書について，27条の２第２項の規定を準用している。

その趣旨は，財産開示手続の申立ての場合と同様であるから，182条の解説の３を参照されたい。

注⑴　内野宗揮ほか「民事執行法等の改正の要点⑵－金融実務に関連する項目を中心に－」金法2120－19参照。なお，不動産に係る情報の取得手続については，令和元年改正法附則５条により，同改正後の法205条の規定は，令和元年改正法の公布の日（令和元年５月17日）から起算して２年を超えない範囲内において政令で定める日までの間は，適用されないとされており，同日までの間は申立てをすることができない。

⑵　申立手数料は１個の申立てにつき１,000円である（民費法別表第１の16イ）。１名の債権者が複数の債務名義に基づいて申し立てる場合や複数の第三者からの情報取得を求める場合でも，債務者が１名の申立てであれば，１個の申立てとなると考えられる。ただし，債権者や債務者が複数であれば，数個の申立てとなると考えられる。

このほか，預貯金債権又は振替社債等に係る情報の取得手続を求める場合には，第三者ごとに２,000円（同一の第三者に対し，預貯金債権及び振替社債等に係る情報の提供を求める場合には各２,000円（合計４,000円））の報酬の予納が必要となる（民費法28条の３，民費規８条の３）。

⑶　法206条１項柱書並びに法207条１項柱書及び同条２項によれば，申立人は，これらの規定に掲げられた者の中から，最高裁判所規則の定めるところにより，情報の提供を命じられるべき者を選択することとされているが，本条１項１号の規定により，申立書に具体的な第三者の名称及び住所を記載することにより，情報の提供を命じられるべき者を選択することになる。したがって，「●●市」や「●●銀行」といった具体的な第三者を記載せずに，単に「市町村」や「銀行」に対して情報の提供をすべき旨を命じる決定を求める申立ては不適法である。

⑷　「全国」という記載をしても，申立てとして不適法になることはないが，回答までに長期間を要する可能性があることになる。

⑸　特に，システム上，漢字検索ができず，振り仮名検索しかできない金融機関も少なくないため，債務者の預貯金債権等に係る情報をより確実に，より迅速に取得するためには，債務者の氏名又は名称の正確な振り仮名が分からない場合であっても，想定される複数の振り仮名を記載すべきであろう。

⑹　なお，行政手続における特定の個人を識別するための番号の利用等に関する法律２条５項の個人番号（いわゆるマイナンバー）による特定は想定されていない。

⑺　具体的には，財産開示期日が実施されたことの証明書，財産開示期日調書の写し，財産開示手続実施決定の写し等が考えられる。

（裁判を告知すべき者の範囲）

第188条　第２条の規定にかかわらず，法第208条第１項に規定する決定は，申立人及び当該決定により情報の提供を命じられた者に対して告知しなければならない。

〔解　説〕

1　本条の趣旨

本条は，第三者からの情報取得手続の申立てを認容する決定を告知すべき者の範囲について規定するものである。民事執行の手続に関する裁判を告知すべき者の範囲は一般に２条に定められているが，分かりやすさの観点から，同条の特則として，第三者からの情報取得手続の申立てを認容する決定についての裁判を告知すべき者の範囲を規定するものである。

2　申立てを認容する決定

本条は，第三者からの情報取得手続の申立てを認容する決定は，申立人及び情報の提供を命じられた第三者に対して告知しなければならないものとしている。

なお，不動産に係る情報取得手続又は給与債権に係る情報取得手続を求める場合については，申立てを認容する決定は，債務者には送達される(1)（法205条３項，法206条２項）。これに対して，預貯金債権又は振替社債等の情報取得手続については，申立てが認容された場合でも，財産の隠匿を防止するため，債務者には送達を要しないこととされており，同様の趣旨から，この規則において告知もしないこととしている。債務者に対しては，第三者から執行裁判所に対し情報の提供がされた場合に，その旨が通知される（法208条２項）。

3　申立てを却下する決定

第三者からの情報取得手続の申立てを却下する決定は，２条２項により，申立人にのみ告知すれば足りる。

注(1)　なお，不動産に係る情報取得手続又は給与債権に係る情報取得手続を求める場合の

申立てを認容する決定に対しては，債務者は執行抗告をすることができるが，情報の提供を命じられた第三者には執行抗告の利益がないと解されることから（内野宗揮ほか「民事執行法等の改正要点⑵－金融実務に関連する項目を中心に―」金法2120-22），まずは同決定を債務者に対して送達し，確定した後に第三者に対して同決定の告知をするのが第三者にとっても便宜である。この場合，同決定は債務者に対して送達されることから，5条の適用はなく，執行抗告の提起期間は債務者に送達された日から進行する（法10条2項）と解される。

（情報の提供を命じられた者が提供すべき情報）

第189条　法第205条第1項の最高裁判所規則で定める事項は，債務者が所有権の登記名義人である土地等の存否及びその土地等が存在するときは，その土地等を特定するに足りる事項とする。

〔解　説〕

1　本条の趣旨

本条から191条までは，「情報の提供を命じられた者が提供すべき情報」という共通の見出しの下に，情報の提供を命じられた第三者が提供すべき具体的な情報について規定している。本条は，法205条1項の個別委任に基づいて，登記所が提供すべき情報について規定している。

2　登記所が提供すべき情報

登記所が提供すべき情報は，債務者が所有権の登記名義人である土地等に対する強制執行又は担保権の実行の申立てをするのに必要となる事項であるところ，まず，その土地等が存在しなければ，これらの申立てをすることができないから，土地等の存否を提供すべき情報としている。そして，これらの申立てをする場合の申立書には，強制執行の目的や担保権の実行に係る財産の表示をする必要があるから（21条3号，170条1項3号），その土地等が存在する場合には，土地等を特定するに足りる事項を提供すべき情報とすることとしている。具体的には，土地の場合には，所在，地番等が，建物の場合には，所在，家屋番号等が提供すべき情報となる。

第190条　法第206条第１項第１号の最高裁判所規則で定める事項は，同号の給与の支払をする者の存否並びにその者が存在するときは，その者の氏名又は名称及び住所（その者が国である場合にあつては，債務者の所属する部局の名称及び所在地）とする。

２　法第206条第１項第２号の最高裁判所規則で定める事項は，同号の報酬又は賞与の支払をする者の存否並びにその者が存在するときは，その者の氏名又は名称及び住所（その者が国である場合にあつては，債務者の所属する部局の名称及び所在地）とする。

〔解　説〕

1　本条の趣旨

本条は，法206条１項１号及び２号の個別委任に基づいて，市町村並びに日本年金機構，国家公務員共済組合，国家公務員共済組合連合会，地方公務員共済組合，全国市町村職員共済組合連合会及び日本私立学校振興・共済事業団（以下「日本年金機構等」という。）が提供すべき情報について規定している。

2　市町村が提供すべき情報（１項）

市町村が提供すべき情報は，債務者が支払を受ける地方税法317条の２第１項ただし書に規定する給与に係る債権に対する強制執行又は担保権の実行の申立てをするのに必要となる事項であるところ，まず，給与の支払をする者が存在しなければ，これらの申立てをすることができないから，給与の支払をする者の存否を提供すべき情報としている。そして，これらの申立てをする場合の申立書には，第三債務者となる給与の支払をする者の氏名又は名称及び住所を記載する必要があるから（133条１項），これらを提供すべき情報としている[(1)]。

なお，給与の支払をする者が国である場合には，支出官等を代表者として差押命令を送達する必要があるところ（政府ノ債務ニ対シ差押命令ヲ受クル場合ニ於ケル会計上ノ規程１条１項），債務者の所属する部局によって，支出官等が異なるから，その部局の名称及び所在地を提供すべき情報としている[(2)]。

3　日本年金機構等が提供すべき情報（２項）

日本年金機構等が提供すべき情報は，債務者が支払を受ける厚生年金保険法３条１項３号に規定する報酬又は同項４号に規定する賞与に係る債権に対する強制執行又は担保権の実行の申立てをするのに必要となる事項であるところ，市町村が提供すべき情報と同様に，報酬又は賞与の支払をする者の存否並びにその者が存在する場合には，その者の氏名又は名称及び住所を提供すべき情報としている。報酬又は賞与の支払をする者が国である場合には，債務者の所属する部局の名称及び所在地を提供すべきであることは，市町村の場合と同様である。

注⑴　市町村が把握している債務者の勤務先は，主として給与の支払をする者から毎年１月に提出される給与支払報告書（地方税法317条の６第１項）等により得られるものであるから，例えば，債務者が勤務を開始しているのに市町村がその勤務先をまだ把握していない場合や，市町村から得られた勤務先の情報をもとに給与債権の差押えをしても，債務者が既に退職していたというような場合があり得る。

⑵　申立人は，債務者の所属する部局の名称及び所在地の提供を受けた後，当該部局に対して，具体的な支出官等の氏名や差押命令の送達先について確認することになる。

第191条　法第207条第１項第１号の最高裁判所規則で定める事項は，同号の預貯金債権の存否並びにその預貯金債権が存在するときは，その預貯金債権を取り扱う店舗並びにその預貯金債権の種別，口座番号及び額とする。

2　法第207条第１項第２号の最高裁判所規則で定める事項は，債務者の有する振替社債等（社債，株式等の振替に関する法律第279条に規定する振替社債等であつて，情報の提供を命じられた振替機関等（法第207条第１項第２号に規定する振替機関等をいう。）の備える振替口座簿における債務者の口座に記載され，又は記録されたものに限る。以下この項において同じ。）の存否並びにその振替社債等が存在するときは，その振替社債等の銘柄及び額又は数とする。

第191条

〔解　説〕

1　本条の趣旨

本条は，法207条1項1号及び2号の個別委任に基づいて，銀行等(1)及び振替機関等(2)が提供すべき情報について規定している。

2　銀行等が提供すべき情報（1項）

銀行等が提供すべき情報は，債務者の有する預貯金債権に対する強制執行又は担保権の実行の申立てをするのに必要となる事項であるところ，まず，預貯金債権が存在しなければ，これらの申立てをすることができないから，預貯金債権の存否を提供すべき情報としている。そして，差押債権となる預貯金債権を特定する事項等として，その預貯金債権を取り扱う店舗並びにその預貯金債権の種別，口座番号及び額を提供すべき情報としている。

預貯金債権の差押えの実務においては，個別の債権を特定して記載するのではなく，取扱店舗の特定をした上で，順位付けをした概括的な表記による特定が許容されている(3)。しかし，そのような申立てを執行裁判所が許容しているにすぎず，債権者としては，実効的に請求債権を回収するためには，具体的に存在する預貯金債権に関する情報を参考にした上で差押命令を申し立てる必要がある。そこで，取扱店舗や預貯金債権の内容に関する事項を，銀行等が提供すべき情報としている。

3　振替機関等

振替機関等が提供すべき情報は，債務者の有する振替社債等に対する強制執行又は担保権の実行の申立てをするのに必要となる事項であるところ，まず，振替社債等が存在しなければ，これらの申立てをすることができないから，振替社債等の存否を提供すべき情報としている。そして，差し押さえるべき振替社債等を特定する事項等として，その振替社債等の銘柄及び額又は数を提供すべき情報としている。

振替社債等の差押えの実務においては，取扱店舗を特定することなく，順位付けをした概括的な表記による特定が許容されているが[4]，預貯金債権と同様の観点から，振替社債等の内容に関する事項を振替機関等が提供すべき情報としている。

注(1)　「銀行等」とは，銀行，信用金庫，信用金庫連合会，労働金庫，労働金庫連合会，信用協同組合，信用協同組合連合会，農業協同組合，農業協同組合連合会，漁業協同組合，漁業協同組合連合会，水産加工業協同組合，水産加工業協同組合連合会，農林中央金庫，株式会社商工組合中央金庫又は独立行政法人郵便貯金簡易生命保険管理・郵便局ネットワーク支援機構をいう（法207条１項１号）。

なお，銀行には外国銀行の日本国内の支店を含む。これに対し，日本の銀行の外国支店及び外国銀行の外国支店で取り扱われている預貯金債権が情報取得手続の対象となるかどうかについては，当該預貯金情報の管理の実情を踏まえて判断される（内野ほか「民事執行法等の改正の要点（２）－金融実務に関連する項目を中心に－」金法2120号25頁注４参照）。

(2)　「振替機関等」とは，社振法２条５項に規定する振替機関等をいい（本条２項，法207条１項２号），振替機関及び口座管理機関を指す。

(3)　債権執行実務（上）119頁参照

(4)　債権執行実務（下）284頁参照

（情報の提供の方法等）

第192条　法第208条第１項の情報の提供をするときは，同時に，同項の書面の写しを提出しなければならない。ただし，申立人にその書面の写しを発送したときは，この限りでない。

２　申立人が法第208条第１項に規定する決定により情報の提供を命じられた者から同項の書面の写しを受領したときは，執行裁判所は，同条第２項の規定による送付をすることを要しない。

〔解　説〕

1　本条の趣旨

本条は，情報の提供を命じられた第三者による情報の提供の方法等について規律するものである。なお，情報の記載された書面（以下「情報提供書」という。）の写しの申立人に対する送付については，法208条２項の個別委任を受けた規定である。

2　情報提供書の写しの提出（１項本文）

法208条の規定によれば，情報の提供を命じられた第三者は，執行裁判所に対し，情報の提供を，書面（情報提供書）でしなければならず，その提供を受けた執行裁判所は，最高裁判所規則で定めるところにより，情報提供書の写しを申立人に対して送付するものとされている。情報提供書の写しを誰が作成すべきかについては，法の定めるところではないが，債権執行の実務においては，第三債務者に陳述書を２通作成してもらい，１通は執行裁判所に送付し，他の１通は差押債権者に直接送付するという取扱いが問題なくされていることに鑑みて，第三者に情報提供書の写しの作成の協力を求めてもそれほどの負担になることはないと考えられることから，本条１項本文において，第三者が情報の提供をする場合には，情報提供書及びその写しを提出させることとしたものである。

3　情報提供書の写しの直接の送付（１項ただし書及び２項）

上記のとおり，債権執行の実務において，差押債権者に対する陳述書の直接の送付の取扱いが問題なくされていることに鑑みると，申立人に円滑に情報を提供するためには，第三者に対し，情報提供書の写しの作成に加えて，当該書面を申立人へ直送することについて協力を求めることが有益であると考えられる。そして，このような協力が得られる場合には，情報提供書の写しを執行裁判所に提出する必要はないことから，本条１項ただし書において，その旨を規定している(1)。

なお，第三者において，申立人が情報提供書の写しを受領したことを確認させることは，第三者の負担となることや，現在の郵便事情からすると，通常の場合，発送した郵便は遅滞なく到達すると考えられることから，第三者が当該書面を執行裁判所に提出する必要がなくなる場合を，当該書面を「送付したとき」ではなく，「発送したとき」としている。

また，情報提供書の写しが第三者から申立人に発送され，申立人が情報提供書を受領したときは，執行裁判所から改めて申立人に当該書面を送付することは要しないと考えられる。そこで，本条２項において，その旨を規定したものである(2)。

なお，万が一第三者が発送した情報提供書の写しを申立人が受領できなかったことが判明したときには，執行裁判所において，情報提供書の写しを作成し，これを申立人に対して送付しなければならないと考えられる。

注(1)　第三者の負担を軽減するために，申立人に郵便切手を貼付した申立人宛ての封筒を提出してもらい，これを情報の提供を命じる旨の決定書を第三者に送付する際に同封する運用が考えられる。

(2)　民訴規47条３項と同趣旨の規定である。

（申立ての取下げの通知等）

第193条　法第205条第１項，法第206条第１項又は法第207条第１項若しくは第２項の申立てが取り下げられたときは，裁判所書記官は，法第208条第１項に規定する決定の告知を受けた情報の提供を命じられた者及び法第205条第１項又は法第206条第１項の申立てを認容する決定の送達を受けた債務者に対して，その旨を通知しなければならない。

２　法第208条第１項に規定する決定が情報の提供を命じられた者に告知された場合において，法第211条において準用する法第39条第１項第７号若しくは第８号又は法第183条第１項第６号若しくは第７号に掲げる文書が提出されたときは，裁判所書記官は，申立人及び当該情報の提供を命じられた者に対し，これらの文書が提出された旨及びその要旨並びにこれらの文書の提出による執行停止が効力を失うまで，当該情報の提供を命じられた者は債務者の財産に係

る情報を提供してはならない旨を通知しなければならない。

3　第２条第１項の規定にかかわらず，法第208条第１項に規定する決定を取り消す旨の決定は，申立人，同項に規定する決定の告知を受けた情報の提供を命じられた者及び法第205条第１項又は法第206条第１項の申立てを認容する決定の送達を受けた債務者に告知しなければならない。

〔解　説〕

1　本条の趣旨

本条は，第三者からの情報取得手続の申立ての取下げ等の通知について，債権執行の申立ての取下げ等の通知に関する136条と同趣旨の規定を設けるものである。

2　取下げの通知（１項）

民事執行の申立てが取り下げられたときは，14条の規定により，その旨を民事執行を開始する決定の送達を受けた相手方に通知しなければならないとされている。第三者からの情報取得手続に関しては，その申立てを認容する決定は，第三者に対して，告知はされるが，必ずしも送達されるわけではない。そこで，同条の特則として，第三者からの情報取得手続の申立てが取り下げられたときは，その申立てを認容する決定の送達を受けた債務者及び同決定の告知を受けた第三者に対して通知しなければならないこととしている(1)。

3　執行停止の通知（２項）

いわゆる執行停止の文書は，債務者から提出されるのが通常であるから，債務者への通知は不要と考えられるが，法39条１項７号並びに法183条１項６号及び７号の書面は，裁判であるから，当然に申立人にも告知されるはずであり，また，法39条１項８号の書面も申立人が関与して作成された文書であるはずであることから，改めて文書の提出があった旨等を申立人に通知することは，通常は不要である。しかし，第三者からの情報取得手続においては，債権執行と同様，情報の提供を禁じる旨の通知が第三者に対してされたことを申立人に通知することは，意味があると考えられるので，その旨を通知することとするものである。

他方，第三者は，これらの文書の作成に関与しておらず，手続の停止及び情報の提供の禁止の事態を認識できない状況にあるから，その事態を手続上も知らされるべき立場にあるので，これを通知すべきこととするものである[(2)]。

4　取消決定の告知（3項）

民事執行の手続を取り消す旨の決定に対しては，執行抗告をすることができるから（法12条1項），2条1項2号により，申立人及び相手方に告知しなければならないとされている。第三者からの情報取得手続に関しては，分かりやすさの観点から，同号の特則として，第三者からの情報取得手続の申立てを認容する決定を取り消す旨の決定がされたときは，当該取消しの決定を，申立人，当該認容の決定の送達を受けた債務者及び当該認容の決定の告知を受けた第三者に対して告知しなければならないこととしている[(3)]。

なお，預貯金債権又は振替社債等に係る情報取得手続の申立て（法207条1項，2項）については，その申立てが認容された後に取り消された場合であっても，債務者に対して取消しの告知はされないことは，前記2と同様である。

注⑴　申立てを認容する決定が債務者に送達される前に取り下げられたときは，債務者に対して通知する必要はない。同様に，同決定が第三者に告知される前に取り下げられたときは，第三者に対して通知する必要はない。また，預貯金債権又は振替社債等に係る情報取得手続の申立て（法207条1項，2項）については，その申立てが認容された後に取り下げられた場合であっても，債務者は，その申立てを認容する決定の送達を受けない以上，取下げの通知はされないことになる。

⑵　申立てを認容する決定が第三者に告知される前に執行停止の文書が提出された場合は，これを第三者に通知する必要はない。

⑶　取下げの場合と同様，申立てを認容する決定が債務者に送達される前に取り消されたときは，取消決定を債務者に対して告知する必要はないし，認容決定が第三者に告

知される前に取り消されたときは，取消決定を第三者に対して告知する必要はない。また，預貯金債権又は振替社債等に係る情報取得手続の申立て（法207条１項，２項）については，その申立てが認容された後に取り消された場合であっても，債務者は，認容決定の送達を受けない以上，取消決定の告知はされないことになる。

附　　則(1)

注(1)　この規則の制定時から平成16年改正規則による改正までの附則に定められた主な経過措置については本書の旧版である条解民事執行規則（第三版）（民事裁判資料第246号）683頁以下を参照されたい。

附　則（平成20年最高裁判所規則第20号）（抄）

（施行期日）

第１条　この規則は，株式等の取引に係る決済の合理化を図るため社債等の振替に関する法律等の一部を改正する法律（平成16年法律第88号）の施行の日(平成21年１月５日)から施行する。

〔解　説〕

平成20年社振改正規則は，決済合理化法の施行の日（平成21年１月５日）から施行される。

（民事執行規則の一部改正に伴う経過措置）

第２条　この規則の施行前に申し立てられた第１条の規定による改正前の民事執行規則（以下「旧民事執行規則」という。）第150条の２に規定する預託株券等に関する民事執行の事件については，次項の規定を適用する場合を除き，なお従前の例による。

２　前項に規定する事件に係る預託株券に係る株式について，株式等の取引に係る決済の合理化を図るための社債等の振替に関する法律等の一部を改正する法律附則第７条第１項前段に規定する場合に該当する場合には，当該事件は，この規則の施行の日に，当該預託株券に係る株式に関する第１条の規定による改正後の民事執行規則（以下「新民事執行規則」という。）の規定による民事執行の手続に移行する。この場合において，この規則の施行前に旧民事執行規則第150条の３（旧民事執行規則第180条の２第２項において準用する場合を含

む。）の規定による差押命令又は旧民事執行規則第150条の４第１項（旧民事執行規則第180条の２第２項において準用する場合を含む。）の規定による預託株券等持分譲渡命令若しくは預託株券等持分売却命令（以下「差押命令等」という。）が発せられていたときは，当該差押命令等は，新民事執行規則第150条の３第１項（新民事執行規則第180条の２第２項において準用する場合を含む。）の規定による差押命令又は新民事執行規則第150条の７第１項（新民事執行規則第180条の２第２項において準用する場合を含む。）の規定による振替社債等譲渡命令若しくは振替社債等売却命令として効力を有するものとする。

３　旧民事執行規則第150条の６に規定する振替社債等に関し，この規則の施行前にした旧民事執行規則の規定による執行処分その他の行為は，新民事執行規則の相当規定によってした執行処分その他の行為とみなす。

〔解　説〕

1　預託株券執行（１項，２項）

預託株券執行による差押えの対象となるものは，株券等の保管及び振替に関する法律による保管振替制度において振替による権利移転の対象となる預託株券等の共有持分であるため（平成20年社振改正規則による改正前の民事執行規則150条の２），株券等の保管及び振替に関する法律の廃止により，差押えの対象は消滅することとなる。

もっとも，決済合理化法においては，同法附則７条１項前段に定める要件を満たした場合には，その施行日において，参加者口座簿に記載されていた事項が振替口座簿に転記されることにより，預託株券にかかる株式が振替株式に移行することとされている（同条２項。いわゆる一斉移行）。そこで，差し押さえられた預託株券にかかる株式が一斉移行の対象となる場合には，それまでの手続を無にして新たに振替株式に対する執行の申立てを求めることは適当ではないと考えられることから，事件は当該振替株式に関する振替社債等執行の手続へ移行することとされている(1)（本条２項）。

これに対し，一斉移行しない場合については，預託株券等執行の手続は振替社債等執行の手続には移行しない。

もっとも，①預託株券等譲渡命令が効力を生じ，当該預託株券等につき差押債権者に対する振替がされた後に，決済合理化法の施行日を迎えた場合には，差押債権者から納付された金銭を債務者に交付するのが相当であること（平成20年社振改正規則による改正前の民事執行規則150条の４第８項，140条２項），②預託株券等売却命令に基づく売却がされ，振替がされた後に，施行日を迎えた場合，売得金を配当するのが相当であること（平成20年社振改正規則による改正前の民事執行規則150条の５，62条），などから，平成20年社振改正規則の施行前に申し立てられた預託株券等に関する民事執行事件については，「なお従前の例による」旨の規定が設けられている（本条１項）。

2　振替社債等執行（３項）

改正前から振替制度の対象とされている権利について，平成20年社振改正規則の施行前に振替社債等執行がされている場合，当該権利に関する民事執行の手続は，改正前後で実質的に異なる点は認められないことから，施行前にされた執行処分その他の行為は，改正後の相当規定によってされたものとみなされることとなる。

注(1)　このように，振替社債等執行の手続に移行するためには，決済合理化法附則７条１項前段の要件を満たすことが必要である。そこで，決済合理化法の施行後に，振替社債等譲渡命令等の申立てがされたが，差押債権者が提出する資料等から，前記要件を満たすと認められない場合には，執行裁判所は，手続の移行がないものとして，平成20年社振改正規則附則２条１項に基づき，従前の例（同規則による改正前の民事執行規則150条の５，147条２項）により，手続を取り消すこととなろう。

附　則（令和元年最高裁判所規則第５号）（抄）

（施行期日）

附　　則

第１条　この規則は，民事執行法及び国際的な子の奪取の民事上の側面に関する条約の実施に関する法律の一部を改正する法律（令和元年法律第２号。以下「民事執行法等改正法」という。）の施行の日から施行する。ただし，次の各号に掲げる規定は，当該各号に定める日から施行する。

１　第一条中民事執行規則第21条の改正規定　民事執行法等改正法の施行の日又は民法の一部を改正する法律（平成29年法律第44号。以下「民法改正法」という。）の施行の日のいずれか早い日

２　第１条中民事執行規則第150条の16の改正規定及び第７条中犯罪収益に係る保全手続等に関する規則第11条の２の改正規定　民法改正法の施行の日

〔解　説〕

この規則の施行期日は，令和元年改正法の施行の日（同法の公布の日から起算して１年を超えない範囲内において政令で定める日（同法附則１条)。令和２年政令第189号により令和２年４月１日。）と同日とされている。いわゆる債権法改正に関する民法の一部を改正する法律（平成29年法律第44号）の施行によって改正が必要となる規定については，令和元年改正法又は民法改正法の施行の日のいずれか早い日（１号）又は民法改正法の施行の日から施行されるとされているが，民法改正法の施行の日も令和２年４月１日（民法の一部を改正する法律の施行期日を定める政令）であるため，令和元年改正規則によるすべての規定が同日から施行されることになる[(1)]。

注(1)　もっとも，不動産に係る情報取得手続の規定（法205条）については，令和元年改正法の公布の日（令和元年５月17日）から起算して２年を超えない範囲内において政令で定める日までの間は，適用しないとされているため（同法附則５条)，同手続に係るこの規則の規定（189条等）も，同日までの間は当然に適用がない。

（売却の手続に関する経過措置）

第２条　この規則の施行の日前に裁判所書記官が民事執行法（昭和54年法律第４号）第64条第４項に規定する売却を実施させる旨の処分をした場合における当

該処分に係る売却の手続については，なお従前の例による。

〔解　説〕

令和元年改正法においては，同法の施行の日前に裁判所書記官が売却を実施させる旨の処分をした場合には，不動産競売における暴力団員の買受け防止に関する規定（法65条の２，68条の４）は適用されず，売却不許可事由（法71条）についてはなお従前の例による（令和元年改正法附則２条)。この規則においても，これに平仄を合わせ，施行の日前に裁判所書記官が売却を実施させる旨の処分をした場合については，当該処分に係る売却の手続については，なお従前の例によることとし，暴力団員の買受け防止に関する規定（31条の２等）を適用しないこととしている[(1)]。

注(1)　なお，差押債権者による無剰余回避の買受けの申出（法63条２項１号）が令和元年改正法の施行の日前にされた場合であっても，裁判所書記官による売却を実施させる旨の処分が施行の日以後にされた場合には，法及びこの規則の暴力団員の買受け防止に関する規定の適用があるから，売却実施処分がされた時点で31条の２に規定する陳述書等の提出が必要になると解される。

（子の引渡しの強制執行に関する経過措置）

第３条　第１条の規定による改正後の民事執行規則（以下「新民事執行規則」という。）第157条から第164条までの規定は，この規則の施行の日前に申し立てられた子の引渡しを目的とする請求権についての強制執行の事件については，適用しない。

〔解　説〕

令和元年改正法においては，同法の施行の日前に申し立てられた子の引渡しを目的とする請求権についての強制執行の事件については，法174条から法176条までの規定は適用しないとされている（令和元年改正法附則４条)。この規則においても，これに平仄を合わせ，施行の日前に申し立てられた子の引渡しを目的とする請求権についての強制執行の事件については，157条から164条までの規定は適用しないこととしている。

民事裁判資料第257号
条解民事執行規則（第四版）
下〔第99条～第193条・附則〕　　**書籍番号 500207**

昭和55年1月28日　第1版第1刷発行
令和2年4月30日　第4版第1刷発行

編　集　最高裁判所事務総局
発行人　門田友昌
発行所　一般財団法人　法曹会
〒100-0013　東京都千代田区霞が関1-1-1
振替口座　00120-0-15670
電　話　03-3581-2146
http://www.hosokai.or.jp/

落丁・乱丁はお取替えいたします　　印刷製本／（株）キタジマ

ISBN 978-4-86684-043-7